叢書・ウニベルシタス　2

空 と 夢

運動の想像力にかんする試論

ガストン・バシュラール
宇佐見英治 訳

法政大学出版局

わが娘に

訳者まえがき

1　本書はフランスの偉大な科学哲学者であり、思想家であったガストン・バシュラール Gaston Bachelard の書　**L'AIR ET LES SONGES**, Essai sur l'imagination du mouvement (1943) の翻訳である。

2　本書は空に関する夢想と夢をさまざまの詩人、思想家、作家のイメージに即して瞑想しながら、かつて何人も手をつけなかった空に関する想像力の法則と意味を解き明かした書である。

3　全篇の構想と本書成立の動機は、著者の序論に明らかであるが、バシュラールの思考法に馴れない人には、この部分はかえって難解かと思われる。そういう人は第一章の「飛行の夢」から、または索引に従って自分の気に入りの詩人に関する頁——たとえばニーチェのために特に書かれた章や、シェリー、リルケ、ポー等々に関する精密な記述——から、読みすすめられることを願っておく。

4　本書に引用された特殊な術語と引用された人名について、訳者は簡単だが、できるだけ多くの訳註を付した。ただしあまりにも著名な人名は省いた。

5　固有名詞は母国語での発音により、また日本語として慣用化されているものは慣例によった。

目次

序論　想像力と動性

≪詩人は人間を知ろうとする哲学者の偉大な研究題目であるはずである≫

（ジュールベール『パンセ』）

I

多くの心理学的問題と同様、想像力の探究は語源学の誤った知識によって、混乱させられている。いまでも人々は想像力とはイメージを形成する能力だとしている。ところが想像力とはむしろ知覚によって提供されたイメージを歪形する能力であり、それはわけても基本的イメージからわれわれを解放し、イメージを変える能力なのだ。イメージの変化、イメージの思いがけない結合がなければ、想像力はなく、想像するという行動はない。もしも眼前にある或るイメージがそこにないイメージを考えさせなければ、もしもきっかけとなる或るイメージが逃れてゆく夥しいイメージを、イメージの爆発を決定しなければ、想像力はない。知覚があり、或る知覚の追憶、慣れ親しんだ記憶、色彩や形体の習慣がある。想像力 imagination に対する語は、イメージ image ではなく、想像的なもの imaginaire（訳註1）である。或るイメージの価値は想像的なものの後光の広がりによって測られる。想像的なもののおかげで、想像力は本質的に開かれたもの、のがれやすいものである。人間の心象《プシシスム》 psychisme（訳註2）においては、想像力とはまさに開示の経験であり、新しさの経験に他ならぬ。他のいかなる性能よりも想像力は人間の心理現象を特徴づける。ブレイクが明言しているとおり≪想像力は状態ではなく人間の生存《エグジスタンス》そのものである≫（原註1）。この書においてわれわれがやがて体系的に研究するように、読者が文学的想像力、語られる想像力を検討されるならば、この箴言の正しさが一層容易に納得できるであろう。この想像力は言語に密着しながら霊性のつかのまの組織を作り、その結果、現実からおのれを解放するのである。

逆にいえば、想像的なものの原理を離れ、一定の形式のなかに定着するイメージはしだいに、現前する知覚の性格をおびてくる。やがてそれはわれわれを夢想させ、語らせるかわりに、われわれを行動させる。安定しできあがったイメージは想像力の翼をたち切るといってもよいのである。それはいかなるイメージにも閉じこめられず、そのために、イメージなき想像力と呼びうるような、あの夢想する想像力をわれわれから奪い去ってしまう。ところでこのようなイメージのない想像力は、イメージのない思想がみとめられる文体のなかでしばしば見出されるものである。恐らく想像的なものはその驚くべき生命のなかにイメージを沈澱させはするが、それはつねにイメージの彼岸にあるものとして現われ、つねにまたそれはいくらかイメージ以上のものなのであろう。詩は本質的に新しいイメージへの憧憬である。それは人間の心象を特徴づける新しさに対する本質的渇望に応ずるものである。

それゆえイメージの組成ばかりを扱う想像力の心理学によって犠牲にされた特徴は、すべての人々に知られた本質的で自明な特徴、すなわちイメージの動性(訳註3)である。想像力の世界においては、他の分野におけると同じく――組成と動性の間に対立がある。また形式の記述は運動の記述よりも容易であるから、心理学がまず前者の仕事に専念していることが納得できる。しかし、より重要なのは後者の方だ。完全な心理学にとって、想像力とは何よりもまず精神の動性を代表するものであり、もっとも偉大な、もっとも溌剌とした、もっとも生々とした精神の動性の典型である。それゆえ或る特定のイメージを研究するにあたっては、さらにその動性、その多産性、その生命の研究を体系的に行なわねばならない。

イメージの動性は不確定なものではないから、こうした研究は可能である。多くの場合、それぞれのイメージの動性はそれぞれ独特の動性である。運動の想像力を扱う心理学は、したがって、イメージの動性を直接測定することになろう。それは各イメージに対して、その運動機構を要約する真の走程曲線《オドグラフ》を跡づけることになるだろう。これが、この著作においてわれわれが示そうとしているような研究の見取図である。

それゆえ、われわれは静止したイメージ、明確に規定される語となったできあがったイメージをひとまず除外することにしよう。同様に明らかに伝統的な、あらゆるイメージ――たとえば詩人たちの植物誌にかくも豊富に見られる花のイメージのようなもの――をすべて除外しよう。そういうイメージは因襲的な筆致であらわれ、文学的叙述を色づける。しかしそういうものは想像的《イマジネール》な能力を失ってしまっている。他のイメージは新鮮だ。それらのイメージは生きている言語の生命を生きる。人はそれが、たましいと精神を刷新するあの内密なサインによって、生ける抒情性のなかでそれらのイメージを体験する。それらは——これらの文学的イメージは——感情に希望を与え、人間たろうとするわれわれの決意に特殊な逞しさを与え、われわれの肉体的生命に緊張をもたらす。そういうイメージを包含している書物は突如われわれにとって親密な手紙となる。それはわれわれの生命において或る役割を果たし、われわれに活力を与える。それによって、言葉、声調《ヴェルブ》、文学は創造的想像力の位置にまで高められる。新たなイメージのなかでみずからを表わすことによって、思想は言語を豊かにしながら、またみずからを豊かにする。存在が言葉になるのだ。言葉は存在の心象の頂上にあらわれる。言葉は人間的心象の直接の生成としてみずからを表わす。

体験し語ろうとするこの念願の公約数を見出すにはどうすればよいのか。それはただ、文学的表象、静止しないイメージの経験の数を増すこと、ニーチェの助言に従えばあらゆるものにおいてその固有の運動を復原すること、イメージの種々の運動を分類し、比較し、或る言語要素《ヴォキアーブル》のまわりに導入される譬喩のあらゆる富を数えあげることによってのみ可能である。われわれの心をうつあらゆるイメージに対して、われわれは次のように自問しなければならない。このイメージがわれわれのなかに解き放つ言語学的熱気は何であるか。われわれの慣れ親しんだ記憶のあまりにも安定した海底から、われわれはどのようにしてこのイメージの錨をあげるのであるか。言語のもつ想像的役割をはっきり感じるためには、あらゆる語について忍耐強く、変質への欲求、二重の意味をもたんとする欲求、隠喩《メタフォル》への欲求を探究しなければならない。自分が想像するもののために、自分が現に見ているものから、自分が現にいっていることからたち去りたいというあらゆる欲求を、さらに全体的に調査しなければならない。そのようにすることによって、想像力はその魅惑の役割をとり戻すことが可能であろう。想像力によってわれわれは事物の通常の流れを捨て去るのである。知覚することと想像することとは現前と不在がそうであるように正反対のことだ。存在することはおのれを空しくすること、新しい生命にむかって突進することだ。

Ⅱ

多くの場合に、この不在は法則を欠き、この飛躍は持続性を欠いている。夢想はその道程にあらわれるあらゆるイメージを真に生きえず、別なところでみずから有頂天になって満足してしまう。夢想家は波のまにまに漂流する。

本当の詩人は逸脱するこうした想像力に満足しない。彼は想像力が旅であることを願っている。それゆえ各々の詩人はわれわれに対して旅への誘いを行なわなければならない。この誘いによって、われわれはおのが親密な内部に、静かな推力を、われわれを揺り動かし、有益な夢想を、真に動的な夢想を活動させる推力を受けとるのである。最初のイメージがよく選びとられれば、明確な詩的夢想への、継起するイメージの真の法則と、真の活力的意味をもつ想像的《イマジネール》生への衝撃として、そのイメージの効験が現れる。旅への誘いによって連続的にあらわれるイメージは、よく選定された順序に従って特定の活気をおび、またこの活気は、われわれがこの書で詳細な研究を行なう場合に、想像力の動きを明確に示すであろう。この運動は単なる隠喩に終らないであろう。われわれはこの運動を、実際にわれわれの内部で、しばしば、心を軽くするものとして、付随したイメージを気楽に想像させるものとして、魅惑的な夢想を追求する熱情として経験するであろう。立派な詩とは、阿片もしくはアルコールである。それは神経を興奮させる滋養物である。それはわれわれのなかに力動的な誘導体をやがて作りだす。≪真の詩人とは霊感を与える詩人である≫というポール・ヴァレリーの深い言葉に対して、われわれはその言葉のもつ多元性を明らかにしてみたいと思う。火の詩人、水の詩人、大地の詩人は、空の詩人と同じ霊感を伝えるのではない。

それゆえ、旅への誘いの方向はさまざまな詩人によって非常に異なる。或る種の詩人は読者を絵のような美しさをもつ国に誘うことに自足している。彼らは人々が日ごと自分のまわりに見ているものを別なところでふたたび見出したいと思う。彼らは日常生活を美でみたし、美で充満させる。存在を安直に慰める現実《レエエル》の国へのこの旅を軽蔑しないでおこう。詩人によって照らしだされた現実性《レアリテ》は少なくとも新たな照明の新鮮さをもつからである。詩人はわれわれに移ろいゆく陰影《ニュアンス》を発見してくれるがゆえに、われわれはすべての陰影を変化として想像することを学ぶ。ひとり想像力のみがニュアンスを知ることができ、或る色から他の色への推移において、それを捉える。この古い世界には、それゆえ人々が見損った花々があるわけだ。そのニュアンスの変化を見なかったがゆえに、人々は花々を見誤った。花が咲くこと、それはニュアンスを移し変えることである。おのが庭で開花し色づくあらゆる花々を追い求める人々は、すでにイメージの力学に対する無数のモデルをもっている。

しかし、本当の動き、虚構の動性にほかならぬ動性自体は、たとえ現実的なものの変移の描写によるにせよ、現実的なものの描写によっては、察知されるものではない。想像力の本当の旅は、想像的なものの国への、想像的なものの領域自体における旅行である。しかし、かといってそれは一挙に天国か地獄、アトランティドかテバイード(訳註4)をもたらすあのユートピアを意味するわけではない。それはわれわれの興味をひくような道程であり、われわれのために書き記される滞在記である。ところでわれわれがこの書において検討しようとするものは、まさに現実的なものにおける想像的なものの内在であり、現実的なものから想像的なものへの連続的道程である。想像力が知覚に対してかちえたこの想像的な緩慢な歪形をみずから生きた人はきわめて少数である。人々は想像力の心理作用がもつ流動状態を充分理解しなかった。もしもイメージの変貌の経験を人々が倍加することができるなら、次のバンジャマン・フォンダーヌ(訳註5)がいかに深い意味をもつかが理解できるであろう。《第一に対象は現実的ではなく、現実的なものの良導体である》(原註2)。反響《エコー》にみちた或る名によって正当に力動化された詩的対象は、われわれの考えにしたがえば、想像力の心的作用の良導体になるであろう。この伝導のためには、詩的対象にひびきのよい正当な階和を与え、詩的対象が語らせようとする共鳴器や、調子《カダンス》を長くし束の間の生命を延長せんとする形詞によってそれを取りまきながら、詩的対象をその名によって、その古き名によって呼ぶ必要がある。リルケはまさにこういっている(原註3)。《一行の詩を書くためには、多くの町や人々や物を見なければならない、鳥がどのように飛ぶかを感じ、花が朝開くときにはどんな運動をするかを知らなければならない。》眺められたそれぞれの対象、ささやかれたそれぞれの偉大な名前は、夢と詩の出発点であり、創造的な言語の運動である。井戸の縁で、野生のすかんぽと羊歯《しだ》におおわれた古い石の上で、幾たび私は遙かな水の名を、埋葬された世界の名を口ずさんだことであろう……。幾たび宇宙がふいに私に答えたことであろう……。 ああ、私のものたちよ、どれほどわれわれは話し合ったことだろう。

最後に遙かな想像的世界《イマジネール》への旅行は、それが無限の国への旅行の趣きをおびる場合にのみ、力動的な心的現象を伝導する。想像力の世界においてはあらゆる内在性に超越性が伴う。思想を越えるのは詩的表現の法則そのものである。恐らくこの超越性はしばしば粗野な、わざとらしい、滅裂なものとして現われよう。また多くの場合、それはあまりにも速やかに完了しすぎる。それは幻めき、蒸発し、散りじりになってしまう。反省することを知るものにとっては、それは一種の蜃気楼である。しかしこの蜃気楼は魅了する。この蜃気楼は独得の力学を誘起するが、この力学はすでにして否定しがたいひとつの心理的現実である。そこで、次のような問に答えることを詩人たちに求めることによって、詩人たちを分類することができる。≪きみの無限が何であるかをいってもらえば、私はきみの世界の意味を知ることができよう。それは海の無限であるか、空の無限であるか。それは深い大地の無限であるか、それとも火刑の無限であるのか。≫ 想像力の国においては、無限は想像力が純粋な想像力としてみずからを確認する地域であり、そこでは想像力は自由であるが単独であり、征服せられつつも勝ち誇り、自負にみちながらもわなわなと震えるのである。このときイメージは身を挺して、進むとともに迷子になり、自らを高め、またその高さそのもののなかで押しつぶされる。そこでどうしても非現実《イレアリテ》の現実性《レアリスム》があらわれる。人は形象をその変容によって理解するのだ。言葉は一種の予言である。想像力はかくして心理学の彼方にあるものとなる。それはその存在を前に投げる先駆的な心象の趣きをもつ。著者は前著『水と夢』において、想像力が内部の印象を外的世界に投影する多くの例を集めた。本書においては、大気的な心象を究めることによって、想像力が存在の全体を投影するいくつかの例に出あうであろう。かくも遠くかくも高く進むとき、人は開かれた想像力の状態で、自分自身をはっきりと認知するのである。一切をあげて四周の雰囲気の現実性を渇望する想像力は、それぞれの印象を新しいイメージによって倍加する。ひとは、リルケがいうように、まさに自分が書きとられんとする直前にあるのを感じる。《今度は僕が書きとられるであろう。僕はまさに移調されんとする印象なのだ》(原註4)。この移調において、想像力は善悪の色彩をかきまぜ人間的諸価値のもっとも恒常的な法則を犯すあのマニ教(訳註6)の花々を浮かび上らせる。人はそのような花をノヴァリース、シェリー、エドガー・ポー、ボードレールやランボー、ニーチェの作品から摘む。その花をいつくしむことによって、人は想像力が人間の進取の一形式であるという感じを味わう。人はそこから革新的な力動性を受けとる。

III

われわれは、つづいて次のような二つの型の昇華 sublimation(訳注7)の心理学に積極的な寄与をもたらしてみたいと思う。二つの型とはすなわち、「彼岸にあるもの」を求めるさいの論理推論的昇華と「傍らにあるもの」を求めるさいの弁証法的昇華である。こういう研究が可能であるのは、まさに想像的な無限の旅が普通に考えられる以上にはるかに規則的な道程をもっているからである。フェルナン・シャプーティエが述べているように(原註5)、近代の考古学は資料の規則正しい順列を組織することによって、非常な成果を収めた。幾世紀にもわたる工作物《オブジェ》のゆるやかな生命を知ることによってそれらの工作物の起源をひきだすことが可能になる。同様に正しく分類された幾系列かの心理学的資料を検討すると、その親近関係の規則性に人は驚嘆させられ、その無意識の力動性《ディナミスム》が一層よく理解される。同様にまた新たな隠喩の使用は言語の考古学の道を照らしだす。この試論において、われわれはもっとも逸脱しやすい想像の旅を、もっとも不安定な逗留を、またしばしば一貫しないイメージを研究しようと思うが、にもかかわらずこの逸脱、この漂流、この気紛れが真に規則性をもった想像的生活を妨げるものではないことがわかるであろう。これらの不整合はすべて動性による首尾一貫性に図式として役立ちうるほど、はっきりと限定された様態を呈しているとさえ思われる。事実われわれが現実的なものから逃れる仕方が、明瞭にわれわれの内的現実を指し示す。非現実の機能を失ったものは、現実の機能を失ったものと同等に神経症患者である。非現実の機能の乱れは現実の機能の上に反響するといってもよい。本来、想像力の機能である開示の機能がうまくゆかなくなると知覚そのものも鈍麻状態になる。それゆえ現実的なものと想像的なものとの間に或る血縁関係があることがわかるであろう。この規則性をもった血縁関係を体得するためには、一連の心理学的資料をよく分類するだけで充分であろう。

この規則性は基本的物質によって、経験の法則と同等に確実な観念的法則をもつ想像的元素によって、われわれが想像的なものの探究におのずからむかわせられるという事実に由来している。ここで著者が最近に書いた二、三の小著をあえて思いだしていただきたい。著者はこれらの著書のなかで、形式にかかわる想像力の誘惑をこえて、物質を考え、物質を夢見、物質のなかで生き——結局同じことになるが——想像的なものを物質化せんとするあの驚くべき《浸透》の要求を、物質的想像力の名のもとに研究してきた。われわれは四つの物質的想像力の法則、すなわち創造的想像力に、必然的に火、土、空、水の四元素の一つを帰属させる法則について充分語る根拠があると信じてきた。恐らく個々のイメージを構成するためには多数の要素が介入するかもしれず、また合成されたイメージがあるだろう。しかしイメージの生命は一層気むずかしい血統の純粋さをもつものである。イメージがつながって現われるや、それは直ちになんらかの根源の物質を、なんらかの基本的元素を指し示す。想像力の生理学は、想像力の解剖学以上に、四元素の法則に従う。

われわれの以前の著作と現在の研究の間に矛盾がないかと案ずる必要はないであろうか。四つの物質的想像力の法則が想像力を一つの物質に固定せしめるなら、結局そこに想像力の固定と単調化をうむ理由にはならないのだろうか。もしそうだとすれば、イメージの動性を研究することは無益なことになるだろう。

ところがじつはそうではない。というのもそれは四元素がいずれも不活動状態において想像されるのではなく、反対にそれぞれが特殊な力動性において想像されるからである。それぞれの系列には主になるものがあって、それがそれを例示するイメージに対し、同じ系譜に属するものをひとつのタイプとしてうみだす。さらにフォンダーヌの見事な表現を使えば、物質的元素とは想像作用を行なう心象《プシシスム》に連続性を与える良導体の本源なのである。要するに物質的想像力によって熱狂的に採りあげられた元素全体が、力動的想像力に対して、特殊な昇華を、独特の超越を準備する。われわれは大気のイメージの生活を追いながら、この試論の全体にわたってその明証を提示してゆこう。われわれは大気の昇華がもっとも典型的な昇華、すなわちその度合がもっとも明白で規則的な昇華であることを知るであろう。それは容易な、あまりにも容易な弁証法的昇華に続いている。飛ぶものは飛ぶ空を越え、エーテルはつねに大気を超越するために現われ、絶対者は自由の意識を成就するように思われる。想像力の領域においては、名詞大気にもっとも近い形容詞は自由なという形容詞であることをわざわざ強調する必要があるだろうか。自然な大気とは自由な大気である。したがってわれわれは誤って体験された解放作用に対して、自由な大気、解放的な大気の運動の教えにあまりにも簡単に従うことに対して、とりわけ用心しなければならないであろう。われわれは火の心理学や水の心理学に対して行なったと同様に大気の心理学を詳しく究めてみたいと思う。物質的想像力の観点からいえば、われわれの研究はきわめて短いものになるだろう。というのも大気は内容の貧しい物質であるからである。しかしそのかわりに大気によって、われわれは力動的《ディナミク》な想像力については、多大の利益を収めるであろう。実際、大気の場合には、運動が実体より優位を占めるのである。つまり、運動がある場合にのみ実体があるわけだ。大気の心的現象のおかげでわれわれは昇華の諸段階を了解することができるであろう。

IV

この活動的な昇華の種々のニュアンスやとくに運動学的 cinématique（訳註8）な昇華と真に力動的dynamique な昇華の違いをよく理解するためには視覚によって捉えられた運動は力学的なものではないということを了解しなければならぬ。視覚的動体《モビリスム》はつねに運動学的《シネマティク》なものである。視覚はあまりにも無動機に運動を追うから、われわれはその運動を全的に、内的に生きることができない。形体的な想像力の作用、視覚的イメージを完成する直観は、われわれを実質的参加とは逆の方向にむかわせる。ただ物質《マティエール》に対する共感のみが真に活動的な参加を引き起こしうるが、この参加はもしも次の語が推理心理学によってすでに採用されていなければ、すすんで誘導 induction〔この語は推理を扱う心理学的概念としては帰納を意味する〕と呼びたくなるものである。しかしながらもしも人が伝導したいという意志を経験することができるとしたら、それはイメージの生命のなかにおいてであろう。ただ物質的でダイナミックなこの誘導、内奥からの現実のこの≪導入≫のみが、われわれの内的存在を煽動しうる。われわれはものとわれわれ自身の間に物質的照応を確認することによってそれを学びとることができるであろう。そのためには、ラウル・ユバック（訳註9）がいみじくも反空間 contre-espace と呼んでいるあの地域に深く入りこむ必要があるだろう（原註6）。≪直接的欲求のやみがたい必然に促される諸器官の実際的目的論に対して、物体が潜在的に所有している詩的目的論が対応する。……詩的な焔がそれに影響を与え、それを消耗し、貯蓄するに従って対象は交互に意味と形姿を変えることを会得しなければならない。≫主体と客体のこの倒置を実際に動かしてみせながら、ラウル・ユバックは『純粋性の練習』のなかで、われわれに≪存在の裏側≫を示してみせる。彼はこのようにして、三次元空間とジョエ・ブースケ（訳註10）がいみじくも≪無次元の空間≫とよんだあの内的空間との対応を見出しているように思われる。無限の大気の心理学に熟達したあかつきには、われわれは諸次元が無限の大気のなかに消え、かくして、絶対的な内面的昇華の印象を与えるあの無次元の物質《マティエール》にわれわれが触れうることがよりよくわかるであろう。

それゆえ或る特殊化された感情移入 Einfühlung が望ましく、また区分された或る世界に自分を拡散するよりはむしろ何か或る物質に自分を溶解させる方が望ましいことがわかる。われわれは対象に対し、種々な物質に対し、《元素》に対して、それぞれの存在の密度およびその正確な生成のエネルギーを求めようとするであろう。われわれは諸現象から、変化の助言を、実質的な動性の教訓を、約言するなら、力動的想像力の細密な物理学を求めようとするだろう。とくに大気の現象は、上昇、昇行、昇華の非常に一般的な、非常に重要な教訓をわれわれに与えるだろう。これらの教訓は、われわれがやがて一層好んで昇行の心理学 psychologie ascensionnelle（訳註11）と名づける或る心理学の根本原理に組み入れられることになるであろう。大気の旅への誘いは、それが適度に上昇の方向をもつならば、つねに軽やかな昇行の印象と堅く結ばれているものである。

そこで、力動的想像力によって大気の現象を共感するとき、一種の軽減・喜悦・軽やかさを自覚する度合に比例して、イメージに動性があることを人は感じるであろう。昇行の体験はこのとき或るひとつの内面的現実となるであろう。真の垂直性が心的現象のまさに真中に現われるであろう。この垂直性は根拠のない隠喩ではない。それは秩序の原理であり、緊密なつながりの法則であり、それにのっとって人は特殊な感受性のさまざまな度合を経験する梯尺である。最後にたましいの生活、あらゆる繊細で控えめな情緒、あらゆる希望、あらゆる不安、未来にかかわるあらゆる道徳的力は、語の完全な数学的意味において、垂直的微分をもっている。ベルグソンは『思想と動くもの』において(三七頁)、ライプニッツの微分の観念、あるいはニュートンの流数法の観念は、変化と運動にかんする哲学的直観によって暗示をうけたものだといっている。われわれはさらに正確にいうことができると思うし、また垂直軸を完全に調べあげれば、垂直軸は人間のこころの発展、人間の価値査定《ヴァロリザシオン》作用の微分を決定する助けになりうると思う。

変動する微妙な情緒をよく知るために、まずなすべき調査は、われわれの考えによれば、どの程度までその情緒がわれわれを軽やかにするか、またそれがどの程度までわれわれを重くするかを決定することである。その情緒の有効性、心的宿命を定めるのは、肯定的または否定的なその垂直の微分である。そこでわれわれは昇行的想像力のこの基本原理を次のように定式化しよう。すなわちあらゆる隠喩 métaphore のなかでも、高さ、上昇、深さ、低下、墜落の隠喩はとくに公理的隠喩である。何ものもこれらの隠喩を説明せず、これらの隠喩《メタフォル》が万象を説明する。さらに簡単にいうなら、人がそれらを生き、感じ、とくに比較しようとすると、これらの隠喩が或る本質的特性をもっており、他の一切のものよりも自然であることがわかる。それらは視覚的隠喩よりも、眼に鮮かないかなる隠喩よりも、もっと多くわれわれにかかわりあう。しかも言語はこれらの隠喩に都合よく作られてはいない。形体によって導かれる言語は高さのダイナミックなイメージを容易に絵画的なものに化することができない。にもかかわらずこれらのイメージは特異な力をもっており、それは熱狂と不安の弁証法を支配する。垂直の価値査定作用はそれほど本質的で確実であり、その優位は異論の余地なきものであるから、精神は精神のもつ直接無媒介な勘でひとたびそれを認識すると、それから逃れることができない。道徳的価値を表明するためには、垂直軸を用いずにすますことはできない。詩の物理学と道徳の物理学の重要さをさらによく理解したなら、われわれは次のような確信に達するはずである。すなわち、あらゆる価値査定作用は垂直化することである。

もちろん、下方にむかっての旅がある。墜落はあらゆる道徳的隠喩の介入にさきがけて、常時われわれに訪れる心の現実である。そこでわれわれはこの心の墜落を詩的、道徳的物理学の問題として研究することができる。たえず心の相場表は変化する。全身的収縮《トーヌス》——意識そのものにとって非常に直接的なこのダイナミックな与件——はたちまちひとつの高さを示す数字となる。収縮が増大すると人はただちにもとの高さをとり戻す。生の飛躍《エラン・ヴィタル》が人間化への飛躍《エラン・オミニザン》になるのは、高さにおける旅においてである。いいかえれば、われわれのなかで偉大さへの道が形成されるのは、その推論的昇華の努力をとおしてなのである。ラモン・ゴメス・ド・ラセルナ（訳註12）は、人間においては一切が道であるといった。この言葉をさらに補って、一切の道は昇行《アサンシオン》を勧めているといわねばならない。垂直性のもつ積極的な力は非常に明瞭なもので、人は次のような格言を述べることができる。つまり「上らぬものは落ちる」のである。人間が人間である限り水平的に生きることはできない。人間の休息、睡眠は多くの場合、一種の墜落である。上昇しながら眠る人々はきわめて少ない。そういう人々は空の眠りを、シェリーの眠りを、一篇の詩の陶酔のなかで眠るのだ。ベルグソン哲学において発展させられたような物質の説は、上昇の優位を示す叙上のアフォリズムを容易に例証するであろう。エドワール・ル・ロワ氏（訳註13）はベルグソンの物質説を多くの面で発展させた。彼は習慣とは心的生成の無力化であることを示した。われわれの非常に特殊な観点からいえば、習慣とは創造的想像力の正確な相反物である。習慣的なイメージは想像作用の力を停止する。書物のなかで学ばれ、教授たちによって監視されたイメージは想像力を塞いでしまう。形式に還元されたイメージは詩的な概念である。それは或る概念が他の概念と結びつくように、他のイメージに、外的なものに結びつく。修辞学の教授がやかましく注意するあのイメージの連続性はしばしば、ただ物質的想像力と力動的想像力のみが与えうるあの深い連続性を欠いている。

それゆえ想像力のホルモンとして四つの元素を特徴づけたことは間違っていないと思う。四つの元素は幾群かの想像力を活動させる。それらは形体のなかに分散している現実的なもの《レエール》の内面的同化を助ける。それによって想像的なものにいくらか規則的な性格をあたえる偉大な総合が行なわれる。とくに想像的な大気は、われわれを心的に成長せしめるホルモンである。

それゆえ昇行の心理学におけるこの試論において、われわれはイメージを、その可能な上昇によって測定することに努めよう。人間がイメージと語を誠実に生きるならば、そこから特異な存在論的利益が引きだせることを確信しながら、われわれはこれらの語そのものに、それがひき起こす最小限の上昇を付け加えてみたいと思う。動詞《ヴェルブ》によって時間化される想像力は実際わけても人間化の能力だと思われる。いずれにせよ、特殊なイメージの検討がわれわれの力に適した唯一の仕事である。したがってわれわれが垂直方向の決定にかんする試論を以下に展開するのは、決して積分的見地に基づかず、微分的見地に基づいてなされるであろう。いいかえれば、われわれはわれわれの検討を、垂直軸の非常に短い諸部位に限ることになるだろう。われわれは或る新たな世界にわれわれを運んでゆくような積分的超越の完全な幸福を決して経験することはないであろう。そのかわりにわれわれはこの方法によって軽やかな期待がもつ強壮剤的な特質を、その特殊性において、経験することができるであろう。それは軽きがゆえに欺くことのない期待であり、われわれの内部に直接の未来をもつ語、期待させる語に結びついた期待、新たな更新された生きた観念、すなわち、われわれにとってのみ新しい善として存在する観念を突如発見せしめる語に結びついた期待である。動詞は最初のいきいきとした悦びではなかろうか。言葉《パロール》が期待をもつとき、言葉はきりっと引きしまる。不安を感じるなら、言葉は混乱するであろう。まさにそのとき、詩的な語の近くで、その真近で、想像しつつある語の間近で、人は心象の昇行の微分を見出すにちがいない。

　われわれはあまりにも非物質的であるイメージによりかかりすぎると思わることがあろうが、われわれは読者にいわば信用買をしてもらうようお願いする。大気のイメージは離物質性《デマテリアリザシオン》(訳註14)のイメージの途上にある。空気のイメージを特徴づけるために、正しい尺度を見出すことはわれわれにはしばしば困難なことであろう。過度に物質が多いか、過度に少ないとイメージは不活発になり、束の間のものとなってしまい、いずれも効力がなくなってしまう。それにバランスを一方にまた他方に傾けさせる個人的係数《ファクター》が介入する。しかしわれわれにとって肝要なことは、力動的な想像力の問題においては、重さの要因の必然的な介入を読者に感じてもらうことである。われわれは、この語の本来の意味において、言葉が動かす心象《プシシスム》の重さを測りながら、あらゆる語の重さを測る必要を感じていただきたいと思う。われわれは或る種の拡大を行なわずには、高さに対する衝迫を細密な心理学に仕立てることができない。そのあらゆる特色が認識されるとき、われわれは現実生活の尺度に適った図面を手渡すことができるであろう。それゆえダイナミックな想像力のなかに昇行の心象の真の拡大レンズを据えつける仕事が当然形而上学的な心理学者のつとめとなる。ダイナミックな想像力は、非常に正確な意味で、心象の拡大レンズなのである。

　われわれはしたがって、問題の難しさを自覚していることをあえていうのであるから、われわれを信じていただけるであろう。われわれはたびたび≪主題から離れずに≫いるかどうかを自問した。逃げ去るイメージの研究は果たして研究の主題になるだろうか。大気の想像力のイメージは、蒸発するかさもなければ結晶してしまう。そこでたえず作用しているこのアンビヴァランス〔反対感情の対立〕の両極の間においてこそ、われわれはそのイメージを捉えねばならぬ。したがって、われわれは結局われわれの方法の二重の言訳を示さねばならなくなるであろう。すなわち読者が夢と思想、イメージと言葉の短い合間において、夢見ると同時に考える語の力動的な経験を受けいれるように、その個人的な瞑想によってわれわれを助けてくれねばならない。翼という語、雲という語はすなわち、現実的なものと想像的なものとのこのアンビヴァランスを証すものである。読者はこの語から自分の欲するであろうもの、すなわち実際の眺めかヴィジョン、描きだされた現実か、夢見られた運動を直ちに作りあげるであろう。われわれが読者に要求することは、単に弁証法をこの交互の状態を生きるだけではなく、現実が夢の一潜勢体であり、夢が一現実であることが理解されるアンビヴァランスにおいて、これら交互の状態を統一することである。残念なことにこのアンビヴァランスの瞬間は短い。人はすぐさま実際に見てしまうか、すぐさま夢見るかのどちらかであることを認めねばならない。そのとき人は形体の鏡になるか、無力な物質の声なき奴隷になるのである。

　細部にかかずらい、またたえず印象と表現との間でたわむれる推論的昇華の動向にわれわれの問題を還元しようとするこの方法上の意図が、宗教的法悦の問題を扱うことをわれわれに禁じた。この問題は恐らく完全な昇行の心理学に従属するであろう。しかし、われわれがこうした問題を処理する資格がないというばかりではなく、それはあまりにも例外的な経験に対応するものであるから、詩的霊感という一般的問題をそこで扱うことはできない（原註7）。

　われわれはさらに幾時代にわたって、あれほど重要な役割を演じてきた心霊学 pneumatologie の長い歴史にわれわれの探究範囲を広げないようにしよう。われわれは歴史家として論を進めるのではなく心理学者として論を進めるのであるから、そうした資料を除外しなければならない。神話学や鬼神学《デモノロジー》については、われわれが行なう想像力に対する他のすべての研究におけると同じく、もっぱら詩人の魂のなかでいまも生きているもの、書物を離れ自然の諸要素の無限の夢想に忠実に生きている夢見者《むけんじゃ》の精神をなおも生気づけているもの、そういうもののみをとりあげよう。

　われわれの主題のもつこうした厳密な限定と引替えに、われわれは読者に対し、大気のイメージのなかで検討せんとする唯一の特質にたえず読者をたち返らせるゆるしを求めたい。すなわちイメージのもつ外的な動性を、大気のイメージがわれわれの存在の内部に誘起する動きと照合しながら、その動性につねに読者をたち返らせようというのである。いいかえれば、イメージとはわれわれの見解からすれば心的現実である。その誕生において、その飛翔において、イメージ image とは動詞「想像する」 imaginer の主語である。それはその補語ではない。世界は人間の夢想のなかで想像されながらあらわれる。

V

さて本書のプランを急いで概観しておこう。このあまりにも哲学的で抽象的な長い序論のあとで、われわれはダイナミックな夢幻状態のきわめて具体的な例を、なるたけ早く示すであろう。われわれはその例に基づいて、実際には、飛行の夢を研究するであろう。おそらくわれわれはそのようにして非常に特殊な非常に稀な経験から手をつけると思われるかもしれないが、われわれの努力はまさしく、この経験が人の信じるよりもはるかに広範であり、少なくとも或る種の心象にとっては、覚醒時の思想に深い痕跡を残すことを示そうとするにある。われわれはさらにこの痕跡が或る種の詩法《ポエティク》の運命を説明することを示すであろう。たとえば根本的な衝撃を与える飛行の夢を暴きだせば、イメージの非常に長い列が正確に規則正しく増殖する姿が明らかにされるだろう。特に、シェリーやバルザックやリルケのような人々の種々な作品のなかに捉えられたイメージは、往々晦渋で捕捉しがたい詩にみられる具体的で普遍的なものが、夜の飛行の夢の心理学によって、暴きだされることを示すであろう。

先験的な、いかなる体系にも基づかぬ自然的な心理学に出発点をおくことによって、われわれは第二章において「翼の詩学」を研究するであろう。この章においてわれわれは大気の想像力に特に愛好されるイメージを作品について調べるであろう。われわれが先に行なった指摘によって、ダイナミックな想像力が、人為的イメージと真に自然的なイメージとを、また模倣する詩人と想像力の創造的力が真に生気づける詩人とを区別する手段を提供することを、われわれは理解するだろう。

論旨をここまで展開するにあたって、われわれは肯定的な昇行の心理学的事例を多数あげておいたから、否定的な形で、道徳的墜落のあらゆる隠喩《メタフォル》を心理学的に特徴づけることが可能であろう。われわれはこれらの隠喩に第三章を捧げよう。われわれはそのさい想像的墜落の経験を力動的想像力の基礎与件とみなさざるをえなくするような多数の反論に答えねばならないだろう。われわれは非常に簡単にそれに答えうるであろう。その答はわれわれの一般的命題を照明するものであるから、われわれはここでそれを述べておく。すなわち想像的墜落が根源的隠喩になるのは、もっぱら大地の想像力のゆえである。深い墜落、黒い深淵への失墜、奈落への墜落は、まず必ずといってもよいくらい、水にかんする想像作用《イマジナシオン》か、特に暗黒の地上にかんする想像作用に結びついた想像的墜落である。そのすべての場合を分類するためには、劇的な幾夜を奈落と闘い、積極的に奈落をうがち、地獄的な悪夢を見ながら多くの人が苦しむあの鉱山の底で、シャベルと鶴嘴、手と歯を用いて、作業をする大地的人間のあらゆる苦悩を考察しなければならぬ。このような地獄への下降は、大地にかんする物質的想像力の困難で重畳した心理学をいつの日かわれわれが扱いうるとき、はじめて詩的想像力の見地から記述しうるものであろう。大気の流体にかんする物質的で力動的な想像力にもっぱら捧げられた本書においては、われわれは墜落の想像力を、まずは裏返された昇行として、考察してゆくことになるであろう。われわれの当面の主題にかなう部分的な研究を進めてゆこうとするのは、こうした間接的な――一面において有益な――見方からである。心理学的墜落が単純化された力動的な相下でいったんこのように研究されたなら、われわれは眩暈と驚異の弁証法的作用を検討するために必要な一切のものを掌中にしうるであろう。われわれは姿勢や背中を真直に保つ勇気、引力に抗して生き、《垂直に》生きる勇気の重大さを知るようになるであろう。真直ぐに起きあがること、成長すること、頭を高くもたげることの衛生的意味を評価するようになるであろう。

この衛生学、垂直性と想像的態度によるこの治療法は、すでにそれにふさわしい心理学者と開業医を見出している。ロベール・ドズワィユ氏の仕事はあまりにも世の中に知られていないが、彼は神経症患者の心内において、上昇の諸価値、たとえば、高さ、光、平安を連想させる条件反射を強めようと試みた。われわれは、われわれの研究の多くの部分において、貴重な助けとなったロベール・ドズワィユの著作に、とくに一章を設け、大方の注意を引くことが、われわれの義務であろうかと思われる。さらに他の章におけると同じくその章においても、われわれは心理学的観察を口実として、想像力の形而上学、つねにわれわれの明白な目的であるこの形而上学にかんする本来の主題を思いきって展開するであろう。

ホフマンにおける火、エドガー・ポーとスィンバーンにおける水に対してわれわれが行なったように、大気にかんしては、根本的なタイプとして偉大な一人の思想家、偉大な一人の詩人をとりあげうるとわれわれは信じた。われわれにはニーチェが高さのコンプレックスの範型になりうると思われた。われわれは——本来的に象徴的な必然性によって——おのずから相互に関連するすべての象徴を第五章に集めようとし、昇行の力動にもっぱら意を注いだ。どれほど容易に、どれほどその本然に従って天才が想像力から思想を組立てるか、また天才にあってはどのようにして想像力が思想をうみだすかがわかるであろう——もちろんそれはイメージの倉庫に安ピカ物を探しにゆく思想とは似ても似つかぬものである。ミロス(訳註15)が見事に要約した言葉を用いるなら、われわれはニーチェについてこういえよう。《優れたるもの、彼は乗り越える》と。われわれは彼の手を借りて乗り越える。なぜなら彼は驚くべき忠実さをもって、高さのダイナミックな想像力に従うからである。

大気の想像力の旅への誘いのダイナミックな意味を充分広やかに、最大範囲で理解したなら、大気にかんする種々な対象や現象に付随する想像的なヴェクトルの決定を試みることができるであろう。われわれは、次の一連の小章において、青空、星座、雲、天の川から作られる詩的イメージに存在する大気的なものを示すであろう。地上の存在が大気への参加の原理に従って夢見られることがあることを明示せんがために、われわれは前章よりさらにやや詳細に、空の樹木に対して一つの章を捧げよう。

『水と夢』においては暴力としての水の主題を切り離して論じたが、同様に暴力としての大気、逆巻く風については若干の資料をあげておいた。しかし非常に驚いたことには、かなり多量にまた多方面に本を読み調べたにもかかわらず、詩的な資料はそれほど多く見出されなかった。実際は怒りの詩学である嵐の詩学は、大暴風によって押し流される雲の形よりも動物化された形を要求するもののようである。それゆえ暴力はつねに大気の心理学に結びつきがたい性格なのである。

大気の力動性はむしろやさしい気息の力動性であるといってよい。すでにわれわれはすべての資料を詩人から借用したので、最後の章においてはふたたび詩的霊感の問題にたち返りたいと思った。それゆえわれわれは実際の気息にかんする全ての問題、大気の心理学が当然考察せねばならない呼吸の心理学を一切除外した。したがってわれわれは終始想像力の領域にふみとどまったわけである。ピュス・セルヴィアンの洞察に富んだ研究は、まさにこの領域において気息の変化と文体の関係を充分明確に示している。したがって、もっぱら隠喩的な見地にわれわれはとどまるべきだと信じたし、また「声なき朗誦」と題した数頁において、存在が大気の想像力の主音《ドミナント》に身も心も従わせるとき、存在がうける活性を示そうと試みた。

こうしたさまざまな努力のあとで、なお残されていることは結論を示すことであった。われわれは結論を一章ではなく、二章書くべきだと信じた。

第一の章は、文学的イメージの真に特殊な性格にかんして、この著作の全体に散らばっているわれわれの見解を要約している。それは文学的な想像力を、言語に対する想像力の直接作用に対応する自然な活動性のひとつとして見ようとするものである。

結論の第二の章は、この試論においては充分連続性を与ええなかった若干の哲学的見解をふたたびとりあげている。それは文学的なイメージに、哲学的直観を起源にもつ正しい位置を与え、運動の哲学は詩人の学校に身をおくことによって益するところが多いことを示さんとするものである。

第一章　飛行の夢

《わが足にはアルシオン〔伝説の鳥の名〕の四つの翼あり、塩の海をうねり飛ぶ姿も鮮やかな青と緑、二つの翼、くるぶしにあり》
（G・ダヌンツィオ『ウンドルナ』トジ訳）

I

古典的精神分析学は多くの場合、象徴《シンボル》の認識をあたかも象徴が概念であるかのごとくに扱ってきた。精神分析学的な意味での象徴は精神分析学的な調査の根本概念であるといってもよいほどである。或る象徴がいったん解釈されると、その《無意識の》意味がそれにいったん見出されると、それは分析の単なる道具のひとつとして扱われ、それを前後の文脈において、その変幻において研究する必要があるとはもはやだれも思わない。かくして古典的な精神分析学にとって、飛行の夢はもっとも明瞭な象徴のひとつ、もっとも月並な《説明概念》の一つとなった。つまりそれは官能的欲望を象徴するというのである。潔白な打明け話がそれによって突如烙印を押されてしまう。つまりそれは決して誤りのない証拠みたいなものなのである。飛行の夢はとりわけ明確ではっきりしているから、またその告白は外見が全く潔白で、検閲によって何ら足枷をはめられていないから、多くの場合、それは夢の分析にさいして解読される最初の語になるだろう。それは迅速な光で夢の状況の全般を照らしだすだろう（原註8）。

特殊な或る象徴に対していったん意味をきめると、それを最後に意味を限定してしまうような方法は多くの問題をとり逃してしまう。それはあたかも想像力が、つねに存在する感情の占拠のむなしい穴埋めであるかのごとく、とりわけ想像力の問題をとり逃してしまう。少なくとも二つの面で、古典的精神分析学は好奇心に対する務めを怠っているのだ。すなわち、それは飛行の夢の美的な性格を説明しない。第二にそれは、この根源的な夢を加工し変形する合理化の努力を説明しない。

実際、いま精神分析学とともに、夢の官能的悦楽が夢見る人を飛行させることによってみたされるということを認めるとしよう。この陰《いん》にこもった混乱した冥《くら》い印象が、どのようにして飛行という優美なイメージを受けいれるのか。本質的に単調な性格をもつそれが、どのようにして、翼ある旅行の果てしない物語をうむほどに絵画的なものによって塗りつぶされるのか。

一見きわめて特殊なこれら二問に答えることは、愛の美学に対し、また想像的な旅の合理化に対し、なんらかの寄与をもたらすであろう。

第一の問によって、ひとは事実、優美の美学に対する或る新たな見地に立つわけである。この美学は視覚的記述によっては達成されない。ベルグソンの信奉者ならだれでも、優美なカーブをもった軌道は共感と内面の運動によって、必ず辿られることを知っている。あらゆる優美な線は、それゆえ、一種の線による催眠術を仕掛けるものなのである。いいかえるとそれは線のもつ連続性を夢想にあたえることによって、夢想を導く。しかし線に服従してゆくこの模倣的直観の彼方にはつねに、支配的なひとつの衝動がある。優美な線を凝視する人々に対して、力動的《ディナミク》な想像力がもっとも気違いじみた代替物を示唆する。すなわち、きみが、夢想するもの自身が、展開する優美さになるのだ。いまかりにきみがきみ自身のうちに優美な力を感じるとせよ。きみ自身が優美さの貯蔵庫であり、飛翔の力であることを意識するとせよ。きみがきみの意志自体のうちに、羊歯の若葉のように、巻きついた渦巻模様をもっていると考えてみたまえ。きみはだれとともに、だれのために、だれに対して優美であるのか。きみの飛翔は救出なのか、誘拐なのか。きみは自分の優しさや自分の力をたのしんでいるのか。自分の器用さや自分の本性をたのしんでいるのか。飛行しているとき、その逸楽はすばらしい。飛行の夢は、誘惑しつつある誘惑者の夢である。この主題の上に愛と愛のイメージが積みかさねられる。だからそれを調べることによって、われわれは愛がどのようにしてイメージをうみだすかがわかるであろう。

　第二の問を解くためには、飛行の夢がたやすく合理化される事実にとくに注意を払う必要があるだろう。夢そのものを見ている間、この飛行は倦まずたゆまず夢見る人の知性によって註解される。それは夢見る人が自分自身に対して行なう長い話によって説明される。飛行するものは、夢を見ながら、自分が飛行の発明者であるという。かくして夢見者のこころのなかに飛行する人間の明確な意識が形づくられる。夢のどまんなかで、夢のイメージの論理的で客観的な構造を調べるとは、まさに驚くべきことだ。飛行の夢と同様にはっきりとした夢を追跡してみると、夢は、恋に陥ちこみ頭が愛にのぼせ上ったときと同様、≪観念の脈絡性≫をもっていることがわかる。

　こうしてみると、引証を挙げるまでもなく、精神分析が夢の飛行の逸楽的性質を主張するとはいえ、必ずしもそれですべてがいい尽されぬことが感じられよう。夢の飛行はあらゆる心理的象徴と同様、多面的な解釈、すなわち情熱からの解釈、唯美的にみた解釈、合理的で客観的な解釈を必要とする。

　もちろん、体器官の作用の説明だけで飛行の夢のあらゆる心理学的細部を究明することがなおさらできないことは明瞭である。P・サンティーヴほどの博学な民俗学者がそういう説明で満足しているのは、全くおかしいといってよいのであるまいか。彼にあっては、墜落の夢は、覚めているとき≪階段から転がり落ちたさいに≫経験した≪きわめて独得の腸の収縮≫(原註9)に結びついている。しかも彼はこう書いている(一〇〇頁)。≪青春期に、こうした(不思議な飛行の)夢のさなかで眼が覚めたとき、私はほとんどいつでも、呼吸の安楽感を味わったものだ。≫この安楽感は心理学的分析を必要とするものであり、結局は、想像力の直接的な心理学に行きつかねばならないのである。

　飛行の夢を研究することによって、われわれは静力学的な形式では想像力の心理学は展開されないという新たな論証が得られるであろうし、またこの心理学は歪形の力動的《ディナミク》な原則をもっぱら重視しつつ、歪形の途上にある形にてらして、学びとられるにちがいない。空《そら》の元素を対象とする心理学は、物質的想像力を研究する四つの心理学のうちで、もっとも≪原子的≫でないものである。それは、本質的にヴェクトル的なものだ。あらゆる大気にかんするイメージは本質的にいって、何らか未来をもっており、飛翔のヴェクトルをもっている。

心のヴェクトル的な特徴をしめしやすい夢があるとすれば、まさにそれは飛行の夢である。そしてそれは想像される夢の運動のためではなく、その内密な実質的特徴のためである。実際その内容からいって、飛行の夢は軽さと重さの弁証法に従っている。まさにこうしたことから、飛行の夢は非常に異なった二種類のものを受けいれる。すなわち軽やかな飛行があり、重い飛行がある。この二性質をめぐって、喜びと苦痛、飛躍と疲労、能動性と受動性、希望と悔恨、善と悪とのあらゆる弁証法が重なりあう。飛行の旅中に生じるもっとも多彩な出来事は、軽重いずれの場合においても相互に連関をもつ諸法則を発見させるであろう。物質的想像力と力動的想像力に注意をしだすやいなや、心的実体及び心的生成の法則が形式の法則以上に大切であることがわかってくる。いいかえれば高揚した心象と疲労した心象は、一見飛行の夢のように単調な夢のなかでも互いに区別をしうるのである。われわれは夢の飛行の種々相を後に研究したあとで、ふたたびこの基本的な二重性の問題にたち戻ろう。

この研究を始める前に、飛行の夢のようなこうした特殊な夢の経験は覚醒生活に深い痕跡を残しうるということに注意をしておこう。それほど飛行の夢は夢想においても、詩においても、きわめて普通によく見られる。覚醒時の夢想にあっては、飛行の夢は視覚的イメージに必ず依存しながら現われる。飛行するもののあらゆるイメージがこのとき現われて、精神分析学によって固定された画一的な象徴的解釈を蔽ってしまう。或る種の夢想や或る種の飛行の詩に逸楽が隠されているはずだと疑ってかかるのは、実際、当をえぬことであろう。軽さや重さがもつ力動的な痕跡ははるかにもっと深いものだ。その痕跡によってはっきりするのは一時的な欲望よりも恒常性をもった存在である。とくに、われわれが述べようとする昇行の心理学は、夢と夢想の連続性を研究するためには、精神分析学よりも適切なものだと思われる。われわれのうちに夢見る者が二人いるわけでない。夢見る者は白日においても夜の経験を連続する。

　昇行の心理学は、飛行の超詩学 métapoétique を形成するであろう。そしてこの詩学が飛行の夢の美的価値を証すであろう。恐らく詩人というものはしばしば互いに他のものを模倣しあうものだと思う。すでに作られた隠喩の兵器庫が――しばしばでたらめではあるが――あちこちへ翼をのばすために用いられている。しかしわれわれの方法が夜の経験に体系的に連関しているということ自体によって、それが、力動的な恵みを真にもたらすイメージを決定し、深いイメージを浅いイメージから区別するもっとも確かな方法であることが、やがてわかるであろう。

　最後にわれわれの努力の困難のひとつをはっきりさせておこう。それは飛行の夢の経験について書かれた資料が僅かだということである。とはいえ、この夢は非常によくあり、だれにでもあり、またほとんど常に非常に鮮明である。ハーバート・スペンサーはいっている。《十二人からなる或る会でそのうちの三人が自分は確かに飛びながら階段を降りる夢を見たといったが、しかもその夢は覚めてなお見なおしたいと思うほど、その経験の現実感が鮮明で印象的であったという。彼らのうちの一人はそのようにして生じた捻挫の続きをなおも苦しんでいた》（『社会学原理』第三版、第一巻七七三頁、ハヴロック・エリス『夢の世界』仏訳版、一六五頁よりの引用）。それればかりかこれは非常に一般的な事実である。飛行の夢は昼間飛べないことがおかしいと思うほど容易に飛行する力があるという追憶を残す。ブリア＝サヴァラン（訳註16）は飛行の現実性に対するこの信念を次のように明確に述べた（『趣味に関する心理学』一八六七年、二一五頁）。《私は或る夜、重力を脱する秘密を発見して体が昇り降りに無関係になってしまい、同じような容易さでまた自分の意志に従って昇り降りができる夢を見た。》

《この状態は私には甘美に思われた。恐らく多くの人々が何か同じような夢を見たことがあるかと思う。しかし特別な感じがしてくるのは、こういう結果に導いた手段を私が非常に明瞭に（少なくとも私にはそう思えるのだが）自分自身に説明したこと、またそれをもっと早く見つけえなかったことをおかしいと思うほど、この手段が簡単であったのを覚えていることである。

《目が覚めたときこの説明の部分は忘れてしまったが、結論が残っていた。このとき以来、私は私よりも知力のある天才が早晩この発見をするであろうということを確信せざるをえない。どんなことがあっても、私はそれを請けおえる。》

ジョゼフ・ド・メーストル（訳註17）は同じような確信を述べている（『サン・ペテルスブルクの夜』一八三六年版、第二巻、二四〇頁）。《若い人々、特に勉強をしている若い人々、いや特に何らかの危険からうまく遁れた人々は、眠っている間に空中に上り思いのままに動く夢を非常に見やすいものである。或る知力の豊かな人が私に、青年時代にこの種の夢をあまりしばしば見たので人間にとって重力は自然ではないのでないかと思い始めたと語ったことがある。わが身のことをいえば、私の場合は幻覚がときおり非常に強烈で二、三秒も前に実は眼が覚めていながら、まだ迷いから覚めないことがあるのを確言することができる。》

さらに夢の飛行のなかには、滑るように進む或る種の夢やたえず昇行する夢を入れねばならないだろう。ドニ・ソラーが述べている夢の物語（『恐怖の終り』八二頁）の例は、われわれにはそういうものだと思われる。《嶮しくもなければ岩もない山だが、ゆっくりと非常に長い時間をかけて人が登ってゆく……山にくっついてかなり規則正しい長いカーブがある……体は不快であるどころか、かえってのびのびと気持がよく力がみち渡る感じがする……非常に珍しい非常に短い草がある。それから雪があって、ついで裸の岩があり、とりわけしだいに強い風が吹いてくる。人は風にむかって歩いてゆき、ほんの少し下りになった段々を通り、また上りになった大きなカーブにさしかかるが、別にがっかりした様子もない。そうなっていることをすでに知っていたのである……》われわれは余分だと思われる書込みをいくつか削った。しかし物語の力動的な一貫性は四頁にわたって続けられ、人はその物語のなかで夢の飛行の非常な単純さと大きな自信を認めることができる。しかし多くの場合、人々はそれをもっと複雑な夢の一部だとみなすので、そういう物語を無視してしまう。たえず合理化しようとする思いに導かれて、人々は夢の飛行を或る目的を達せんがための手段であるかの如くに判断するのである。人々はそれが真に《旅行自体》であり、あらゆる旅行のなかでももっとも現実的な《想像的旅行》であり、われわれの心の実質にかかわるもの、深い痕跡をわれわれの実質的な心的生成にしるしづけてゆくものであることを見ない。逆の欠陥から夢の飛行にかんする心理学的資料が偶発的な特色で過重になるということがまた考えられるかもしれない。それゆえ力動的な生命をあつかう心理学者は、あまりにも明確な理性とあまりにも絵画的なイメージにあえて抵抗するために特別な精神分析学を編みだす必要があるだろう。

われわれはいくつかのテキストを研究しながら、その力動的な起源を把握し、夢の飛行の本質的な深い生命を明確にするよう努力をしていこう。

われわれはこの試論においては心理学者の立場に立っており、したがってこの夜の経験の心理学的解釈を研究しつつある。ハヴロック・エリスはその著『夢の世界』のなかで、「夢における飛翔」と題する一章をそれに捧げているが、彼はとくにこの特殊な夢が生じる心理学的条件を攻究している（一七一頁）。彼は《ごく僅かな知られざる何らかの肉体的圧迫の影響によって……呼吸器筋肉のリズミカルな昂進と低下──或る種の夢の場合には恐らく心臓筋肉の収縮と膨張が客体化される》のだと語っている。しかし彼が企てている詳細な議論は飛行の夢の愉快な──またしばしば心理学的に効験のある──性格を説明していない。この議論は想像力のなかで繁殖するあれほど明確なイメージを説明しない。それゆえ、われわれはイメージの心理学の問題にわれわれの問題を限っていこう。

Ⅱ

夢の飛行の心理学的問題を提出するために、われわれはまずシャルル・ノディエ（訳註18）の或る頁から出発しよう。以下に掲げるのは、彼の言によれば、シャルル・ノディエがいつか《フランス学士院に声を届かせるほど有名になり、富裕になり、大物になった》あかつきに、彼が学士院で批判にかけようと思っている問題がある。

≪人類が、まわりの飛翔するあらゆる動物のように翼で空間を切って飛ぶ夢を一度も見たことがなかったなら、どうしてこうも頻繁に気球のように弾力的な力で空に上がる夢を見るのか、またその予見が人間の有機体の進歩の兆でないとすれば、どうして人間はそんな夢を長いあいだ見てきたのだろうか。なにせどんな昔の夢判断にもこの夢がでてくるからである。≫

まずこの資料から合理化の痕跡をすべて追いはらおう。そしてそのかわりに合理化の働きそのものを、どのようにして理性が夢に働きかけるかを考えよう。いいかえれば、われわれのあらゆる能力は夢に浸透しているのであるから、どのようにして理性が夢見るかを考えよう。

十九世紀の初め、ノディエが書いたころの気球は、二十世紀の初頭に飛行機が果たしたと同じ説明的な役割を果たしている。気球のおかげで、飛行機のおかげで、人間が空を飛ぶことは荒唐無稽なことではなくなった。こうした飛行の手段が夢を確証するようになると、実際の飛行の夢の数はとにかく、物語られる飛行の夢の数が増加する。また論理的構築がしばしば夢による準備を利用したがること、したがって或る種の思想家たちが自分の見る夢を≪合理的な≫予見であると好んで考えることをわれわれは理解しよう。『人間の転生と復活』にかんするシャルル・ノディエのエッセイはこの点で非常に興味が深いものだ。以下はその推論の骨子である。すなわち、夜の真摯な夢において人間は飛行の経験をもち、長い客観的探究の後に意識的存在は気球の実験に成功したのであるから、哲学者はいずれ内なる夢と客観的な実験を連結する手段を見出すであろう。この連関を描きだすために、この連関を夢想するために、シャルル・ノディエは、人間でありつづけながらも、気球的性質をそなえた種々なる存在のもとで人間を完成する≪復活的存在≫を想像する。この予想が現在われわれに異様にみえるのは、気球が珍しかった時代にわれわれが生きていないからである。気球、この不恰好な≪球体≫は、われわれにとっては、老いぼれたイメージ、力の無いイメージ、非常に合理化された概念である。したがってそれは夢の上でたいした価値のない代物である。しかしノディエの文章を考えるために頭のなかで熱気気球《モンゴルフィエール》の時代を想いめぐらせてみよう。ノディエのことを語るときにはいつでも文学的な扱い方を顧慮しなければならないけれども、人は遠からずイメージの背後に、真摯な想像力を、おのがイメージの力動性に無心で従う想像力を感じるであろう。したがって気球人、復活人というものもそういうもので、それは拡大された厖大な堅固な上半身を、≪飛行船の骨組≫をもつだろう。それは≪進化する有機体の本能が夢のなかで人間に教えるように、広大な肺臓によって思いのままに空虚をつくり、脚で地を叩きながら、飛行するであろう。≫

　われわれにはひどく人工的にみえる合理化は、上のことからみても夢の経験と現実の経験の繋《つな》がりを非常によくわれわれに示してくれる。覚醒生活にかえった人間はその夢を日常生活の概念を用いて合理化する。彼はぼんやりと夢のイメージを思いだすが、いったん覚醒生活の言語で表明すると、たちまちそれを歪形してしまう。彼は、夢は純粋な形体のもとでは、われわれを物質的想像力と力動的な想像力に全的にゆだね、また夢は純粋な形体のもとではわれわれを形式的想像力からひき離すことを理解しない。もっとも深い夢は本来、眼の休養と口の休養の現象である。不眠には眼の不眠と口の不眠の二種類がある。夜と沈黙は睡眠の二人の守護者である。眠るためにはもはや話さぬこと見ぬことが必要である。根源的な生、われわれに特有な根源の想像力に身をゆだねなくてはならない。この根源的生は言語に他ならぬあの絵画的な印象の交換によっては捉えられない。恐らく沈黙と夜はもっとも深い睡眠によっても完全な姿ではわれわれに与えられぬ二つの絶対性であろう。ともかく夢の生活はわれわれを形の圧制からさらに解放し、われわれを実質に、われわれに固有な根源の生活に、還せば還すほどますます純粋なものであることを、われわれは感じなければならない。

こうした情況からいって、形を添加することはすべて、いかに自然に見えようとも、夢の現実を隠蔽する危険があり、夢の深い生活を逸脱させる危険がある。したがってわれわれの考えによれば、飛行の夢のような鮮明な夢の現実を前にしたさいは、それに浸透するためには、視覚的イメージの支えから身を守り、できるだけ本質的な経験に接近するようにしなければならない。

形式的想像力に対して、物質的想像力が階層的に優位な役割を果たすというわれわれの考えが正しいとすれば、われわれは次のような逆説を定式化することができる。すなわち夢の飛行がそうであるが、力動的な深い経験に対しては、翼はすでになんらかの合理化である。正確にいえば、ノディエは幻想的な合理化の働きに身を任す以前に、その根源において、夢の飛行は決して翼のある飛行ではないというあの偉大な真理を強調したのである。

したがってわれわれの考えによれば、翼が飛行の夢の話にでてくる場合にはこの話のもつ合理化を疑ってかからねばならない。その話が覚醒時の思想か書物による発想に汚染されていることはまず確かだといってよい。

翼の本性はそもそもこのことに何の関係もない。客観的な翼の本性は、翼が必ずしも夢の飛行の自然な要素でないことを妨げない。要するに翼は夢の飛行に対する古代の合理化を表わしている。イカルスのイメージを形作ったのはこの合理化である。いいかえれば、イカルスのイメージは、ノディエの束の間の詩想において気球が≪送気体≫が果たしているのと同じ役割を、ガブリエル・ダヌンツィオの詩想において飛行機が果たしているのと同じ役割を、古代人の詩想において果たしているのだ。詩人たちは彼らのインスピレーションの源そのものに必ずしも忠実でありえない。彼らは深い単純な生を見すてる。彼らは充分に読みとらずに原初の言葉を翻訳する。古代人は夢の飛行を翻訳するにあたって、高度に合理的な現実、すなわち、気球や飛行機のような理性で造られた現実を自由にすることができなかったから、やむなく自然にある現実に頼ったのであった。それゆえ、彼は鳥を典型として飛行する人間のイメージを作ったのである。

だから原則としては、夢の世界にあっては翼があるから飛べるのでなく、飛んだから翼があると信じるのだといえよう。翼は結果である。夢の飛行ははるかに深遠である。それこそ大気にかんする力動的な想像力がたち返って思いださねばならぬあの原則である。

Ⅲ

それゆえ、いまやいかなる合理化に対する服従をも拒むことによって、夢の飛行の根源的経験にたち返り、その経験をできるだけ純粋な意味で力動的な話のなかで調べるとしよう。

シャルル・ノディエの書物自身のなかから、水の想像力にかんする研究においてわれわれがすでに利用した非常に純粋な資料をとりあげよう（原註10）。われわれは、夢を見た人が眼が覚めたときその経験を試したくなるほど、印象が鮮烈な場合を考えてみよう。《当代のもっとも頭脳の鋭いもっとも深遠な哲学者の一人が……私にこう語ったことがある……すなわち彼は青年時代に幾晩も続けて空中に立ち空中を動きまわる力を獲得した夢を見たので（原註11）、小川や溝を渡るときにそうやってみないと、その印象から覚めることがどうしてもできなかった。》ハヴロック・エリスもまたいっている（『夢の世界』一六五頁）。《フランスのすぐれた画家ラファエリは、夢のなかで空中に浮かんでいる思いがよくしたが、この思いがあまりはっきりしているので、眼が覚めたときふとベッドの下に跳び降りて、その経験を試してみたと告白している。》こういう点からみても、夜の生活で、夢の無意識の驚くべきほど等質な生活のなかで形づくられた信念が、白昼の生活において確証を求める非常に明確な例がいくつかある。夢幻状態《オニリスム》に酔った或る種のたましいにとっては、昼は夜を説明するために作られている。

想像力の力動的心理学をわれわれに打ち明けてくれるのは、こういうたましいの検索である。それゆえわれわれは想像力の心理学を樹立するために、系統的に夢から出発し、そのようにしてイメージの形式を見出す前にイメージの真の要素と真の運動を発見することを提案する。ついでわれわれは読者にみずからの夜の経験のなかで純粋な力動的な姿のもとに夢の飛行を思いだすよう努力してもらうことを願わなければならない。読者がこういう経験をもっているなら、全体としての夢の印象が真の実質的な軽さ、存在全体の軽さ、その原因が夢見るものにはわからないそれ自体としての軽さによって、つくられていることを認めるであろう。しばしばこの軽さはまるでふいに天からそういう才能を授かったという感じで、夢見る人を驚かせる。全存在のこの軽さは、何でもない簡単な、ちょっとした衝撃で一挙にひきおこされる。踵でちょっと地面を蹴っただけで、もう何の障害もなく自在に運動しうる感じがおこる。この一部分の運動がわれわれにはそれまで知られていず、夢が明かしてくれる自在の動きの力をわれわれのなかから解放してくれるように思われる。

　夢の飛行のなかで、地面に帰ってくると、新しい衝撃がおこってたちまち空中における自由な感じが戻ってくる。われわれはこの点にかんして何の不安ももたない。われわれは、はっきり感じるが、或る力がわれわれの内にあって、それをとり外《はず》す秘密を知っているのである。われわれは自分に弾性があるという確信をもっているから、大地への帰着は墜落ではない。夢の飛行を夢見る人はすべてこのような弾性を知っている。彼はまた究極性もなく、達すべき目標もない純粋な跳躍を感じる。大地にむかって帰ってくるとき、夢見る人、新たなるアンタイオス(訳註19)は自在で確実な、うっとりさせるようなエネルギーをまた見出す。しかし彼の飛躍に真の栄養をあたえるのは大地ではない。アンタイオスの神話をしばしば母なる大地の神話だと解釈するのは、土の元素の想像力が強力で一般的であるからである。反対に空の元素の想像力はしばしば脆弱で仮面をつけている。物質的で力動的な想像力の心理学はそれゆえ夢のなかに頑固に残っている神話の特性をはっきり分離しなければならない。夢の飛行はアンタイオスの神話が生命の神話というよりむしろ睡眠の神話であるという証拠を与えてくれるように思われる。足を蹴るだけでわれわれをその大気的本性にかえらせ、地平線上にたち現われる生命にかえらせるのは、ただ睡眠のなかだけである。この運動は実際ノディエのいうように、われわれの夜間生活のなかに生き残り、そのなかで息づく飛行の≪本能≫の痕跡である。何ならそれは生命のもっとも深い本能のひとつである軽さの本能であるといってもよいであろう。幾頁にもわたるこの試論はこの軽さの本能の諸現象を探究せんとするものである。夢の飛行はきわめて単純な姿で示されるところから、それは本能的な生命の夢であると思われる。なぜこの夢が細かく区分されないかをそれが説明してくれる。

してみれば夜の飛行旅行の記憶を最小限に合理化しようとするとき、われわれは翼をどう位置づけるべきであろうか。われわれのもつ夜の内密の経験においては、肩に翼が生えるというようなことはまったくない。特殊な想像力による汚染がないかぎり、夢見る人は羽ばたく翼の夢を経験しない。多くの場合、羽ばたく翼の夢は墜落の夢に他ならない。人は腕を動かして眩暈《めまい》から身を守るが、この力動性が肩に翼を生ぜしむる。しかし自然な夢の飛行、われわれの夜の作品である積極的飛行はリズムをもった飛行ではない。それは飛躍の連続性とストーリィをもち、力のこもった瞬間の迅速な想像物である。それゆえ、原始的な力動的経験と一致しうる翼のイメージによる唯一の合理化は踵に生えた翼であり、夜の旅人であるヘルメース(訳註20)の小翼である。

逆にいえば、ヘルメースの小翼は力を与えられた踵に他ならない。

われわれは――空の夢を象徴するために力動的に見事に生やされ、また視覚的には何の意味ももたぬ――これらの小さな翼を夢見者の誠実さの証しだと断定してもよいと思う。詩人がそのイメージのなかにこの小さな翼を浮かばせうるときには、その詩が経験された力動的なイメージと繋がっていることを或る程度保証できる。さらにこれらの詩的イメージに、思いつきによって集められたイメージには属さぬ或る種の堅実さを認めうることも稀ではない。それは詩的現実性のなかでも最大なるもの、夢の現実性を備えている。踵の翼があらゆる土地の神話や説話にみられることは決して不思議なことでない。ジュール・デュエームは飛行の物語に対する彼の説のなかで、ティベットにおいては≪仏教の聖者が軽足という或る沓を使って空中を旅行する≫ことを挙げ、ヨーロッパやアジアの巷間文学にあれほどひろがった空飛ぶ靴の説話に言及している。「七里の長靴」（英語でいう「千里の長靴」）(訳註21)はまさにこれと同じ起源をもつものである(原註12)。文学者なら本能的にこの問題に近づくであろう。フローベルは（『聖アントワーヌの誘惑』の第一稿において）書いている。≪すると雨のためのつば広帽子をかぶり、旅の長靴をはいたヘルメースの神様があらわれた。≫ ついでにこの箇所ではふざけた調子がイメージの夢幻状態《オニリスム》を、『誘惑』の他の条《くだ》りではずっと忠実に観察されている夢幻状態を、どれほど損っているかを注意しておこう。夢を見ている人にとって飛行する力が宿るのは他ならぬ足である。簡単にいうために、そこで、われわれは、この形而上詩学の探究においては、踵についた翼を夢の翼の名のもとにあえて呼ぶこととしよう。

踵の翼の優れて夢幻的《オニリック》な特徴は古典的考古学で見逃されているように思われる。そのためサロモン・レーナック(原註13)(訳註22)はそれを直ちに合理化の一要素だとしている。≪古代ギリシャの合理主義がまたしてもここで顔をだす。……ヘルメースが神であるといっても無駄である。空にむかって飛び上る前に彼は踝《くるぶし》に小翼をつける。彼ハマズ足ニ金ノ小翼ヲツケタ primum pedibus talaria nectit/Aurea とヴェルギリウスはいっている。≫ このヴェルギリウスの註は、軽さのもっとも大切な感じを説明する夢の考古学と相容れぬものである。

もちろんあらゆるイメージのように、夢の翼が、単なるつぎはぎとして雑多な夢物語に人為的に付け加えられることがある。詩的な作品のなかでは、それが書物からえられたイメージの引き写しの結果であることがあり、また空疎な比喩や修辞上の単なる習慣でしかないこともある。しかしそういう場合には、それは活気に欠け無用なものであるから、力動的想像力の所与について反省せんとする心理学者が見まちがうことはないであろう。そういう心理学者は正しく力動化された踵をつねに見分けるであろう。真摯な無意識によって、夢幻状態《オニリスム》に忠実な無意識によってこっそり忍びこんだ無意識の形体のもとに、彼はそれを認めるだろう。かくてミルトンは『失楽園』（シャトーブリアン仏訳I巻五章一八七頁）で六枚の翼をもった天の使について≪最後の一つがいの翼は足を蔽い、大空の色をした斑のある羽となって踵に付いている≫と語っている。心中で考えられた飛行のためには大きな翼は充分でないらしく、天の使もまた夢の翼をもたねばならない。

逆に夢の翼を調べることによって、或る種の資料の純粋さを批判することが可能であろう。夢の翼が欠けている物語にむけられたこの批評の一例をただちにあげてみよう。

アルベール・ベガン（訳註23）も指摘しているように、≪詩的な夢≫に酷似しているジャン＝パウル（訳註24）の≪選択夢《レーヴ・エレクティーフへ》≫のなかには、飛行の夢が掲げられている。ジャン＝パウルは夢をわざわざ見、自分の意志で夢を探ろうと努めながら、朝ふたたび眠りこんで、飛行の夢を見る。だからそれは真夜中の夢ではない。彼はそれを次のような言葉で書いている。≪或るときは舞い或るときは真直に上り、櫂のように腕を羽ばたかせて進むこの飛行は脳髄にとって、ほんとうに甘美で心休まるエーテルの沐浴である——もっとも、夢のなかであまり早く腕を回し、そのために眩暈《めまい》が起きたり、脳髄の充血が心配になる場合は別だが。しかし、実際には私の心身はたのしく高揚して私はたまたま星空にまっすぐに立ち、私の歌によって宇宙の高厦に挨拶を送ったのであった。

≪私は確信をもって夢の内部で天のように高い壁を全力で大急ぎで登ってゆき、そこから不意に広大な風景が現われるのを見ようとする。というのも（私はそのとき思うのだが）精神の法則と夢の欲求に従って、想像力がまわりの全空間を山と牧草地で蔽わねばならず、またそのたびにいつもそうなるからである。私は嬉しさのあまりそこから飛び下りるために、頂上をよじ登ってゆく。……

≪こうした選択夢または半夢のなかで私はいつも私のもつ夢の理論を思いだす。……美しい風景の他に私はいつも（しかしいつも飛びながら、そしてこれが選択夢の確かな特徴である）美しい像を探しだして抱きしめたいと思う……ところが残念なことにそれを探しだすのに私はしばしば長い間飛んでいるのだ。……あるとき私の前に現われた美しい像に私はこういった。「私は眼を覚まそうと思うが、そうすればあなたは消えてなくなるだろう」同じようにいつか鏡の前に立って私は恐怖をもって「私は眼を閉じている私がどんなふうになっているかを見たい」といった≫（原註14）。

　このテキストに盛られている過重なものを証明するのは困難なことではない。同じ行に羽ばたく腕と櫂を結びつけているのは、飛行の夢の力動的な単一性《ユニテ》を思い誤っている。夢の中では二つの形を結びつけることができるが、二つの力を結びつけることはできぬ。力動的な想像力は驚くべきほど単一なものである。

≪脳髄の充血を恐れ、また脳髄にとって、ほんとうの、甘美で心の休まるエーテルの沐浴を知る≫のはまた同じ夜の経験ではない。それに夢見る人にとって≪脳髄≫なるものは存在しない。一方、夢の伝票にもちこまれた神学は夢の物語に書きこまるべき拵《こしら》えごとである。夢のなかでは天空に行くために飛びはしない。人は飛ぶから天空に昇るのだ。最後に付随的なことがらがあまりに多すぎ、報告されている上昇の手段があまりにもまちまちでありすぎる。夢の翼が過重な余計なものによって、かき消されているのだ。われわれは本当に夢の翼しかない逆の例を次にかかげよう。

Ⅳ

われわれはリルケの第十一番目の夢（原註15）からその例を借用するが、それは力動的想像力の見地からいって非常に純粋な資料である。というのも話全体が、軽さの力動的な感じから引きだされているからである。


それから一本の街路があらわれた。私たちは同じ歩調で、寄り添って、一緒にその街路を下りて行った。彼女の腕が私の肩にからまっていた。

街路は広くて、早朝で空虚であった。それは大通り《ブールヴァール》で下りになり、ちょうど子供の歩調から僅かな重さを取り去るほどに傾いていた。彼女はまるで足に小さな翼を持っているように歩いていた。

私は思いだしていた……

だからそれは思い出、あんなに深い優しさにみちた思い出なのだ。幸福の確かさが微動だにしない眠っている形の思い出なのだ。それこそ大空の状態の、何ものも重さをもたず、われわれのうちなる物質が本来的に軽い或る状態の、はるかで日付のない思い出ではあるまいか。われわれが≪ちょうど子供の歩調から僅かな重さをとり去るほどに≫坂を下っているのに、すべてのものがわれわれをかかげ、われわれを持ちあげる。この軽さの若やぎこそ、われわれをして大地を離れさせ、風とともに、一吹きの息とともに、天にむかって自然に昇ってゆけるとわれわれに信じさせるあの信頼にみちた力、消しがたい幸福の感じによって直接もたらされるあの力のしるしではなかろうか。もしもあなたがあなたの見る力動的な夢のなかで、このような最小限の傾斜、たとえ眼に決して何も見えぬとしても、ほんの僅かしか下っていないこんな街路に行きあえば、あなたは翼を、足に小さな翼を生やすだろう。あなたの踵は軽い、微妙な、飛翔の力強さをもつだろう。ちょっとした単純な動きであなたの踵は下り道を上りに変え、歩みを飛翔に変えるだろう。あなたは次のような≪ニーチェ的美学の第一命題≫を経験するだろう。すなわち≪よいものはすべて軽やかであり、神的なものはすべて微妙な足どりで走る≫(原註16)。

夢のなかで穏やかな坂道を歩きまわっていると、夢がわれわれの休息を助けてくれるのを経験するものである。疲れた心を癒《いや》すために土地療法が医学上の技術として提起されたことがあった。つまり調子の狂った血液の循環系統を正調な脈搏状態にかえすように注意の行き届いた散歩の漸進的な計画表を定めたのである。夜の経験における無意識もまた、それがついにわれわれの統一《ユニテ》の主《あるじ》となるとき、われわれを想像上の土地療法に導く。昼間の煩労で重くなったわれわれの心が、夜の間に夢の飛行の優しさと自在さによって癒されるのである。軽快なリズムがこの飛行につけ加わるようになると、それはわれわれのなだめられた心のリズムそのものである。そのときわれわれは心そのものの内部で飛行の幸福を感じるのではあるまいか。ルウ・アルベール＝ラザール夫人のために書かれたリルケの詩のなかに次のような詩句がある。

私たちが開いたままにしておく心を横切って、
足に翼をつけた神さまが通ってゆきます。

こういう詩句はわれわれが唱《とな》えている大空の加担がなければ実際には経験されないということを強調しておくべきであろうか。ヘルメースの翼は人間的な飛行の翼である。それはわれわれのうちに飛行をもたらすと同時に天国をもたらすといえるほど、われわれに対して親密な深い関係をもっている。われわれは飛んでいる世界の真中にいるようでもあれば、また飛んでいる宇宙《コスモス》がわれわれの存在の秘かな内部に現われるようでもある。ルウ・アルベール＝ラザール夫人によって翻訳された詩集から引用した次の詩に思いをひそめるなら、このすばらしい飛行が感じられるであろう。

ごらん、私は知っていた、彼らが存在するのを
決して、人々から普通の
歩きかたを学ばなかったものたちが。

けれどふいに晴々と
天に昇ってゆくのは
あのものたちにとっては始まりであったのだ。飛行は
……………………
きかないでおくれ
どれほど長い間彼らが匂っていたかを　どれほど長い間
彼らがなお見えていたかを　なぜなら眼に見えぬ天は
いいがたい天は
内なる風景の上にあるのだから。

リルケのような真摯なたましいにとっては、たとえそれが稀なことであるにせよ、夢の出来事はわれわれの実質につながっている。それはわれわれの存在の長い過去に書きこまれたものだ。夢の飛行は墜ちる不安を超克することをわれわれに教えるものではあるまいか。幸福な状態で夢のなかで飛行するのは、この根源的不安に対するわれわれの最初の成功の予兆を担うものではあるまいか。またその飛行はリルケ的なたましいの慰め――貧しい稀にしかありえぬ慰め――として、どれほど大きな役割を演じたことだろうか。床に落ちるピンのひびきにおののき、万象転落の宿命的な交響楽《シンフォニー》のなかに散る落葉の恐ろしいざわめきに心いためる人が、どれほど優しい驚きをもって足に翼あるものたちを夢のなかで迎えたことだろうか。

夢のなかで失墜から飛行へとしばしば見られる繫がりを十二分に経験することによって、いかにして不安が喜びに変わるかを知ることができる。それこそ真にリルケ的な転換である。この第十一の——まことに美しい——夢の結尾はそのことを非常に明瞭に示している。《ではあなたは喜びがほんとうは、私たちが少しも恐れていない恐怖であることを知らなかったのですね。恐怖を端から端まで経《へ》めぐること、それこそまさに喜びなのです。だれもがほんの一部しか知らない恐怖。だれもが信頼を寄せている恐怖。》夢の飛行は従って速度を緩めた墜落であり、傷つかずに楽々と起き上れる墜落である。夢の飛行は墜落と上昇の総合である。リルケのような完全に総合的なたましいのみが、喜び自身のなかに、喜びが打勝つ恐怖を保持することができる。もっと分割されもっと統一性を失ったたましいは、相反するものを統一し、苦痛と喜びを交互に、互いに他の原因として経験するためには、ただ過去に対する思い出しかもちえない。しかし恐怖が幸福をうみだしうることを示す夢からわれわれが得るものは、それこそひとつの偉大な英知である。われわれが後になって思いだすように根本的な恐《こわ》さのひとつが墜落する恐れであるとするなら、また人間の——生理的で道徳的な——責任の最大なるものがわれわれの垂直性の責任であるとするなら、われわれを起き直らせ、われわれの直立性に活力をあたえ、踵から頚までをぴんと張らせ、われわれの重さを追い払い、われわれの最初のまた独自の空の経験をあたえる夢は、かかる夢はどれほどか、われわれの健康に有益であり、われわれを力づけ、不思議な感動的な力をもつことか。それはまた夜の生活と昼の詩的な夢想を結びつけることができるたましいに必ず大いなる思い出を残すにちがいない。精神分析学者は、夢の飛行は逸楽のシンボルであり、ジャン＝パウルがいうように人はそれを《美しい像を抱きしめるために≫追い求めるとくり返しいうだろう。われわれの息苦しさが解けるために愛さなければならないとすれば、そうだ、飛行の夢は夜の間に不幸な愛を和らげることができるし、夜の幸福によって不可能な愛をみたすことができる。しかし飛行の夢はもっと間接的でない機能をもっている。すなわちそれは夜のひとつの現実、自立的な夜の現実なのだ。この夜の現実という観点から考えると、夢の飛行でみたされる愛は、軽颺《けいよう》〔霊媒の力によって机などが空中に浮き上ること〕の特殊なケースだということができる。力強い夜の生活をもつ或るたましいにとっては、愛することは飛ぶことなのだ。夢の軽颺は愛そのものよりももっと深遠な、もっと本質的な、もっと単純な心的現実である。軽くされたいというこの欲求、解放されたいというこの欲求、夜からその広大な自由を得たいというこの欲求は、或るたましいの宿命として、正常な夜の生活の、安らかなる夜の、機能そのものとして現われる。

V

夢の飛行のこの夜の経験はそれゆえ睡眠の教育家たちの注意を促すであろう。しかしそういう人たちはよく眠ることをわれわれに教えることだけを考えているのだろうか。またオールダス・ハクスリーのような作家が嗜眠剤《イプノペディ》について行なったいくつかの指摘（原註17）は、アングロサクソン人の空想的予測の範囲を超えるものであろうか。われわれの個人的な経験によれば、よく眠るためには、無意識の基底にある元素をふたたび見出さねばならぬ。一層正確にいうなら、われわれはわれわれの本来の元素のなかで眠らねばならぬ。よい眠りとは揺られた眠り、運ばれてゆく眠りであって、想像力は、何びとかによってではなく、何ものかによってわれわれが揺られ、運ばれてゆくことを、はっきり知っている。睡眠のなかではわれわれは或る「宇宙」の存在である。われわれは水によって揺られ、空気のなかで、空気によって、おのが息のリズムに従いながら、われわれが息を吐く空気によって運ばれる。それこそ幼年の眠り、さなくとも青年の静かな眠りである。その眠りの夜の生活はしばしば旅への、無窮の旅への誘いを受ける。シラノ・ド・ベルジュラックは『日世界旅行記』のなかで書いている。≪私の青春の盛りにおいては、私は眠っている時、軽くなり雲に上ってゆくように思われた……。≫　そのようにして、彼はまさに正当にも明証的な心理的経験をその創作の基礎においている——けだし夢見がちな青春時代の夜の飛行こそ明証的だと思わざるをえないからである。シラノがデカルトの機械論を学ぶやいなや「日世界と月世界の旅行者」の機械観《メカニスム》がつけ加えられた。このメカニズムもまた生けるものの上に鍍金《めっき》せられたメカニックなものである。それこそなぜシラノの書くものがわれわれを楽しませはするが感動させないかという理由である。彼の書くものは気ままな空想に支配されている。あまりにも迅速にそれは想像力の偉大な祖国を失ってしまった。

それゆえ真の嗜眠剤は夢の飛行を外面化するのに役立つものであろう。恐らく実体論的直観、いやもっと大まかにいうならば、食物的直観がこういう方法で、翼や車輪やハンドルが整ったイメージよりもっと強力な物質的イメージをわれわれに与えるのであろう。たんぽぽやあざみの羽根をつけた種子が夏の空に飛ぶのを見て、長く夢想に耽らない人があろうか。ところでジュール・デュアンは、ペルーでは人々は飛ぶために風のまにまに吹き流される軽い種子を食べると述べている。同様にジョゼフ・ド・メーストルは≪エジプトの神官は掟による斎戒の期間中は家禽の肉しか食べないが、それは鳥があらゆる動物のなかでもっとも軽いものであったからである≫と述べている(『聖ペテルブルグの夜話』一八三六年版、第Ⅱ巻、二三八頁)。或るアラビアの自然学者は、鳥を軽くなった動物のように考えている。≪神は歯や耳や心室や膀胱や背の椎骨のような……いくつかの部分を圧殺することによって彼らの体躯の重みを軽くした≫(ボフィットによる引用、『イタリア航空会誌』六九頁)。事実は、飛ぶためには羽の生えた物や羽を生やす食物ほどには翼は必要でない。軽い物質を吸収するとか本質の軽さを意識するとかいうのは唯物論者や観念論者がそれぞれの仕方でいい表わしている同じ夢なのである。『聖ペテルブルグの夜話』の註に編者が次のように述べているのはまた興味が深い。≪余計なことをいうようだがこのいい方は軽い食肉という通俗的な意味で理解さるべきであろう。≫編者はこれほど明白な想像上の価値を約束してくれる神の定めに何とかして物質的な意味を見出そうとしている。これこそ心理的現実を見誤る合理化の恰好の例である。

イカルス的な努力の歴史を辿ってゆけば、羽の現物を身につけることによって、飛行を幾分かものにしうると考えるこうした唯物論的思考の例に度々であうであろう。たとえばスコットランドの宮廷に住っていたイタリア人の僧院長のダミアンは一五〇七年、羽毛でこしらえた翼によって飛ぼうと試みる。彼は塔の上から飛び立ったが、落ちて足をくじいた。彼は墜落したのは翼の製造に雄鶏の羽を幾本か使ったからであると考えた。もし他の羽だけであったなら、必ず天への飛行を可能にしたはずの真に天界的な羽があったのに、この雄鶏の羽が家禽の飼養場にたいして≪おのずからなる親和力≫を顕わしてしまったというのである（ラウファー『飛行の前史』六八頁参照。シカゴ一九二八年刊）。

これまでと変わらぬ方法に従って、こうした例を追ってゆくと、食物によって飛行を身につける唯物論的考えが、さらに文学的でさらに磨きはかかっているが同じイメージを用いたと思われる例によって、あまりにも粗雑な形のもとに現われる。『失楽園』のなかで（一巻、五章、シャトーブリアン訳、一九五頁）ミルトンは生長するに従って、ますますエーテル化された滋養物を次々とこしらえてゆく一種の植物的昇華物を暗示している。

かくして根からもっと軽い緑の茎が伸び出す。この茎からさらに大気のような葉が出る。ついに成り終えた花が香《かぐ》わしい霊気を発散する。花々と人の食べものたるその果実が次第に蒸発し、生ある霊、動物なる霊、知力ある霊に息を吹きつける。これらの霊は生命と感情、想像力と理性を一度に生じ、かくて魂は理性を受けとる……いつの日か人類が天使の性質にあずかる時が、人類が不自由な食餌や軽すぎる栄養を見知らぬ時が来るかもしれぬ。恐らくこの肉体と化した食べものに養われて、汝らの肉体は長き時のまに完成され、ついに精神そのものとなって、われわれのごとく天空を飛びうるであろう。

ヴィコ（訳註25）はいった。≪あらゆる隠喩《メタフォル》は小型の神話である≫と。隠喩がまた物理学であり生物学であり、のみならず食餌療法でもあることがわかる。物質的な想像力は、まさに文学的イメージと実体を統合する可塑的な媒介物である。物質的にいい表わすことによって、人は全人生を詩のなかに容れることができる。

VI

一見非常に特殊にみえる夢の飛行についてのわれわれの解釈が、或る種の文学作品の解明に全体的なテーマを供しうることをさらに証明するために、われわれはシェリーの詩を、まさにこの観点からざっと検討しよう。シェリーは恐らく自然全体を愛し、誰よりもよく河と海とをうたった。その悲劇的生涯は彼を永久に水の運命に結びつけた。とはいえ、われわれには彼にあっては大気的特徴がもっとも深いように思われる。また或る詩を規定するために形容詞をただ一つ心に留めねばならぬとすれば、シェリーの詩が大気的であることを恐らく人々は容易に認めるであろう。しかしこの形容詞が正当であるとしても、それだけでは充分でない。われわれは実質的に力動的にシェリーが大気的実体の詩人であることを証明したいと思う。彼のなかでは、大気の諸存在、風、匂い、光、形なき存在が直接作用を及ぼしている。《風、光、空気、花の香りが私に強烈な情感を与える》(原註18)。シェリーの作品に思いを凝らすと、或る種のたましいが優しさの烈しい力にいかに鳴り響《とよ》むか、いかに量りがたいものの重さに感じやすいか、いかに自らを昇華することによって、それらが自らを力動化するかが理解できる。

シェリーの詩的夢想が、詩における決定的な要件だとわれわれがみなす夢の真摯さを明らかに持っていること、その多くの——直接間接の——例証を読者は後にみられるであろう。しかしさしあたっては論題をしぼって、《夢の翼》が明らかに現われるイメージをあげておこう(『シェリー全集』ラップ訳、Ⅱ巻二〇九頁)。《かくも野育ちでかくも軽やかな御身たちはどこから来たのか。けだし御身たちの足には稲妻のサンダルがあり、御身たちの翼は、思想のように、甘美で優しいのは。》そこではイメージにかすかにずれがおこって翼と稲妻のサンダルが分離されている。しかしこのずれもイメージの単一性を破ることができない。このイメージははっきり単一性を保っており、また甘美で優しいのは運動であって、夢見る手が愛撫するような翼でもなく羽毛でもない。このようなイメージが寓意的な帰属関係を拒むことをくり返し注意しておこう。こういうイメージは恍惚としたたましいのイメージとして、想像的なひとつの運動として理解されねばならない。何ならそれはたましいの行動《アクシオン》であって、自分で実際に行なってみて初めてわかるといってもよいであろう。シェリーはなおもいっている。《羚羊《かもしか》は速く走っているとき推進力が一時止まると、以前ほどエーテル性をもたず、軽くなくなるであろう》(前掲書、Ⅱ巻、二六三頁)。この一時停止された推進力という観念で、シェリーは形式にかかずらう想像力が解読にひどく苦しむであろうようなひとつの謎の言葉を投げかけている。力動的な想像力ならそれを解く鍵がみつかる。すなわちここにいう一時停止された推進力とは夢の飛行なのだ。ただ詩人のみが他の詩人を解説することができる。われわれのうちに飛行の痕跡をとどめるこの一時停止された推進力を、次のリルケの三行の詩句に照らして解することが可能であろう(原註19)。

どんな道のあとかたもないところへ

われわれは飛んでいった。
われわれの精神のなかには、まだ弓が印《しるし》づけられている。

われわれはすでにシェリーの詩の基本的特徴を確かめたので、いまやさらに詳しくその詩の深い源泉を調べてみよう。一例として彼の『縛めを解かれたプロメーテウス』をとりあげてみよう。われわれはそれが大気的プロメーテウスであることがただちに解るであろう。ティーターヌが山々の頂きに繋がれているのはもろもろの大気の生を受けとるためなのだ。彼は鎖をぎりぎりまで緊張させて高みにむかう。彼は憧憬 **aspirations**〔この語の古義は息を吸込むことを意味する〕の完全な力動性をもっている。

人道主義的な憧憬にみち、人類が一層幸福になることをはっきり夢見ていたシェリーは、恐らくプロメーテウスのなかに、「運命」に抗し、神々自身に抗して人間を屹立させる存在を見ていたのであろう。シェリーの社会正義に対するあらゆる要求は彼の作品の中にまで作用を及ぼしている。しかし想像力の方法と運動は社会的情熱から完全に独立したものだ。われわれは『縛めを解かれたプロメーテウス』の真の詩的な力は、決して社会的象徴から援用されたものではないことをあえて信じる。或る種のたましいにあっては、想像力は社会的である以上に宇宙的《コスミック》なものなのだ。それこそわれわれの考えによれば、シェリー的な想像力の場合である。神々や半神たちは個々の人々――人間の幾分か鮮明なイメージ――ではなく、真の霊的《プシシク》宿命によって生気づけられた宇宙《コスモス》で或る役割を果たさんとする霊的な力である。だからといってしかしこれらの人物が抽象であると速断してはならない。なぜならこの心の上昇力は優れてプロメーテウス的な力であるが、またそれはとりわけ具体的なものであるのだから。それはシェリーがよく知り、読者に伝えようとする心の働きに符合するものなのである。

『縛めを解かれたプロメーテウス』が≪カラカルラの浴場の山岳地帯の廃墟で、花々に囲まれた空地のなかで≫、≪眩暈《めまい》を起こさすような空中にかかった栱門《アーチ》 dizzy arches suspended in air の前で≫書かれたということを、まず最初に思いだそう。もし地上的な人間ならその柱を見るであろうし、大気的な人間なら≪空中にかかった栱門≫しか見ないであろう。あるいはこういえばさらによいかもしれない。シェリーが眺めているのは栱門の図柄ではなく、あえていうなら、眩暈自体である。シェリーは大気の祖国に、もっとも偉大な天上の祖国に全霊をあげて生きている。この祖国は眩暈によって、眩暈に打勝つ勝利をたのしむために彼がひき起こす眩暈によって、劇的なものにされている。かくして人間はどのように跳躍すれば解放されるかを知るために、鎖を引っぱるのだ。しかし思いちがいをしてはならない。積極的な働きをなすものは解放されたいという願いである。鎖の地上的な堅い直覚に大気の直覚がまさることを示すのは、解放されたいという願いである。この超克される眩暈、この自由の戦慄すべき足枷《かせ》、それがプロメーテウス的な力動性の意味そのものである。

序文はもとより他の箇所でも、シェリーは、彼の用いるプロメーテウスのイメージに与えなければならない非常に心理学的な意味について説明している（原註20）。≪私がここに用いたイメージは、大部分が人間精神の働きから、あるいはそういう働きを表わす外的な行動からとりだされたものである。ダンテとシェクスピアにはこの種の例が一杯あり、とくにダンテは他のいかなる詩人よりもよく用い、また遙かに成功しているが、近代ではそれはめったに使用されない。》『縛めを解かれたプロメーテウス』はこのようにあらゆる詩人のなかでももっとも垂直的であり、「天国」と「地獄」の二つの垂直軸を踏査する詩人、ダンテの保護下におかれている。シェリーにとっては、すべてのイメージは働き、人間精神の働きである。それは人々が外的世界の単なる反映だと信じているときでも、内的な霊的な原理をもっている。それゆえシェリーが《詩は模倣する芸術である》というとき、詩は眼に見えないもの、すなわち深奥の人間的生命を模倣する芸術だという意味に解さねばならぬ。眼に見える生、人々がくり広げる運動に対しては、散文で充分それをいうことができる。ただ詩のみが霊的な生命の隠された力を明るみにだす。それは語のショーペンハウエル的な意味において、これら心象的な諸力のもつ現象である。シェリー的な意味で詩人を理解するためには、『縛めを解かれたプロメーテウス』の序文をざっと読めばおのずからわかるように、コンディヤック流に《人間精神の作用》を分析することは重要ではない。詩人の任務は軽やかにイメージを押しだして、人間精神がそのイメージにおいて人間的に働くことを確信し、それが人間的イメージであり、宇宙《コスモス》の諸力を人間化するイメージであると確信することである。このとき彼は人間のものたる宇宙観《コスモロジー》に導かれる。素朴な神人同形同性観論《アントロポモルフィスム》を生きるかわりに、彼は人間を元素的で深遠な諸力に送りかえすのである。

　ところで霊的な生はその主要な働きによって特徴づけられる。それは大きくなろうとし、自分を高めようとする。それは本能的に高みを求める。詩的なイメージはそれゆえシェリーにとってはいずれも上昇の作業を行なうものである。いいかえれば、詩的なイメージは、それがわれわれを軽やかにし、われわれを持ち上げ、われわれを高める度合に応じて、人間精神の働きそのものなのだ。それはただひとつの関係軸、すなわち垂直軸をしかもたない。それは本質的にいって大気的なものである。詩のただひとつのイメージでもこの軽減化の機能を果たさぬ場合には、詩は崩壊し、人間は隷属につれもどされ、鎖が彼を傷つける。シェリーの詩論は、畢竟、天才のもちうる全的な無意識性をもって、これらの偶発的な重さを離れ、あらゆる昇行の精華を見事な束にして結合せんとするものである。微かに指を触れるだけで、彼はあらゆる穂先の直立する力を測りうるようにみえる。彼を読むと、マッソン＝ウールセルの次のような深い言葉が理解できる（原註21）。≪霊魂の一生涯の先端は走性《タクティスム》（訳註26）をもつものに似ている。≫読むものは生長しつつある高さに触れるのだ。シェリーの力動的なイメージは霊的生涯のこの先端の領域に働きかける。

　高さの方向に同じように強く偏極化されたイメージが社会的、道徳的、プロメーテウス的な価値査定作用を受けいれることは容易に理解される。しかしこの価値査定作用は自分から求めて得られたものではない。それは詩人にとって目的ではない。社会的な寓意に先んじて、力動的なイメージが根源的な心象的価値として姿を表わすのである。人間に対する愛は、われわれが自身を越えて高まるとき初めて、みずからを越え存在の先端を越えてたえず生きようと願う存在に、さらに助けを差しだせるだけである。このように想像的な浮上は人間の偉大さのあらゆる寓意を受けいれることができるが、しかし浮上の心的現実性《レアリスム》は、その固有の浮力、内的浮力をもっている。それが大気的心象のもつ力動的な現実性である。

　われわれは前著『水と夢』のなかで、舟にかんする詩的な問題を検討した。これらの問題は揺籃で揺られる幸福、人間が全的に限界のない幸福に身をまかす揺籃の無意識の思い出を暗にふくんでいるので、それが強い力をもっていることを、われわれは示した。われわれはまた或る種の夢見者にとっては、波の上に揺られていた舟がしらずしらずに水を離れ空にむかうことを指摘した。ただ力動的な想像力の原理のみが、形式にかかわるいかなる実在論、覚醒生活のいかなる経験も弁証しえない、こういうイメージの連続を説明することができる。水と大気の力動的なイメージが連続する原理は、まさに夢の飛行にみられる。したがって揺られた幸福の深い意味をいったん理解し、それを夢の諸旅行のもつ優しさとひき較べてみると、大気の旅行は波の上の旅行の軽やかな超越であると思われる。大地を背に揺籃のなかで揺られていた存在がいまや母なる腕によって揺られるのだ。彼は揺られている幸福の最高なるもの、すなわち運ばれてゆく幸福を実感する。してみれば空の旅行のあらゆるイメージが優しさのイメージであることが容易にわかるであろう。逸楽がそれにまじっているとしても、それは穏やかな拡散された遠い逸楽である。空の夢を見る人は決して情熱に苦しめられないし、また空の夢を見る人は決して嵐や烈風にさらわれることがない。少なくとも彼は保護者の手に、保護するものの腕に抱かれているのを感じる。

シェリーはたびたび空の舟に乗った。彼はほんとに風の揺籃のなかで暮した。≪われわれの舟は≫と彼は『エピサイキディオン』のなかでいっている（原註22）。≪その巣が真紅の東方の遙かなエデンの園である信天翁《あほうどり》に似ている。そしてわれわれは夜と昼、台風《ハリケーン》と凪が信天翁の飛翔を追いかけている間、その翼の間に坐るであろう……。≫　もしもこれらのイメージを眼で合体させねばならないとすれば、舟と信天翁を結びつけたり、黎明の水平光線の上におかれた巣を見るなどとは思いもよらぬことであろう。しかし力動的な想像力は別の力をもっている。合理主義のためにしばしば夢を妨げられた作家、ジョルジュ・サンドは『勇気の翼』のなかで、雲の上で卵をうみ、風によってその卵が孵る鳥をうけいれたが、実際にそのイメージを生きず、またシェリーがしたように、空の生活や空の旅行にわれわれを参加させもしなかった（原註23）。

同じようにして、漂える島である小舟——水に捧げられた心象《プシシスム》にしばしば現われる幻術——は大気的な心象に対しては空にかかった島の形になって現われる。シェリーの詩想が特に好んだ国は、実際、≪天と空と地と海の間にかかり、澄みとおった静けさのなかで揺られている島≫である。よくわかることだが、詩人が天上の島を見るのは、彼が静かな揺籃の動きを想像したり経験したりするからだ。ヴィジョンを作りだすのは運動であり、経験された運動が、眺められただけの運動では決して得られぬ爽やかな香りをもたらす。空の露でできたこの漂泊の島の上で、詩人はいくたび安息を見出したことだろうか。

天の無窮のなかでシェリーは≪強く晴れやかな光の破片≫によって建てられ、≪月の光の板≫によって蔽われた宮殿に住んでいる。光るものと高めるものとの想像的結合を研究し、光と高みにわれわれを導くものが同じ≪人間精神の働き≫であることを後に証明しようとするとき、われわれはこの透明な建築の問題に、はかないエーテルのなかでわれわれが熱情的に愛する万象のオパール的凝結の問題に、ふたたびたち返るであろう。しかしさしあたっては、夢見るものを運び、あやすのはこの場合、光自身であるという感じをつかんでいただきたいと思う。それこそ、力動的な想像力の支配するところでは、丸く動き易い形をし、うがつものや切るものを身にもたぬ満々たる光の役目なのである。そのとき影の本当の姉妹である光は影を腕に抱きかかえる。≪そして遠く塔の頂上や築かれた基壇の上にいる「昼」と「夜」、「大地」と

「海」とは互いにその腕のなかで眠り、波を、花を、雲、森、岩を、われわれがその微笑みのなかに読みとり現実と名づけている一切のものを夢見る》(原註24)。空にかかった島のなかでは、想像的なすべての元素、すなわち水、土、火、風が大気の変幻によってその花々を交えあう。空にかかった島は天にあるが、それは物理的な天であり、その花々は「大地」の花々のプラトン的なイデアである。それは詩人がかつて瞑想しえたすべてのプラトン的なイデアのなかでももっとも現実的なものだ。そしてシェリーの詩に耳を傾けることによってイメージの大気的理念性《イデアリテ》を生きようとすれば、人は必ず、この理念性が「大地」の諸の光景の理念化にまさるものであることがわかるだろう。大気的生命は現実的な生命である。逆に大地的生命は想像的な生命、移ろいやすく遙かな生命である。生命の真の祖国は青空であり、世界の《滋養》は息吹きと香りである。シェリーならばリルケの次のようなイメージをどれほどよく理解したであろう。

天使から見れば、木々の梢は恐らく
天を飲んでいる根であろう。
そして土のなかのぶなの深い根は
彼らにとってものいわぬ頂《いただき》に見えるだろう。

(『果樹園』三八)

シェリーのように高みで眠り、空のすべての息吹きとともに夢見るとき、巨大な山と海原が、「大地」と「大洋」の眠りを果てしなく横切ってゆく。「昼」と「夜」の回る万華鏡のなかで、「大地」と「大洋」は広大な不動の「天」によってともに揺すぶられ、同じ幸福のなかにいずれも眠りこまされる。シェリーの詩法は揺られる無限の広がりの詩法である。世界はシェリーにとって広大な揺籃——宇宙的揺籃——であり、そこからたえまなく夢が飛び立ってゆく。水の質料的想像力にかんする研究のなかで幾度か注意を促したように、ここでもまたいま一度、夢見者の感じが宇宙的水準に上ってゆくのが見られる。

恐らく人々はわれわれが、ただ単に理由をのべるかわりに、ひどく安易な方法を用い、誇張するのを咎めるであろう。しかしこういう拡大や誇張をやめれば、夢の心理学に何ものかが欠落する。世界の次元を変えない夢は本当に夢であるだろうか。世界を大きくしない夢がいやしくも詩人の夢であろうか。大気的詩人はあらゆる限界を越えて世界を大きくする。さればこそルイ・カザミアン氏（訳註27）は『アイオロス琴』に註を施しながらこういいうるのである（原註25）。すなわちシェリーは≪自然が彼に送り、また恐らくは各各のたましいであり万象の神であるあの理想の微風が、宇宙の弦にあわせてうみだす幾千のあの繊細な波動に全身をふるわせる。≫

それゆえ、恐らくいかなる文学にあってもシェリーの詩ほど広大、濶達で、拡大的な詩はない。あるいは一層正確にいうなら、シェリーの詩は空間——高さの方向にあらゆる存在を拡大し力づける垂直に力動化された空間である。何らかの上昇に、何らかの昇行に加わらずには、人はその空間に入ることができない。≪お前が私とともに飛ばねばならぬ日がやってきた≫（Ⅱ巻、二七三頁）という招きの言葉がささやかれるのを聞きいれずには、人はそこで生きることができない。シェリーの詩法においてはあらゆる対象《オブジェ》が「天」にむかって「大地」を離れることをつねに誘いかける。形体の想像力では捉えがたいイメージは、真に根源的な衝動に発する無媒介の想像力のなかでそのイメージに対応する力動的な型《タイプ》がいったん理解されると、無媒介の形体をとってあらわる。たとえば次のようなページは他に解釈のしようがないものだ（原註26）。≪彼女はよく凝った蒸気の一番切りたった梯子を昇って空中に消えている何がしかの雲の尖った岬にまで行くのを好んだ。そしてイルカの背中にまたがったアリオンのように、うたいながら岸辺のない空中を進んだ。しばしば稲妻のあとのうねうねとした屈曲に従いながら、風の平屋根に乗って走った。≫天に岸がないのは昇ってゆくのに障害がないからである。このような力動化された想像力にとっては、あらゆる線は航跡であり、あらゆる空の徴候は呼びかけであり、何としても昇りたいという欲求が垂直性をもった一切の、どんなはかない仮象からも眼を離さない。

実際、シェリーの詩によって経験される運動は大気的イメージをベルグソンのいう生の飛躍《エラン・ヴィタル》としてうちだし、その進行とともに生きた形をうちだすといってよい。反対にイメージの詩的活動を理解するためには、詩人によって現実化されたあらゆるイメージに運動を付加しなければならない。かくして雲の密集した塊はそれを昇りたいと思うとき――こころの底から――もっと高くへ昇りたいと願うとき、初めて梯子となる。これらのイメージはそれをうみだす非常に特殊な詩的跳躍を拒む読者にとっては、朦朧とした、もしくは空しいものとなってしまう。逆に共感をもって力動化された想像力は、それを溌剌としたもの、すなわち力動的に明確なものだと思うだろう。力動的な明確《クラルテ》さがあり明白《ディスタンクシオン》さがあるといってもよいからである。この力動的な明確さと明白さは自然にして原初的な力動的直観に対応するものだ。力動的な想像力の世界にあってはすべての形体は運動を備えている。人は回さずには球を想像することができないし、飛ばさずには矢を、微笑ませずには女を想像することができない。また詩的な直観が宇宙に広がるのは、われわれの内的生命がその最大の高揚を知っているからである。われわれは心中で飛ぶのであるから、またわれわれのうちに飛行があるのであるから、一切がわれわれを高みへ、雲へ、光へ、天へと運んでゆく。シェリーは≪抑えることのできないあの沸々とした歓喜を≫知っていた（Ⅱ巻、二一七頁）。≪……光の気圏のように私を包み、雲のように私を運んでゆく法悦はそれ自身の風によって運ばれてゆく。≫いってみれば、風は雲の中にあり、雲は風の実体であり、雲はその実体自体のなかに大気的動性《モビリテ》の原理を宿しているのだ。動性は軽やかな実体がもつ富に他ならない。物質的想像力と力動的想像力の素朴さを理解するためにはシェリーのようなイメージにあまり長く思いをこらしてはならないであろう。彼のようなイメージにあっては、物質的想像力と力学的想像力は果てしなくその筋道を変えてゆくからである。もとより努力もせず翼も動かさずに飛ぶのはおのれ自身の実体であることを、あらゆる大気的存在は知っている。≪彼らは彼ら自身の速さの風を飲む≫（一八〇～一八二頁）。不滅であるのは実体である以上に運動なのだ。すなわち≪運動は変化しうるが死ぬことはできない≫のである。

≪自身の速さの風≫によってもたらされる動体《モビール》のイメージは、ピアジェ（訳註28）が児童の心性のうちに認めたあのアリストテレース式相互反動 **antipéristasis** に他ならないのであるまいか（『児童における生理的因果関係』二七頁）。しかし詩人はあらゆる幼稚さとともにあらゆる哲学理論風のものを自分から取り払う秘密の力をもっている。想像力に心身をまかせながら、詩人は根源的な霊的現実に、すなわちイメージにたちむかう。彼は力動性とイメージの生命のなかに止まる。そのときあらゆる合理的ないし客観的還元は意味を失ってしまう。シェリーとともにこういうイメージを経験すると、イメージは老衰しないということが納得できる。『知性の年代』についてレオン・ブランシュヴィク（訳註29）が書いたような書物は知性の成熟を明確に語りうるであろうが、想像力の年代について書くのは、殆ど無意味なことであろう。あるいは想像力は永遠の若さの源であるといっても過言でない。それは初源的な力動的イメージを精神にかえすことによって、精神を若返らせる。

　この活力をもった想像力から逃れうるものは何ひとつない。たとえばシェリーは『アトラスの女魔術師』のなかでいっている（Ⅱ巻、二四九頁）。《折々彼女は〈日常の軌道〉に従って大地を回転させる上層の気流に登り、その地域の精霊たちによって彼らの合唱に加えてもらうことを楽しんだ》（原註27）。こういう精霊たちにとっては、うたうことは行動すること、実質的に行動することである。あらゆる生命とあらゆる運動が大気によって可能である。「大地」を回転させるのは大気の息吹きである。巨大な地球はすべての球体と同様、力動化された想像力にとって霊妙な回転の動性《モビリテ》をもっている。

　このような想像的天文学は合理主義者を微笑ませるであろう。合理主義者は詩人に《日常的な軌道》とは正確には何であるかときくであろう。また他の合理主義者はシェリーの《蒸気的な》詩法は気体の膨張の科学的法則のいい換えにすぎぬといって非難するであろう（原註28）。こういう註解の仕方を支持するために、ホワイトヘッド（訳註30）は近代主義者であったシェリーが物理学に熱をあげたことを回想するであろう。

何とかして明確な知識を得たいと望む古典的文学批評は簡単に、彼が科学をしきりに引照したと信じるであろう。ところが実際は≪気体膨張≫の学説がシェリーの大気的詩法にすこしでも役割を演じたと信じることは、偉大な詩人の詩的夢想の自律的性格を忘れることなのである。

平素は繊細で機微を心得たポール・ド・ルールの批評も、また数理哲学者〔ホワイトヘッドのこと〕の仮説と同様適切ではない。彼は≪火と雪と液状の愛≫でもってできた複合体である「アトラスの女魔術師」にすっかりまごついている。生物学者ならばなるほど文句をつけようが、本当の夢見者ならこのような混合の力動的な力をただちに悟るであろう。火が生命を与え、液状の愛——驚くべき新発見だ——が愛される物質を与えるとすれば、雪は白さと美、頂上のヴィジョンを与える。雪——ここでは大気の雪であり、頂上の雪である——は作られた存在に、シェリーにとっては現実《レアリテ》の頂であるあの非現実的な形姿を与える。だが次のような見事な句、

両頭の蛇によってそれに繋がれた
翼あるこれら馬たちの画像は、

Yoked to it by an amphisbaenic snake
The likeness of those winged steeds,

を前にして、ポール・ド・ルールは《わが眼を疑いたい思いに》駆られる。彼はこういう部分は精神分析学に属するものだといい、さらに《批評家の良心をなだめることしか願わないあの非難をやめよう》という。それでは批評家は――奇妙な告白である――文句をつけてなだめなければおさまらない良心だというのだろうか。

とはいえ、ポール・ド・ルールはシェリーの作品に対してもっと共感を覚えた箇所においては、シェリーの詩句は《空気よりも軽く、飛翔を可能にして、飛躍をもたらす翼である》と書いた(原註29)。ド・ルールはまたシェリーにとっては、たましいの運動、または運動中のたましいを表現することが問題であったといったが、それは全く正しい。われわれはいずれたましいの全体を運動させる力動的想像力の総合的特性についてふたたび論じるであろう。たましいの運動から運動中のたましいへの移行こそ夢の飛行の偉大な教訓であることが、そのときわかるであろう。夢の飛行は夢の経験に驚くべき統一性を与える。それは夢見者に、昼のさまざまな場景のなかで夜の生活から得た偉大な啓示を確認させるひとつの同質の世界を与える。シェリーの詩的世界の特質を一言にしていうなら、それは遍満せる光にまで高まる夢の飛行であるというのが、もっとも適切であるようにわれわれには思われる。

想像力によって人が全体的に経験する運動はおのずから想像的音楽を伴う。偉大な天上の運動は神的な和声を表わしている。恐らくピタゴラスの天文学のような哲学的な天文学は、天体の回転の数と周期を瞑想することによって和声にかんするあらゆる隠喩を喚び起こすであろう。しかし詩人の観想は、もしそれが誠実で深いものであるなら、はるかに自然に同じ和声を聞きとるであろう。哲学者が数のなかに和声を見出しうると信じるのも、それが想像力におのずからいきいきと働きかけるからである。星空を眺める真の詩人は全て天体の規則正しい運行を聞く。彼は≪空のコーラス≫を、夜を、≪優しい夜の歩み≫を聞く。

無限の空間の存在を聞きとるためには、地上のあらゆる騒音を沈黙させねばならぬ。さらにまた——いうまでもないことだが——あらゆる神話的、講壇的釈義を忘れねばならぬ。そのとき観照が本質的な意味でわれわれの内なる創造的力であることがわかる。人は眺めんとする意志がうまれるのを感じるが、その意志はたちまち眺めているものの運動を助ける意志となる。「意志」と「表象」はショーペンハウエルの哲学におけるが如く、もはや拮抗する二つの力ではない。詩は本当に意志の汎美論的活動である（原註30）。それは美への意志をあらわす。あらゆる深い観照は必然的に、またおのずから頌歌である。頌歌の役割は現実的なるものを越えること、無言の世界の彼方に響きをもった世界を投げかけることである。詩に対するショーペンハウエルの説は、自然美を喚起する詩観にあまりにも依りすぎている。実際は、詩は不動の無言の美の表現でなく、独自の行動《アクシオン》なのである。

『縛めを解かれたプロメーテウス』の第四幕を通じて直接的なあの想像的和声、力動的な想像力の活性化からうまれるあの和声がみられる。シェリーはすばらしい詩句で、あるときは夜に和声を結びつけあるときは光に和声を結びつける。たとえばいま、冬のフリュートというとき、それは冬の空気の明るさと鋭いが霊感をうけたたましいには静かにしみとおる響きの明るさを統合する実体的明るさを全体として経験したイメージなのである（Ⅱ巻、二一二頁）。≪ききたまえ、また、各々の休止部がどれほど低い調べに、明るい、銀色の、鏡のような綱色の、調子にみちているかを。細くなった星が冬のガラスの空を貫き透り海に姿を映すように、その調べは眠れるものを目ざましめ、感覚を貫いて、たましいのなかに生きるのだ。≫冬の光の矢に耳を傾けたまえ。それはあらゆるところから迸る。すべての空間が寒さの烈しい音に震えている。空間のない伝播はないのだから音楽のない空間はない。音楽は震える物質である。パンテア（Ⅱ巻、二二三頁）は≪きらめく水の浴槽から、紺碧の光の浴槽から出てくるように、音楽の流れから≫出てくる。そして『プロメーテウス』（第二幕、第一場）においては、次のような偉大な楽弓の音《ね》が諸天に響きわたる。

ききたまえ。精霊たちが語っている。彼らの大気の舌から
液状の答えがなおも鳴り響いている。

Hark ! Spirits speak. The liquid responses
Of their aerial tongues yet sound.

地上のものにとっては、地を離れるとともに一切が散り一切が失われてゆくのに、空に住むものにとっては、昇るとともに一切が集まり一切が豊かになる。シェリーは照応 correspondance を実感しているようにわれわれには思われる。それをボードレールの照応と比較してみると非常に示唆に富む。ボードレールの照応は物質的実体の深奥の一致からうまれるものである。それは多くの点でランボーの錬金術よりも統一的な、感覚のもっとも偉大な化学を実現する。ボードレールの照応は物質的想像力の強

力な中心である。この中心にあらゆる想像的物質、あらゆる≪詩的要素≫が会してその富を交換しあい、相互に他のものによって隠喩を養いあう。

シェリーの照応は幽霊のような軽さをもった力動的想像力の共時態《サンクロニー》である。ボードレールの照応が物質的想像力の王国であるとすれば、シェリーの照応は力動的想像力の王国である。シェリーの形而上詩学においては、資質のすぐれたものが互いに他を軽減することによって相集まる。それは一緒になっておのれを昇華する。それは果てしない進歩のなかで互いに手を貸しながら互いを昇華する。アンドレ・シュヴリョンはその著『シェリーの詩における自然の研究』のなかでこう書いた。≪当然だがイギリスでは人々はシェリーを詩人のなかの詩人と呼んでいる。実際彼の詩は二重の蒸溜からうまれたものなのだ。彼の詩が他のもろもろの詩に対する関係は他のもろもろの詩が現実《レエール》に対する関係に等しい。それは蒸発しやすく、不安定で、火のように熱く、量りがたく、つねにみずからを昇華せんとかまえ、もはや肉体をもっていない。≫その数頁前のところで(一二〇頁)、アンドレ・シュヴリョンは、この大気的な昇華を強調した。≪あらゆる叙述は、それが発展してゆくにつれ、節から節へと対象がひとつずつ個別的な細部と堅牢な外観を失い、茫漠とした光り輝く幻影に変貌するというあの共通の意味深い特徴をもっている。≫このように光のなかにしだいに消え入ること、それがわれわれの詩人〔シェリーを指す〕における特に鮮明な昇華の型《タイプ》である。

「夜」の沈黙は空の≪深さ≫を増す。この沈黙とこの深さのなかでは一切が互いに調和しあう。相反するものが消され、不調和な声が口をつぐむ。空のもろもろの兆《きざ》しの眼に見える調和《ハーモニー》が、われわれのうちにあって嘆くことと呻くことしか知らぬ地上の声を、沈黙させる。突如、夜が長調の讃歌となり、喜びと幸福との浪漫的感情《ロマンティスム》がアリエルの琴の上に鳴り響く。シェリーの詩は飛行のロマンティシズムである。

この空を飛ぶ大気のロマンティシズムは地上のあらゆるものに翼を与える。神秘が実体からその気圏へと移ってゆく。あらゆるものが力をあわせて孤立した存在に普遍的な生命を与える。杏《ミラベル》の実《み》が成熟するのに耳を傾けると、私はいつも太陽があらゆる果実を愛撫し、あらゆる丸さを金色に染め、あらゆる富を艶めかすのを眼に見るのであった。軽やかな滝のなかでは、緑の細流がおだまきの花筒を揺さぶっていた。青い音が飛んでいった。花房は青空のなかに果てしなく顫音《せんおん》を投げかけていた。私はシェリーを理解した（『エピサイキディオン』二六四頁）。≪そしてまるで蜜の露で一杯になったヒヤシンスから落ちるように、彼の唇から液状のささやきが一滴一滴したたり落ちる。そしてそのささやきは法悦のうちに広がる惑星の音楽の休止符のようにやさしく、情熱の意味を殺してしまう。≫花がこのようにささやくとき、花筒が繖形《さんけい》花《か》の頂きで鳴りわたるとき、あらゆる地上が黙し、あらゆる空が語りだす。大気の宇宙は色彩の和声でみちわたる。あんなにとりどりの色をつけたアネモネが空の四方《よも》の風を色づける。花々が語るときには、色彩が声に、匂いに交りあう……。

さらに問題を正確にいえばこうである。すなわちどういう意味で或る音が大気的になるというべきであろうか。それはその音が沈黙の極限にあって、遙かな――穏やかで偉大な――空を舞うときである。小なるものが大なるものに逆説的に働きかける。語りつづける宇宙の無限大を揺さぶるものは、音の無限小、花々の和声の休止符である。人は≪光が愛に≫、愛のささやきに≪身を変じ≫、百合が全宇宙に愛を教えるほど確固たる声をもつシェリー的時間（二七〇頁）をほんとうに経験する。人は動かない風の足音を聞く（二五一頁)。≪その優しい足音が眠りを一層深めるあの風の精霊に似た運動によって≫持続のリズムを聞く。

想像的なものの高い領域においてうまれる照応《コレスポンダンス》の非常に明瞭な一例を「無名の哲学者」(ルイ＝クロード・ド・サン＝マルタン(訳註31))が書いた書『欲望の人間』のなかに引証することができる(I巻、一〇一頁)。≪それは、音が音としか比較されず、色が色としか、実体がその類似物としか比較されないわれわれの闇にみちたこのような住まいではない。そこでは一切が同質なのであった。≪光は音をあらわし、旋律は光をうみ、色彩は、生けるものであるがゆえに運動をもっていた。そして事物《オブジェ》は響きをもつとともに透明で、また互いに浸透しあい、一気に全延長を経めぐりうるほど動きまわるのであった。≫

ボードレール的なイメージの線に従うと、人は感覚の地下室《クリプト》に降りてゆき、深さと夜のなかに一如《ユニテ》を見出す。ルイ＝クロード・ド・サン＝マルタンにあっては、光の一如にわれわれをむかわせるのは逆の運動である。一層正確にいうなら、真直な上昇を決定するのは光と響きと軽さの総合である。空の中を太陽のように回ることが単なる視覚的イメージに従うことであるとすれば、人は神的な軽さの実体的意味を誤解することになるだろう。逆に真直な上昇にあっては、よこぎられる≪領域の天使《ビュイサンス》≫が≪その翼≫によってたましいを支えに来てくれ、たましいがこの世で睡眠の間に感染した汚れの名残りを≪天使たちの生きた息吹き≫で払ってくれる。≪ついでたましいが次の領域に姿をあらわすとき入口がただちに開かれ、新たな浄化と新たな補償を受けられるように、天使たちの火の手で、たましいの上に、その入会《イニシアシオン》の真正の証

明書を書いてくれる。》

浄化と補償、自然的性質と道徳的性質の総合は上のごとく行なわれるが、それはまた大気の力動的夢想であるあの《生命の線》に働きかける。透明なるもの、軽きもの、響きよきものがいわば想像力の条件反射を決定する。さまざまな詩的気質と特殊性を決定するものは、想像的な性質に脈絡をつけるこのような条件反射である。われわれはいま一度この問題にたち返る機会があるだろう。

VII

シェリーの作品と同じくらいに特殊な作品から資料を取りだすのは、あまりにも例外的にすぎると思われようし、また詩だけの検討にかぎってしまうと覚醒時の夢想に夢の飛行の感じが存続するのを理解するためにはなお準備不足であろう。力動的想像力の観点から人間精神の非常に客観的な観察者を研究するのは、恐らく興味深いことであるだろう。そういうわけで、われわれは以下バルザックの諸著作から《心理的に経験された昇行》の現実的な心理的性格をもつ例証を見出したいと思う。

たとえば『追放者』という題名をもつ物語（原註31）、はこの点でわれわれには非常にその徴候をおびているものだと思われる。まず或る箇所において、小説家は既成のイメージ、単なる口先きの隠喩として恐らく非難されるようなイメージを受けいれているようにみえる。しかし突如読者はごまかしのない或る調子に出あう。というのもその調子に従って読んでゆくとバルザックの想像力が夜の飛行の印象の継続であることが感じられるからだ。そこで、最初見たときにはわざとらしく思われたイメージをいま一度正しくふり返ってみると、人はこれらのイメージが本当の夢の経験の一部分であることを認めざるをえない。人はこのとき古典的批評家が理解できれば後《あと》は無視すればよいとしているこのテキストを夢想するようになる。そういうわけで、バルザックが《ダンテは聖書を手にもち、物質を精神化し精神を物質化したのち、……信仰によって或る天体から他の天体にいたることが可能であることを認めた》というとき、われわれは殆ど、この精神化された物質や物質化された精神には注意を払わない。われわれはあまり早く理解するので、想像することを忘れてしまうのだ。われわれは精神と物質から等しく離れたこの中間形態の力強い現実性の経験を可能にしてくれるような物質的想像力の有難さを見失ってしまう。だからこの記録が無味乾燥で口先きだけのものだと思われるわけだ。しかしいま人が進んでこれらの言葉を体験しようとするなら、バルザックに愛されたダンテが肉体的具体的に話をしていることを理解しようとするなら、想像的な物理学のこの中間形態的状態が体得されるであろう。するとたちまちあらゆる隠喩が一貫性をおび、あらゆる飛翔の、飛行の、昇行の軽減化の隠喩が確実な心理的経験となって現われるであろう。

たとえば、飛翔の特殊な緊張を書きとめたものとして次のような句がある（三四五頁）。《飛びたとうとしている鳥のように、われわれが飛躍したいと思うとき、それによって力を前方に集めているあの苦しい緊張。》なるほどこういう力動的な記述に煩わされず、もっぱら観念のみを考え、隠喩はただ観念を示唆するために作られていると思うこともできる。しかしそうなると、それは一連の心理学的考察、投射の心理 psychologie de projection（訳註32）的考察を全て無視することになってしまう。飛躍の経験ではなく飛躍の意志を表わすためには、心理学は非常に特殊な非常に重要な或る力動的イメージを必要とする。なぜならこのイメージは飛躍と飛行、不連続と連続の間にある仲介的なイメージであるからである。バルザックが表現しようとしている緊張は決意の一瞬に一時的な脈絡を与える緊張である。それはまさに行動し、まさに或る努力を追求しようとしている力の意識である。それは投射の心理の本質そのものにつながっており、また表象と意志との結び目そのものに属している。この投射は飛行の力動的な想像作用《イマジナシオン》のなかにもっとも大切な教訓を見出す。どうしてそれを人々は受けいれないのであろうか。同じ頁の他のところに明白に夢の飛行に言及したところがある。≪私は夜のなかに、いやそれこそ昼の極限にいた。私は案内役によって運ばれ、また夢を見ている間、肉眼に見えない天体のなかでわれわれを恍惚とさせるあの力に似た或る力に導かれて、空を飛んでいた≫（原註32）。

夜と昼との極限で飛行が行なわれたとすれば、それこそまさに、シェリーの詩的≪照応《コレスポンダンス》≫にみられるような軽さが光を、光が軽さを伴うあの複合的昇華のしるしである。この複合的な昇華が≪上昇する≫人々をとり囲む後光の物質的かつ力動的な特質を解き明かす。バルザックの物語を読んで≪考える≫読者は恐らくそれをむなしい絵空事だと思うだろう。われわれは≪想像する≫読者でありたいと願う。したがってわれわれはこれらの行を、狭義に肉体的な意味に読みとる。≪われわれの額《ひたい》を囲んでいた後光は行手にある影を触知しえない微塵のように消え失せさせた。≫ここでもまた言葉をイメージによってふたたび生気づけることが必要なのであるから、われわれは抽象的なものから具体的なものへの進行を経験的に辿ってみよう。われわれは額から影を追い払い、額から眼差しを曇らすものを追い払い、煩労を灰のように払い、つづいて煙のように、それからさらに遠い霧のように追い払う。かくして穏やかだがつねに進行する身体の勝利として後光が現われる。それは一歩一歩明るさの意識をおびてゆく精神の勝利である。想像力の世界では闘争は戦うものと半影《ペノンブル》との間で行なわれ、霧から霧へ、流体から流体へと行なわれる。後光はうまれつつある状態ではまだ光を投げない。それは《触知できない微塵》を制するに止まる。それは幸福な運動の素材である。ヴィクトル＝エミール・ミシュレーは書いた(『愛と呪術』六八頁)。《霊体〔霊と肉体の中間にあると考えられるもの〕は水中の魚のように後光のなかを動く》と。また一層抽象的にいうなら、後光は上昇の抵抗力に対する成功の一形式の具現である。上昇に対する抵抗力は人が上るにつれて減じてゆく抵抗力である。それは、土地を掘るにつれて増大する大地の抵抗力とは正反対のものだ。また右に述べたことは——いうまでもないことだが——実に多くの偶発事がある現実世界よりも、想像的世界において一層正確に規則正しく見られるものである。

さらにひとつの宇宙的イメージが後光の壮麗を讃えるのに力を藉《か》すことがある。上昇する人々にとっては、水平線が広がり、照らしだされる。水平線は彼にとっては高みにある存在から眺められた広大な大地の後光である。この上昇が物理的であるか精神的であるかは問題ではない。遠くを眺めるものは明るい眼差しをもち、その顔は光り輝き、その額は晴ればれしている。理念的《イデアール》なものを対象とする物理学は、どんな逆数をも受けいれるほど整合した物理学なのである。

しかしこのとき、われわれが提唱しているように、文学的イメージを進んで物質化し力動化しようとすれば、語の慣例的な意味での隠喩はもはやなくなる。あらゆる隠喩はそれ自身のうちに可逆性の力を宿しているから、或る隠喩の二つの極が現実的な役割または理想的な役割を交互に演じることがある。このような転化によって、たとえば文の飛翔というようなもっとも使いふるされたいい回しでも、なおいささかの物質性を、現実的活動力をもつようになる。イメージを活動させるように努めて想像力を働かせるなら、次のようなテキストを大気的物質によって、容易に物質化させうるであろう。偉大な追放者は《熱狂したたましいをひきつれながら、言葉の翼に乗って空間を旅行し、その聴衆を天の海に沈めつつ、彼らに無限を感じさせるのだった。博士は眩《まばゆ》い天球と逆の順序に置かれ、神を熱望している他の圏《セルクル》によって地獄を論理的に説明したが、そこでは光と精神のかわりに苦悩と闇が存在するのであった。拷問の苦しみが無上の快楽と同等のものだと理解されているのであった。対比されるこれら二項は、人間生活の推移の過程に、苦悩と知恵のさまざまな雰囲気のなかに存在するのであった》（三三一頁）。ここで暗示されている説明は《論理的》である以上に遙かに物理的であり、生理的であると思われる。拷問の責苦と無上の快楽はまさしく一つの宇宙観の構成要素である。それは地上的であるとともに大気的な想像力がうむ重層した宇宙観の根本的徴表である。それらはわれわれ自身の経験につながっている。高所に対する憧憬はみかけは貧しいが、夢の力動性のなかでは、直接的な意味をおびる。バルザックのかくも単純な文章を上のごとくに解釈してどうしていけないことがあろうか。天上の海はそれゆえわれわれの考えによれば、われわれの夜の生命の海である。われわれの夜の生命はわれわれがそこを浮遊するがゆえに一つの海である。眠っている時われわれは地上で決して不動の状態で暮してはいない。われわれはひとつの眠りからさらに深い他の眠りに落ちこむか、あるいはわれわれのなかでたましいの少量が眼を覚まそうとする。そのときたましいがわれわれをもち上げる。たえまなくわれわれは上るかまたは下る。睡眠が垂直の力動性を見はる。睡眠はより深い眠りとより浅い眠りの間で揺れる。眠ること、それは夜の海水のなかで敏感な潜水人形のように上ったり下ったりすることだ（原註33）。夜と昼はわれわれの内部で垂直的な生成変化を行なう。それは夢見るものがその罪の重さやその至福の軽さに従って上ったり下ったりする密度の不均等な気圏である。それゆえバルザックがいうようにダンテが《いかなる言語にも見出される墜落という語の真の意味を悟性の胎内からもぎとろう》（三二二頁）とするのは、いかにも尤《もつと》もだと思われる。墜落の経験は始源的な文学的イメージであるといえばもっともよいのではあるまいか。人はその経験を、考える前に語る。それは遠い夢のなかの経験を表わしている。それは真に《力動的な想像力の胎内》にある。重力は全く人間的な心象の法則である。その法則はわれわれの内部にあり、それはわれわれがうち勝たねばならぬ運命であり、また大気的気質をもった人は、夢想のなかでそれにうち勝つ予感をもつ。バルザックが続いて書いているように、ダンテは《すべての人間がもつ上昇し登らんとする情熱を、本能的な野心を、われわれの宿命の永劫の啓示を明晰に》解明した。このテキストは社会で身を高めんとする、人々のもつ野心を喚び起こすものではなく、本来の想像力のなかにおのれ自身の直接的な生命をもつ始源的イメージに働きかけるものであることがはっきり感じられる。たとえそれが隠喩の働きをもっているとしても、このような文章が本当の力を発揮するのは、ただ人がそれを道徳《モラル》の物理学の教えとして、すなわち物質の元素のなかにすでに象徴的生命をもつモラルとしてそれを受けとる場合だけである。それは隠喩でなくいわんや寓喩ではない。それは啓示的な直観である。してみれば、ジョアシャン・ガスケがこう書きえたのも承服できる（原註34）。

《運動とは物質の祈り、実のところは神が語る唯一の言葉なのであろうか。運動！　それによって諸存在の愛、事物の欲求が一糸まとわぬ秩序のもとにみずからを表わす。その完璧さがすべてのものを統一し、息づける。それは地を雲に、子供を鳥に結びつける。》かくして一糸まとわぬ、完璧な相における本質的な運動とは、ジョアシャン・ガスケのヴィジョンにとっては、《子供を鳥に》結びつける垂直の運動なのである。彼はまた後《あと》の方でこうつけ加える。《稀薄になった大気のなか、たましいの頂上を、白く光る雪の上の暁のように、神は漂いゆくのではあるまいか。》

恐らくわれわれが註釈を施したバルザックの資料は、結局のところ、文学的資料でないかといって反論されるであろう。それはダンテのきわめて伝統的な人物像を文学的に想い起こしたものにすぎず、われわれが何といおうと寓喩として通用しうるといわれるであろう。明らかに『追放者』のドラマを読んでみると、中世哲学にかんする、ダンテの宇宙観にかんする、バルザックの《知識》が他愛ないほど子供っぽいことを認めねばならない。しかし正確にいうなら考証的知識が貧弱であればあるほど、想像力がますます重要となり、イメージがいよいよ直接的になるのだ。バルザックによって想像されたダンテはバルザックの心理的経験を表わすものに他ならず、またそれは実際の経験である。それは非常に特色のある無意識の痕跡を示している。それは偉大な真摯さをもった夢の世界からとりだされたものである。

われわれはバルザックのいまひとつの作品のなかでその確証が得られるであろう。事実『セラフィータ』は完全に上昇の心理学を主題としたものである。この物語は無意識の上昇を意識的に楽しむために書かれたように思われる。この作品にダイナミックな共感を覚える読者はこの作品から非常な恩恵を受けとる。

ストリンドベルクのように混乱したたましいは、彼自身がいっているとおり《能天使によって糞便にみちた地獄に突き落とされて》いるとき、『セラフィータ』のなかにひとつの救いを見出す(原註35)。《『セラフィータ』は私にとって福音書となり、それはまた私に、生きていることが嫌になり、どうしようもない郷愁が天にむかって私を駆りたてるほど、あの世との契りを固め直させる。》　ストリンドベルクがスウェーデンボルグを読むように運命づけられたのはバルザックを通してである。ストリンドベルクの悲劇的誠実さを知ると、彼が『セラフィータ』から汲みとった昇行欲求の心的価値を過小評価することはできない。ストリンドベルクは天と地の間に四つ裂きにされている。《わが友であるオルフィラとスウェーデンボルグが私を護り、私を元気づけ、私を罰する。》彼は化学者であり、幻視家《ヴィジョネール》である。彼は二つの運動をもった存存であり、そのことが彼のなかに一種の力動的な不幸をうみだす。セラフィータの力動的な単一性はそれゆえしばしば彼にとって救いとなる。さてこれから解きほごそうとするのはこの力動的な単一性である。

指向作用の有機的特徴をはっきり明かしうるものが何もない時代に、バルザックは『セラフィータ』のなかでこう書いた(原註36)。《ひとり人間のみが特殊な器官のなかにおかれた垂直性の感情をもっている。》この垂直性の感情はそれが人間を駆ってたえず垂直状態で勝ちを得させ、高さにおいて広がらせるという意味で、力動的である。人間は大きく見られようとする欲求、額を高く掲げようとする欲求によって生気づけられる。この場合にも、隠喩は心理的現実にできるだけ即して受けとられねばならない(一八〇頁)。《セラフィトゥースはまるで上に伸びようとしているかのように額を差しだすことによって大きくなった。》セラフィトゥースはまさにセラフィータの拡大され力動化された形であるようにみえる。額はかくしてずっと男性的になる。自由になって《飛ばん》とする存在は、すでにおのが髪を、風に、行手の風になびかせる。たとえば、二三九頁のような数頁は、すべて半神的な離脱の詳細な心理学をわれわれに与えてくれるが、この離脱には自然な運動、すなわち、勝ちとられた飛行が伴う。人はいまいちど、比翼心理学 ptéropsychologie のあの事例にかんして、想像的翼は飛行よりも後に生じるという事実を確認するだろう。人は飛ぶためにもはや努力をしないとき、おのが身に翼を感じる。翼は勝利のしるしとして直ちにあらわれるが、ついで一八四頁にみられるように、滑翔の心理学が展開される。この頁を読むと、さらに経験された力動的なイメージが、視覚によって与えられたイメージにたちまさることがわかる。この視覚的なイメージは実際、青白い追憶にすぎない。創造的な言葉が生気をおびるのは、こういうイメージによってではない。詩的長篇小説『セラフィータ』は『ルイ・ランベール』のように、意志の詩、力動的な詩である。

　この作品を通じていくつかの具体的なテーマが昇行のイメージを助けている。そんなわけで、冬のノールウェーの眺望の中で人物が最初に出現するところはかろうじて眼に見える程度である。この作家が口にする基本的な語、「人間的な」は矢を——遙かな空を通ってくる矢を指し示す性質をもつものだ。飛行する矢はそれゆえ誘導的な語であり、二次的イメージをうむ一次的イメージである。分析の方法としてこのイメージを追ってゆくと、おのずから首尾が整う。逆に誘導的に注意をしないと全頁が晦渋で、無味乾燥で、生彩を欠くように思われる。どの頁も力がない。それというのも、文中の生命の流れに身をまかせえなかったからである。

矢のイメージは速度と直行性を正確に統合している。それは力動的に真先に現われる。冬の空を飛ぶこの単純な矢のイメージが、それにともなうあらゆる感じを想像力に与えた後、著者はスキーによって、スキーをする人によってこのイメージを合理化するだろう。人はスキーをする人が≪矢のように≫地平線を通るのを理解するであろう。しかし現実的な対象《オブジェ》は、運動が想像されその後で、指し示される。著者は力動的な想像力によって真直な迅速な矢の運動に人物を託した後で、スキーをはいた人物を描写する。これこそ形式的なものに力動性が優先する非常に明確な例である。われわれはしたがってまたここでも同じ結論に達する。すなわちベルグソンの学説において物質が生の飛躍《エラン・ヴィタル》によって措定されるように、詩的形姿が想像的運動によって措定されるのである。

もちろん過ぎ去るイメージは、束《つか》のま眼にしたものは全く問題ではない。運動はそもそも自動的にイメージが珠数つながりになったものではない。バルザックの頁に生命を与えている矢は昇行運動の指標である。したがって読者が昇行の生成発展に深くかかわることを要求する物語のなかで矢が果たす役割が理解できる。読者が想像的な昇行に参加するのはやみがたい生命の欲求によってであり、またそれは虚無に対する生命の克服に加わるようなものである。いまやわれわれは全存在をあげて奈落と絶頂の弁証法のなかにわが身をゆだねるのだ。奈落は怪物であり、虎であり、おのが餌に監視を怠らぬ開かれた口である。それは≪あらかじめおのが餌食を嚙み砕いている≫ようだ、とバルザックはいう（一七八頁）。昇行の心理学は本質的に昇行の教育学であるが、それはこの多形の怪物と戦わねばならない。

セラフィトゥースは天にむかってセラフィータの顔をあげさせながら、なおも震えているセラフィータにいう。≪怖れずにもっともっと広大な空間を眺めてごらん。≫そして彼は彼女に≪雲がその頭上に明るい空間を残しながら描きだす青い黎明の空を≫指し示す（一七四頁）。≪あの高さにたぶんあんたの体は顫《ふる》えているのではないかね。奈落はもう深さが見分けられないくらいに深い。それは海の一様な眺めや、雲の波や空の色を身につけてしまったのだ。≫

いましばらくこのように深みを見下した気持を力動的に体験してみよう。そうするとわれわれは奈落から遠く離れるがゆえに奈落が輪郭を失うのがわかる。昇る者は奈落の絵模様が消えてゆくのを見る。いま彼にとって奈落は溶解し、曇り、ぼうっと霞んでしまう。あらゆる動物的なイメージがゆるんでしまう。隠喩的にいうならば、もはや朦朧とした動物界しか存在しない。反対におのが克服したものによって、昇る者にとっては高度がはっきりと示され、高度の細かな違いがわかってくる。力動的な想像力は量りがたい力をもった一種の究極論に従う。人間の矢はその躍動《エラン》を生きるばかりではなく、その目的を生きる。それはその空を生きる。おのが上昇力を自覚することによって人間は自己の全運命を自覚する。一層正確にいうなら、彼は自分が期待という物質であり、期待する実体であることを知る。これらのイメージにおいて、期待は最大限の精密さに到達するように思われる。期待は直立した運命なのだ。

想像的な上昇は、それゆえ力動的な印象とイメージの総合物である。もとよりわれわれはセラフィータの空中の足跡にシェリーのあらゆる照応が集まっているのをみる。「昇天」と題した最後の章には次のような言葉がみられる（三四八頁）。≪光は旋律をうみ、旋律は光をうみ、色彩は光と旋律であった。運動は言葉を授けられたひとつの数であった。要するに一切が同時に鳴り響き、透明で、動きにみちていた。≫

鳴り響くものと透明なものと動的なもの、この三者一体なるものは、この書で主張された説に従えば、軽快感の内的印象からうまれるものである。それは外的世界によってわれわれに与えられるものではない。それはかつて重く混乱していたものが征服され、大気の想像力の教えに耳を傾けながらも想像的運動によって、軽快な明るい顫動的なものとなったのである。人々はここでも恐らく空しい寓喩しか認めないかもしれない。しかしこういう高を括《くく》った判断は、形をもったイメージを理屈ぬきに想像的生命の本質だと考える読み方からもっぱら由来するのだ。大気にかんする形のイメージは、大地にかんする形のイメージに比べると貧弱で一貫性をもたないから、大気にかんする想像力は気の抜けた想像力だと思われている。あらゆる≪実証的な≫哲学者、あらゆる現実界の図案家は躍気になってそれをばかにする。もしも人が進んで想像力にその力動的な勘《サンス》を回復させるなら、決してそんなふうにはならないであろう。空中においてはイメージは貧弱であるけれども、運動の方はまさに自由である。ところで自由であるという感じはそれだけで≪失われた時≫のあらゆる追憶よりもすばらしいイメージを投射《プロジュテ》するのだ。それは投射の心理学 **la psychologie projetante**、未来を繁殖させる心理学の原理に属している。≪大気の自由≫は語りかけ、啓示をあたえ、飛ぶ。それはしたがって鳴り響くものと透明なるものと動的なるもの、この三者一体なるものを投射する。

『セラフィータ』を検討するにあたって、われわれは、故意に昇行のイメージの底にある道徳的現実性に触れずにきた。この書におけるわれわれの目的は実際、想像的世界における総合の、できるかぎり純粋に心理学的な諸条件を確定することにあるからである。もしもだれかモラリストがわれわれのデータに基づいて研究するなら、さまざまな点で、高さは単に教訓的なものであるばかりでなく、もともと生理的な意味で物理的に道徳的なものであることを、必ず確証するであろう。高さはシンボル以上のものである。それを求める人、われわれの心的力動性のモーターそのものである想像力の全力をあげてそれを想像する人は、それが物質的にも、力動的にも、生命的にも道徳的なものであることを認識する。

VIII

われわれはシェリーとバルザックの例をあげて、夢の飛行の内密な経験に基づいて形成された多種多様な詩的イメージを示してきたし、また飛行という語は≪一切が感覚に語りかける≫語であるという、あのバルザックの指摘の重要さが（原註37）いまや理解された以上、往々無味乾燥ですりきれたようにみえる部分的で一時的なイメージのなかにも、夢の飛行の指標を読みとる訓練ができるであろう。われわれの思い違いでなければ、力動的な想像力にかんする研究は語のなかに隠されている内密なイメージを再び活動させ、蘇らせるのに寄与するはずである。形式は力以上にすりきれる。すりきれた語のなかから力動的な想像力は隠された力を再び見出さねばならない。あらゆる語はひとつの動詞を隠している。文は一つの行動であり、さらに正確にいうなら一つの歩みである。力動的想像力とはまさにもろもろの歩みの博物館である。それゆえ詩人たちがわれわれに暗示しているもろもろの歩みを生き直してみよう。たとえばエドガル・キネ（訳註33）の『魔法使いメルラン』のなかでヴィヴィアーヌが≪私は雌鹿にあうと雌鹿のように跳びたくなるのです≫というとき、原文を感覚的に感じることを拒絶する読者は、とりわけ平凡なこの表現を別に興味もたずに読むだろう。しかしそれなら彼は、『魔法使いメルラン』をかくも心理的に強烈な作品にしている、本質的に力動化された風景をどのように理解するだろうか。とはいえ、この≪平凡な≫イメージが驚くべき力強さでくりかえしあらわれる。すでに第一巻（三二六頁）のなかで、キネはこう書いた。≪ヴィヴィアーヌは山羊よりも軽く、鳥と同じくらいに軽い。≫そしてさらにこう書いた（Ⅱ巻、二七頁）。≪私は鹿よりも速く走れる時があります、とヴィヴィアーヌがいう。私は鹿よりも先きに、希望が運んでくれる山の頂上にゆけます。さあ頂上に上りましょう。≫ヴィヴィアーヌが雌鹿より、山羊より、鹿よりも軽いというのは、これらのイメージの性質をおびながらも、これらのイメージの力動的な精髄を保持している飛行に、より多くの効力を認めているからである。ヴィヴィアーヌはふいに軽くなる瞬間があるおかげで衝撃によって飛ぶ。彼女は、魔法使いメルランの世界における覚醒力である。ヴィヴィアーヌは眠っている風景のなかに飛行の瞬間をもたらす。そしてこの飛行と覚醒の瞬間は非常に特徴的なものなので、形而上学者なら「世界はわが覚醒の一瞬、わが朝の表象である」といいそうな表象の瞬間性にテーマとして役立ちうるほどである。『魔法使いメルラン』の力動性がかくも暗示に富むのは、まさにこれらの飛行の瞬間が人間の飛行の瞬間であるからである。もしそれが鳥の客観的な飛行であれば、それはわれわれの存在にとってあまりにも外的な、われわれの夢見る力にとってあまりにも無関係な運動であるだろう。それはわれわれに鳥瞰図的なヴィジョン、不動のヴィジョンのなかに静止しているひとつの世界を与えるであろう。夢の飛行を喚起することによって、ヴィヴィアーヌは、覚醒生活のイメージをもちいて、長々と夢想を叙述するより一層夢の魔法に忠実である。

ゲーテの天才は大気的であるというよりは地上的であると思われるが、こういう天才は跳躍の瞬間を一層なまなましく生きるだろう。彼らの詩句のなかでは踵が地面を打つ音が聞こえるであろう。地上的なその直観に従って大地は跳ねるものに力を与えるだろう。アンタイオスの神話は大方の神話学者がそうであるように、ゲーテによっても地上的な意味で体験されるであろう。それでも大気的特徴が残ってはいるが、それは消し去られたように目立たぬものであろう。つまりこの特徴は力動的には副次的なものなのだ。『ファウスト』第二部には次のように書かれている（ポルシャ訳、四〇六頁）。≪裸で翼がなく、獣らしいところのない牧神のような精《すだま》が地面を跳ぶ。しかし、地面の反動で彼は空中に投げだされる。二度、三度跳ぶうちに彼は高い円天井に届く。母親が心配して声をあげる。「跳び上ればいいわ、お前の好きなだけ何度でも跳び上ればいい。でも空を飛ばないように気をつけなさい。自由に飛ぶことはいけません。」するとやさしい父親が今度は彼に意見をする。「大地に弾力があればこそ高くまで行けるんだよ。足の親指でだけでも地面に触ったなら、お前はふいにアンタイオスのように、力が湧いてくるだろう。」しかしオイフォリオンはそうすればもりもり力が湧くことを自覚しなかった。彼は唯物的であるというより力動的であり、地上的であるというより大気的である。オイフォリン Euphorion（訳註34）は跳躍の幸福感 euphorie に他ならぬ。≪さあ跳ばせてください。さあ跳ねさせてください。空にどんどん上ること、それがぼくの願いです。≫読者が夢の飛行の三昧境を知れば、踵についた翼のイメージを力動的に体験すれば、これらのイメージがより以上に理解できることはまちがいない。

オイフォリオンは地面の上で潰れても、墜落は跳ぶものの勝利を消しはしない。墜落しつつある間にオイフォリオンは分裂し、その本性に統一されていた二つの要素が分離し、それぞれの源に還ってゆくように思われる（四一二頁）。《肉体の要素が不意に消失する。彗星の形をした後光が天に昇り、地上には服と外套と琴だけが残る。》後光や琴のイメージがいかに生彩を欠くか、読者は他の点からもみてもそれを認めうるであろう。詩人はあえてこれらのイメージに寓意的な意味を求め、かくてこれらのイメージが彼に対して垂直的な力動的想像力の偉大な力を失ってしまったことを暗黙のうちに認めているように思われる。

足で地面を叩くリズム自体がさらに音楽的なリズムの基礎になっているものがあった。アンドレ・シェフネルは、或る原始的なダンスのなかに、大地と植物的飛躍力の友愛を示す神話が、渾然と溶けこんでいるのを認めている。このダンスの起源のひとつは、《この母なる大地が足で踏まれ、跳躍が高くなればなるほどその跳び上った高さに植物が伸びてゆくだろう》ということである。《つまりここで大切なのは多産の祭式の春のシンボルで——春の神事には同じような祭式的な地面の足踏みが、多数みられるであろう——それはこの足踏みと跳躍に恐らくは最初に存在したひとつの意味を与えている。》人間は若さといい、飛躍といい、多産といい、そのいずれの状態にあっても、地面から立ち上り姿を現わしたいと思う。跳躍は始源の喜びである。

IX

本章を終え、叙上のことを要約するために、身丈を伸ばしたいという欲求と空を飛びたいという欲求を統一する夢想の連続性の非常に明確な、非常に単純な一例をあげておこう。そうすれば、人間の想像力においては、空を飛ぶことは身丈の高さの超越であることがわかるであろう。われわれはその例をキーツから借用しよう（『詩篇と詩』仏訳、ガリマール版、九三頁）。

私は丘の頂上に立って足先きで背伸びをした
……一瞬……身が軽く自由になるのを感じた
メルクリウスの翼が扇にあおられ踵の上で羽ばたいたというように
心が軽く無数の喜びがわが眼からたち昇った
そこで直ちに私は編み始めた　きらきらした
乳色の、和声に満ちた、ばら色の光輝の花束を。

それは天の花束である。それを摘むためには高く昇らねばならない。《身が軽く、自由に》――この二つの表現は伝統的に結びついているので、われわれはこの結合の規則性をもった特徴を探りだすのを忘れてしまう。この二つの感じは大気の想像力の同一の趨性から由来する。いわばそれはあらゆる大気の夢想者の心をとらえる夢の飛行の趨性、屈天性 ouranotropisme（訳註35）である。

第二章　翼の詩学

《妙なる微かな翼とはもっとも遠方を飛んでいる翼です。聖なる乙女はすべて使者になりうるのです……》
（ダヌンツィオ『死せる町』第一幕、第三場）

I

夢想は概念化の営みのように、同一の写真乾板に家族全体の肖像を添加してゆくガルトンの方法に従って、相似た多数の対象のイメージで合成的肖像をつくる仕方で行なわれるものでない。飛んだり泳いだりしている鳥に夢想がふいに共感を覚えるのは、空中や水上の種々様々な鳥を見るからではない。飛行の運動が直ちに急激な抽象作用を、完璧な、成就された、全体的な力動的イメージを与えるからである。このように迅速でこのように完璧であるのは、そもそもイメージが力動的な意味で美しいからだ。哲学者たちがどんな論争をしても美という抽象作用をとらえることはできない。一般的にいって、こういう論争は精神的な活動が創造的に行なわれる場合に対してはいつも不思議なくらいに効力がない。それは数学における理性的抽象の活動にかんしてもいえるが、本質的に美しい線をかくも速やかに抽出する美的活動についても同断である。想像力にいま一層の重要さを与えれば、多くの誤った心理学的問題が解きほぐされるのがわかるであろう。形体や運動が多数あるにもかかわらず、選びとられた素材のなかで、選ばれた運動に夢中で従いながら、経験することが可能な、物質的、力動的想像力によって行なわれるかくも生々とした抽象は、同様に論理思弁的な探究から逃れ去るものである。美の理念にみずから加わることはイメージの方向を決定するが、この方向は概念の形成の模索的方向とはいかなる点でも似ていないものだと思われる。

とはいえ、ほとんど細部をもたぬこの飛行、単調な夜の経験のなかで知られるこの飛行、形式的イメージをもたず一種の幸福な軽快感に完全に凝縮されるこの飛行にわれわれが導かれてきたのは、まさに一種の抽象のおかげである。このそれ自体としての飛行、この抽象的飛行は真昼の生活の着色されたさまざまなイメージを統一する軸として役立つから、この飛行にかんして次のような興味深い問題がもちあがる。すなわち直接一気に、すばらしい抽象によって、原初的な美しさをもったイメージはどのようにしておのが身を飾るのであろうか。

この装身は、その決定的な本質からいって、多数の美を過重にもつものであってはならない。或る驚異が後になって余計なものをじゃらじゃら身につけることはありうる。しかし驚異にうたれた存在がその驚きを生きる瞬間には、ひとつの火明かりのために、うたうひとつの運動のために全世界から抽象するのだ。

しかし一般論に陥ち入らぬように警戒して、飛行の詩学というはっきり限定された領域内で問題を提起しよう。鳥がわれわれの想像力の大いなる飛躍のきっかけになるとしても、それは輝かしい色のせいではないということを命題として確認しよう。鳥にあって美しいものは本来、飛行である。力動的な想像力にとっては飛行は一次的な美である。人が鳥の羽を美しいと見るのは、鳥が地上に止っているとき、夢想にとってはもはや鳥が鳥でなくなるときのみである。われわれは飛行と色彩、運動と身飾りを分かつ想像的弁証法が存在するのを立証することができる。人はすべてをもつことはできない。同時に雲雀であり孔雀であることはできない。孔雀はことさら地上的なものだ。それは鉱物の美術館だ。われわれのパラドックスを極端までおし進めるために、想像力の国にあっては、飛行はそれ自身の色彩をもつはずだということを示す必要があるだろう。われわれはそのとき、想像的な鳥、われわれの夢や真率な詩のなかで飛ぶ鳥は、雑色の色彩をしか体しえぬことに気がつくであろう(原註38)。しばしばそれは青か黒である。それは上り、または下降する。

多様な色彩はちらちらする。それはちらちらする運動の彩どりである。根源的な夢を見つづける強力な夢想のなかでそういうものを見つけることができない。蝶は気晴らしの夢想のなかに、絵画的なもののきっかけを自然のなかから探し求める詩のなかに、現われる。飛行が統一された規則正しい運動となる夢のほんとうの世界においては蝶は些細な偶発事にすぎない。あまりにも美しい羽、あまりにも大きすぎる羽が飛ぶことを妨げる。

したがって前章で明らかにした夢の価値査定作用に基づきながら、空を飛ぶすべてのもののなかで鳥のみが、人間的見地からみて、第一次的イメージであるということを認めよう。われわれは幸福な青春時代の夢のなかでこのようなイメージを生きるのである。可視的な世界は眠りの美を図示《イリュストレ》するために作られているのだ。

II

われわれは鳥のイメージの評価が実際以上になされ、理想的なものと現実的なもの、夢と現実が乱暴に無器用に結合されている例を、ただちに示そう。そうすれば運動のイメージと形のイメージを正しく結合する詩的イメージが一層よく理解されるであろう。そこでわれわれはいま一度、たびたび註釈を施してきた批判的原則を適用する。すなわち詩的イメージをやや過度に正確にするとおかしいものになってしまう。ありふれた滑稽なイメージからいささかの正確さを抜き去ると、詩的感興をうみだしうる。そういうわけで、トゥースネル(訳註36)を読むと人は熱狂とおかしさの境界線にいるという印象をしばしば受けるであろう。つまり或る頁では、詩人の夢が見られるかと思うと次の頁では猟師の語り口になるというわけだ。しかしこういう奇妙な混淆がみられるからといって、トゥースネルが偉大な鳥の鑑識家であったという点には変わりがない。鳥の歌にかんするドラマンの書に付した序文のなかで、タロー兄弟(訳註37)は彼を正しく褒め讃えている。

『鳥の世界』と題したトゥースネルのこの書の最初の頁を読むなり、われわれはこの鳥の博物誌が人間の夢想の博物誌に興味の中心をおいているということを確信する。事実トゥースネルは直ちに夜の経験を想い起こしている。≪あなたが二十才のころ、あなたがたは眠りのなかで軽くなった体が地面を離れ、眼に見えぬ力によって重力の法則から守られながら、空を滑翔するのを時折り感じられたろう。≫そして直ちに夜の飛行の無限の優しさのゆえにトゥースネルは夜の追憶に次のような価値を与えている。彼はいう。≪それは神がわれわれになし給うた啓示であり、神がわれわれに与えた芳醇ないのちの前ぶれであった……≫ 芳醇ないのちとは、あの世のフーリエ主義的（訳註38）な真の調和に従いつつわれわれが純粋に大気的な存在にかえった時、われわれを待ちうけている未来の生活である。飛行はかくして、われわれの夢の追憶でもあれば神がわれわれに与えるであろう報償への欲求でもある。だから≪われわれは鳥の運命を羨み、自分の愛する女《ひと》に翼を貸し与える。なぜならわれわれは幸福の円球《スフエール》の中では、鳥が空を渡るようにわれわれの身体が空間を渡る力をたのしむであろうことを本能的に感じるからである。そのように翼の心理学ptéropsychologie はすでに夢の経験が実感している或る理想を、或る超越を言語として確立するものだ。この理想に従えば、人間は超鳥 sur-oiseau となり、この鳥は諸世界の間にある無限の空間を渡り、≪芳醇な≫力によってその現実的な祖国に、大気的な祖国に、運ばれてゆくであろう。≪軽妙さの本質的象徴である翼はまず万物における完璧さの理想的なしるしである。われわれのたましいはこの下等な人生にたましいを引きとめている肉体の包みから逃れることによって、鳥の体躯よりももっと軽く、もっと迅速な栄光の体躯に化身する。≫ プラトンとトゥースネルを同列に扱ってもプラトンに対してあながち礼を失することにはなるまい。『パイドン』のなかには同じような翼の超越性が語られる（マリオ・ムニエ仏訳、八九頁）。≪翼の力とは本性として重さあるものを神々の種族が住む高所に上らしめ導きうることである。

肉体に属するすべてのもののなかで神的なものにもっとも多く関与するのは翼である。≫彼の大気的な物質観とともにこの関与は、プラトンの抽象的な関与説に非常に具体的な意味を与えている。或る感情が人間の心のなかで高められると、想像力は直ちに天空と鳥を喚び起こす。かくしてトゥースネルは、次のような名句を吐く。≪自分が愛した人には必ず翼を与えた≫(三頁)(原註39)。

トゥースネルの翼の心理学において、鳥がもつとされる性質は必ずしも視覚的活動によって見分けられたものではないということは容易に理解される。彼はいう(四頁)。≪ぴちぴちした優雅な軽快な鳥は、とりわけ、人々の愛する若い甘美な純粋なイメージを反映している。≫事実、第一次的な心象的現実となるものは、この究極のイメージである。昼間の空を渡る鳥に多くの道徳的性質をわれわれが与えるのは、われわれがたのしい飛行を、若さの感じを喚び起こす飛行を、想像力によって体験するからであり、夢の飛行がしばしば——あらゆる古典的精神分析学の教えに反して——純粋さの逸楽であるからである。われわれはいまここで、イメージ以前に存在する何らかの象徴の、もっと正確にいうなら、或る象徴的な力の非常に明瞭な例を考察することができる。無意識の層においてすでに、軽いとかぴちぴちしているとか若いとか純粋とか優しいとかいうさまざまな、すべての印象が、それらのもつ象徴的な価値を交換してしまっているのである。翼はその後にやってきてその象徴に名前を与えたにすぎない。そして象徴に存在を与えるために鳥が最後にやってきたのである。

創造の業《わざ》を生き直しうると思うトゥースネルの考え方は、大気的物質と自由な運動が鳥のイメージをうみだす根本であることをよく示している。大気的な創造的想像力の支配下にあっては、鳥の体は鳥を取りまく大気によって作られ、その生命は鳥を運ぶ運動によって作られているといってもよい。鳥にかんする想像力は同時に唯物論的でもあれば物活論的《ディナミスト》でもあるから、それゆえそれは決して実体論 chosiste 的なものではない。それは輪郭を描きださず抽象的な価値を生きる。トゥースネルの想像力は大気の純粋さを、直ちに翼をもった運動に統一する（五一頁）。≪もっとも微妙でもっとも純粋な元素のなかで生きるように創られた鳥は、神の最後の創造のあらゆる鋳型のなかで、もっとも独立したもっとも栄あるものである。≫

同様にマルスリーヌ・デボルド＝ヴァルモール（訳註39）は小説『すみれ』のなかでこう書いている（原註40）。≪かくも高く彼方を飛翔する鳥たちよ。お前たちは、私たちの頭上に散らばったあの自由な歌である前は、何であったのだろうか、恐らくは奴隷の思想であったのではあるまいか。お前たちに翼をやりおのが翼を回復せんとして、挫折したたましいのなかに、暴力によって閉じこめられた、神の言葉であったのだろうか。≫

恐らく人々はこんなことをまくしたてたところで結局は無益な夢想だといって、われわれに反論するであろう。しかしそれでもわれわれは、これらの夢想が自然であると答えよう。それは夢想的なたましい、すなわち夜の経験を昼の間に追い求めるたましいのなかで自然に生気を与えられる。トゥースネルは不幸にして詩人ではない。彼はなるほど夜の夢から覚醒された夢想への連続性を生きるが、夢想を詩に結合する連続性を知らなかった。鳥に永遠の若さを感じることは驚くべき価値査定作用であるが、彼にとってはそれはぼんやりとした印象でしかなかった。彼はあの仙女物語の美しい鳥、時を忘れさせ、ジャン・レスキュール（訳註40）がいうとおり、もはや時間がなく年齢も重さをもたぬ不動の旅に、われわれを導くために地上の線的な旅からわれわれを連れ去るあの鳥を追跡しなかった。しかしトゥースネルに対しては、自身が狩人であり剥製師であった彼が、夢の鳥が決して死なないことを理解していた点を酌量しなければならない。どんな自然な夢も飛んでいる鳥の死を目撃させてはくれない。愛撫されている鳥、これは全く話が別である。そういう鳥は精神分析学者がよく知っている運命の力によって死ぬ。力動的な夢のなかでは死に襲われた鳥は決して空から垂直に落ちない。というのもどんな夢の飛行も垂直的な墜落で終ることはないからである。夢の飛行は眠っている幸福であって、それは悲劇をもたない。人は幸福なときだけ夢の中で飛ぶのである。それゆえ、次のようにピエール・エマニュエル（訳註41）が無意識のうちに書きとめたことはまことに真実ではあるまいか（『若い死』、『メサージュ』一九四九年、カイエI）。

……もう鳥の前には
苦悩はない。もう暗い飛翔はない……

鳥は自然全体を目ざめさせる隆起力である。ノアーユ伯爵夫人（訳註42）の『統治』のなかには、鳥による春の垂直線とでも題しうるようなこんな一節がみられる（二六七頁）。《春がまたやってきた。それは全地上にうまれた。小さな、軽い、緑の、真直な春が。森のなかではたえまない鳥の叫び、鋭い、明るい春の叫びが聞こえた。彼は、この鳥は、軽い炎症を起こした咽喉のなかに甘美なテレビンの木の新しい葉を一枚もっているようだった。彼は地面のなかに閉じこめられたかよわい花々を励ますようにたえまなくその叫びをあげていた。その叫びはヒアシンスに、黄水仙に、チューリップにこういった。「もう一押し、もう一息、固い地面をもっとよく突きぬけなさい。突進しなさい、そらもうあれが空気と空ですよ、いらっしゃい、私があなたの鳥ですよ……。」≫次のもう一つの書きこみはさらに優しいものだ(二六五頁)。≪お前たちが生きているのを見ると精神がくつろぐ。昇るたましい、頂きに連れられてゆく民族、翼よ、鳥よ、空の貴族よ……。≫

ヴィクトル・ユゴーの作品は鳥がたましいになる無数のイメージを与えるだろう。

私は愛する　おお風よ　冬を追いだしておくれ
野原はいい匂いに薫っている。
アゼールの森で鳥は
枝の茂みのなかのたましいのよう、
……
まるで私を呼び求める空中を私が舞っているようだ。
またまるで私が鳥の羽毛でつくられたたましいを持っているかのようだ。

(サタンの終り「ベトファジェの讃歌」)

鳥のイメージと飛行の内密な力の夢幻的一致は恐らく次のジャン・タルディユ(訳註43)の詩句において一

層完璧であろう（原註41）。

不思議な夢が私を取りまいている。
私は歩む　鳥を放ちながら
触れるもの一切が私のなかにあり
そして私は　あらゆる限界を失ってしまった。

Ⅲ

われわれが行なおうとしているように、トゥースネルの夢想の夢幻的遠近法を慎重に再建するなら、彼の著作のなかに、純粋に想像的な鳥類学が現実の鳥類学の範囲をこえて存在していることは、決して不思議でないであろう。トゥースネルにとっては、神は碧空と雲のなかに戯れる溌剌とした生温《あたた》かな鳥を創るだけではない。彼はまた《おのれに忠実なるものたちのために、火の精ペリや天使や空気の精シルフィド等、空に住むものの原型を創った。》そして上位にあるもののみが下位にあるものを説明しうるのであるから、トゥースネルはやや意識的にシルフィドから鳥を演繹している。想像的な空気のなかにシルフィドやシルフが実際にいるがゆえに、「自然」のなかに鳥が存在するといっていいわけである――これこそ想像力の優位を物語るものだ。事実、真に想像的であるのは空気の純粋さであるがゆえに、この純粋さは当然、鳩よりもさきにシルフィドを、もっとも物質的なものよりさきにもっとも純粋なものを創るにちがいない。

妖精から肉体をもつ存在へと下降するこの近縁関係は、想像力の心理学において非常に重要な真理をもつものだ。心理学者はこの近縁関係に注意をしない。というのも彼らは、あたかもイメージが漠然としたピントのあわない単純な概念であるかのごとく概念作用の過程と想像作用の過程を混同するからである。彼らは飛行の根本的なイメージを鳥の概念で汚染してしまう。彼らは夢想するものにとっては、想像力の支配下で飛行が鳥を消すこと、飛行の現実感《レアリスム》が鳥の現実性を二次的なものにすることを了解しない。それゆえ彼らは空の幻にかんする想像力を単なるたわごとだと考え、決してなぜ想像力が不可視の元素において幻を見たがるかを考えようとしない。その上すべてのもの——仙女物語までが——彼らの考えを正しいとするように思われる。事実、仙女物語にあっては、シルフやシルフィドは他の元素的な妖精よりも遙かに数が少ない。しかしこの乏しさはわれわれにとっては、空の想像力が水や火や大地の想像力より稀少であるということの単なる証しにすぎない。それは何もこの想像力の根拠が薄いと判断する理由にはならない。空の想像力は或る内密な運命の必然によって空の精霊を再創造せずにはおかない。

さらに、大気の想像力がシルフから鳥への近縁関係の方向に働くのがみられる非常に的確な数例をあげることができる。われわれは非常に教訓的だと思われるケースを以下に引用しよう。というのも、それは面白いが、非常によく考えられた思想的雰囲気のもとに表われるからである。ヴィニュール・ド・マルヴィールという名で署名をしている或るシャルトルー修道会士が、カルテジアンの物理学教授ロオー家の夜食で、元素的精霊は宇宙を放浪し、元素的な物質のなかで生き、その本質の決定に従って鳥、魚、哺乳類の体内に宿るという奇妙な観念を発表している。動物精神の上に働きかけ、動物機械を動かすのは、この元素的な精霊である。≪瞑想的なシルフはみみづくやシャ・ユアン〔梟の一種〕や梟のなかに巣くうが、反対に気性が陽気でかわいい歌をうたうシルフは、鶯やフォヴェット〔鶯の一種〕やカナリヤのなかにそっと忍びこむ≫（原註42）。作りものの思想、戯談めいた思想、瞑想的な思想がここではひとつのものになっているのだ。人は知性に対する想像力の作用や、知的生活に対する揶喩の力をものの見事に示しているこういう作り話、こういう戯れの意味をあまりにも低く評価しすぎている。この軽快なデッサンは動物機械についてのいかめしい理論を感覚化したものだ。それは元素的精霊に対する漠然とした信頼を有形化したものだ。それは夢と理論という兄弟でありながら敵対する両者の二元性を双方の側から、からかい楽しんでいるのである。

　科学者のサロンで話される他愛ない空想を離れて、孤独のなかで、合理的なたましいは同じように夢想する。ジュール・デュエームが回想しているところによれば、ガッサンディ（訳註44）は鳥の飛翔において微妙な流体が格別作用を及ぼすことを確言している。鳥が飛ぶのは軽い空気を鳥が分有しているからだ。ステリノと名づけられた一羽の鳥を想像していただきたい。この鳥は≪水星に引きつけられて、それを熱愛するために大気の最高層に上る≫（ジュール・デュエーム「電気」の章より引用）。この原文を充分理解するためには、この引力には物質的なものと精神的なものとの根本的対立があるとみなければならない。≪ステリノ≫は真の鳥の昇華物である。それは非常に純粋な鳥であるので、われわれの気圏のもっとも純粋な層を熱愛し、その軽やかな本体の力のみによって上昇することができる。

しかし空気の純粋さの夢は或る種の大気的想像力にとっては非常に作用力が強いから、人はこの夢が信じられないほどの物質的イメージに転倒されているのをふいに感じとることができる。鳥の体温が高いことはもとより多くの観察者を驚かした。そこで彼らは鳥の飛行の力は元素的で純粋なこの火のためであると考えた。彼らは陽の当たった空気の純粋さのなかで鳥は生きるために大地を飛び立つのだといった。しかしこのとき十八世紀の著述家の想像力が平気で行なった次のような転倒がみられる。《……鳥に生気を与える強い火の作用は鳥が暮している場所では鳥の健康に役立っている。なぜならそれは悪気を吸いとってくれるからである。そこで不思議な空のアクロバット、鳶は東洋では大気圏の浄化者だとみなされている。》イメージからうまれる創造的な観念が純粋さの観念であることを、果たしてこれ以上によく証明するものがあるだろうか。価値におけるこういう転倒は昇華の問題を一層よく理解させてくれる。われわれはここに純粋さの質量的想像力が働く姿を直接みることができる。

　してみると、夢見ない心理学者が想像的生活の心理的現実をどうして判断することができるであろうか。彼らは精神錯乱を研究することを恐れながら、しかもイメージがどのようにして形成されるかを知りたいと思っているのだ。彼らは現実世界のイメージを研究しようとするが、夜われわれの閉じられた眼にのしかかる生きたイメージに関心をもたない。一方われわれは、飛行が翼である前に熱い風であると信じることからそれほど離れてはいない。鳥が何であるかをシルフィドが教えてくれると信じる夢想家の教訓をわれわれは退けない。力動的な想像力にとっては、夢のなかを最初に飛ぶものは夢想家自身である。飛行中にもしだれかが彼に付き従ってくるとしたなら、それはまずシルフかシルフィド、雲か、影である。それは一種の面被《ヴエール》、ものを包むとともに包まれる大気の形であり、漠然としていることを、見えるものと見えないものとの境界を生きることを、たのしむ大気の形である。肉体と羽毛をもった鳥の飛行を見るためには、昼の光にむかって溯り、明瞭で論理的な人間的思考をとり戻さなくてはならない。しかし余りにも大きな明るさのなかでは眠りの精は消されてしまう。人があの世のほのかな追憶のようにそれをふたたび発見するのは詩によってである。忘れるたましいは決して見誤ったりしない。すなわち夢はトゥースネルの神のように、鳥を創る前に空を飛ぶ精霊を創りだすのである。

Ⅳ

空の純粋さや光の輝きが純粋な翼ある存在を呼びよせるとすれば、価値の上でのみ可能な転位により或る存在の純粋さがそれが住む世界に純粋さを与えるとすれば、人々は直ちに、想像的な翼が空の色彩によって色どられ、空が翼の世界になるのを納得しうるであろう。人々は眠れるボーズ(訳註45)のように、たましいのこえでつぶやくであろう。

天使たちが恐らくほの暗くそこを飛んでいたのであろう、
なぜなら夜、ときどき、翼のように見える
何か青いものが通ってゆくのが見えたから。

ダイナミックな碧空、忍び足の碧空、それこそが翼である。青い鳥は空の動きが作りだしたものだ。メーテルリンクがいうように(『青い鳥』二四一頁)、≪それは籠に入れると色が変わるのです。≫

柔らかな光や幸福な運動が実際、夢想のなかで青い運動や青い翼、青い鳥をうみだすとすれば、逆に、夜の鳥のイメージのまわりには何かしら暗くて重いものが積み重なるであろう。したがって多くの想像力にとっては、蝙蝠《こうもり》は悪しき飛行、唖の飛行、黒い飛行、卑しい飛行の現実化されたものであり——響きと透明と軽快さのシェリー的三部曲《トリロジー》の反三部曲である。余儀なく翼をばたつかせる蝙蝠は滑翔飛行のダイナミックな休息を知らない。ジュール・ミシュレーはいう(『鳥』三九頁)。≪蝙蝠を見ていると本性の上から翼をほしがっているのであるが、なお毛の生えた醜い水掻きしかみつからず、しかもそれがすでに翼の働きを行なっているのがわかる。≫

私は鳥だ、私の翼を見てごらん。

≪しかし、翼は鳥を作るものではない。≫ヴィクトル・ユゴーの鳥類宇宙論においては、蝙蝠は呪われた存在であり、無神論の化身である。それは最下位に、すなわち、梟、鴉、禿鷹、鷲の下に位する(ヴィクトル・ユゴー『神』)。しかし、われわれが鳥を象徴的に格づける中世鳥類学の問題に出くわすのはいつも付随的な問題としてであって、またそれを取り扱うためには、動物化の想像力、すなわち動物の運動をもっぱら追う力動的想像力の問題を仔細に検討する必要があるだろう。いまわれわれにとって必要なのは、ただ力動的想像力がそれに従って諸々の飛行物に価値を与える垂直線をはっきりさせることである。トゥースネルの直観はこの点にかんして非常な示唆に富んでいる。

『獣』について書かれた書のなかで、トゥースネルは書いている(三四〇頁)。≪軽信家たちの想像力のなかに、イポグリフ〔翼のある鷲頭馬身の怪物〕やグリフォン〔半鷲半獅子の怪物〕、ドラゴン、シメール〔獅子頭山羊身龍尾の怪物〕等の多少とも寓話的な神話を植えつけるのに何よりも力があったのは蝙蝠である≫(原註43)。念のために注意しておこう。トゥースネルのフーリエ主義的な楽観論は、神によるシルフィドの創造を肯定しうると同時に、イポグリフやシメールについて云々する不安にみちた人間の軽信性を一方で非難しえたのである。こういう矛盾があるとしても、それはトゥースネルの想像力のように明らかに上方に極化された想像力には抵触しないものだ。よく力動化された大気的想像力にとっては、上にあがる一切のものは存在によって目ざめ、存在を分有する。反対に下にさがる一切のものは空しき闇のなかに散逸し、虚無を分有する。価値査定作用が存在を決定するのだ。それこそまさに「想像的なもの」の根本原則のひとつである。

V

われわれは形体の想像力に対する力動的想像の優位をすでに詳細に示してきたが、してみれば鳥の翼を人間の形に適用することがまず絶対に不可能であることがわかるであろう。この不可能は形体が相互に相容れぬためにうまれるものではない。問題は人間の飛行（夢の飛行）の状態と空中を飛ぶ実際の生物に付属した部分による明確な表象との間に絶対的な離反があることに由来する。同じ飛行の想像力といっても力動的なイメージと形式的なイメージの間には完全に相容れぬものが存在するのだ。

　形体の想像力が飛行の運動を暗示するために用いてきたあらゆる手段を検討してみると、人間の飛行を形像化する問題がどれほど困難であるかがわかるであろう。マドムワゼル・J・ヴィレットは『西欧芸術における天使』について注目すべき書を著わしたが、その書のなかに豊富な資料がみられる。

　マドムワゼル・ヴィレットは適切にもこういっている。≪非物質性をもったイリュジォンを創ることを彫刻家に求めるのは、賭をするようなものだ、それほど彫刻家の製作条件はそうしたことにそぐわない。≫彫刻家にとっては人間の翼が厄介至極なものであることがすぐにはっきりしてくる。かりに翼を大きく作ろうと小さく作ろうと、たなびくように、また直立的に作ろうと、羽根を生やそうと、すべすべに作ろうと、翼は依然無力である。つまり想像力がついてゆけず、彫像、すなわち翼をもった立像は運動をもたないのである。

　可能な範囲内で——人間の飛行を再現する問題をもっともよく解く方法は究極的にいって、間接的な方法である。翼はそのさい慣例と論理を満足させるために、寓喩的《アレゴリック》なしるしとして保たれるであろうが、見るものは別なところに力動的な暗示を求めるであろう。つまり暗示をすることはしばしば描写をすることよりも有効なわけである。たとえば、踵を力動化する運動に注意をひきつける芸術的天才のもつ一種の予見力に注意をしてみるとよい。マドムワゼル・ヴィレットは、ミケランジェロの或る種の天使においては

≪あげた足の動きだけで空を自由に飛べることが充分わかるように思われる≫と述べている（一六四頁）。

マドムワゼル・ヴィレットはまた、多数の芸術家が天使を表わす場合に飛行の問題を解くために遊泳を思いついたことを示している（一六二頁）。≪体を雲の上に斜め或いはほとんど平行におき、上半身を起こし、腕を広げるか脚をあげるかして、天使は泳ぐものが波を切るように大空を渡ってゆく。そして天使がそのなかに現われる長い縞模様はイリュジォンを一層強めている。≫こうした作例にあっては水の想像力が上回り、それが空の想像力に航跡のイメージを押しつける。マドムワゼル・ヴィレットはこの点で非常に示唆に富むベノッツォ・ゴッツォリ（訳註46）のフレスコ画を写真版に掲げている。飛行のかわりに遊泳を扱う画家の技巧は、われわれにはとりわけ興味が深いように思われる。というのも或るタイプの想像力にとっては、遊泳から飛行への方向において遊泳から飛行への連続性がみられることをすでにみてきたが、飛行から遊泳への連続性はみられないからである。翼は本質的に大気のものだ。人は空中を泳ぐが、水中を飛ばない。想像力は空中で水の夢を続けることができるが、だからといって逆の想像的超越を生きることはできない。それゆえ芸術家が力動的な想像力の、規則性をもった親縁関係を無意識に追求し、遊泳の夢を使って観者に飛行の暗示を感応させる所以が理解できる。

時に、彫刻家は飛行のイリュジォンを作りださずに、眼を形体のまわりに走らせることによって、いわば感情移入的飛行を誘いだそうとするだろう。そのようにして、とマドムワゼル・ヴィレットはいう（二〇頁）、≪彼は形体に丈の高いほっそりとしたプロポーションを与え、その効果を、直線の勝った衣裳の波形模様の作用によって強調するだろう。眼は昇行するこれらの線を追い求め、物質の重さを忘れてしまう。≫いいかえれば、力動的な想像力はほっそりとした静的な形体から或るショックを受けとり、そのショックが形体の本来の夢を目ざましめ、その形を空にむかって上らせるのである。

人々はほっそりとした形体 la forme élancée といういい方に決して充分に思いをこらしていないように思われる。ところでほっそりとした形体とは、形式的な想像力と力動的な想像力がまさに交わるイメージなのである。語が磨滅して〔ほっそりとした élancée という形容詞は本来力一杯投げるを意味する動詞 élancer に由来する〕この句にある力動的な性格が殆ど消えてしまったのであった。イメージにその真の力を、したがって、完全な意味をとり戻すためには、その反対物を接木しなければならないであろう。それが形体化された飛躍 l'élan formé であることを理解させることによって、恐らくほっそりとした形体という句を蘇生させることができるであろう。人はそのとき、形体の創造的役割を果たす力動的想像力をこの本来の形体化された飛躍のなかにおき戻すことになるであろう。ほっそりとした形体はすべて高みに、光にむかうことを注意しなければならない。ほっそりとした形体は純粋な空中、光り輝く空中において力を発揮する形体化された飛躍力である。人は下方にむかい墜落を暗示するほっそりとした形体がどういうものであるかを思うことができない。それは――想像力の世界にあっては――もともと理にもとる航空力学的な面なのである。

VI

形体《フォルム》の想像力と力感《フォルス》の想像力の交点で生きているという点で特によくできた作品がある。それは詩人であり版画家であった人の作品、ウィリアム・ブレイクの作品である。強烈な夢幻状態からうまれたこの作品はまた偉大な詩的雄弁によって躍動し、われわれが後に結論のところで再論するあの語られる生命に対して驚くべき事例を提供している。ブレイクの或る種の詩は絶対詩と名づけることができるであろう。いいかえればそれは観念《イデー》をあらわす詩ではなく、語自身のなかに、想像的物質と幻影の形体、言葉《パロール》の運動と肉体の運動、「思想と動くもの」、あるいは一層正確にいうなら、話すものと動くものとを結びつける詩なのである。たとえば思想の飛翔 l'envolée des pensées はブレイクにあってはすり切れたイメージではなく、力のないアレゴリーではない。思想の飛翔というこの古い言葉はブレイクにあっては完全に若々しく、彼の書『予言書』を生気づけるあの心理的感動がこの語にこもっている。予言書のなかで予言するのは、声に出して語られるイメージである。予言的思想がその底にあるのではない。バルザックにあってはなるほど思想の飛翔は現実的な運動であったが、それはなおかつ一般的な運動であり、単調な大気の想像力にもっぱら従うものであった。ブレイクの場合は、思想の飛翔は鳥のあらゆる現実の飛翔を多元的にとらえた性質をおびている。ブレイクの心理学は真の意味での鳥類心理学《オルニトプシコロジー》である。

「アルビヨンの娘のまぼろし」のなかを、鷲や鳶、雲雀、鷹、鳩、白鳥、嵐、嘆声、風……などが通過する。十頁のなかに空を飛ぶものが十五、飛んでいるところが二十五以上も数えられる。これらの具体的な飛行はもとを正せばテキストを貫いている宇宙的な運動である。見事なイメージのおかげでわれわれは、空を飛ぶ想像力にとっては、飛行こそまさに宇宙を導き、風を動かし、空気に力動的な存在を与えるものであることを理解する。かくてブレイクは書いている（『第一の予言書』ベルジェ訳、一一一頁）。《海の鳥は体に着物を着けるように冬の疾風を着こむ。》鳥が外套を着るようにおのれ自身の航跡を着るのを力動的に感ぜずにおれるだろうか。また疾風を伝播するのはこのはためく外套ではないだろうか。神話的なもろもろの生物が嵐を吹きだし、口中に嵐をもつ。ブレイクにあっては嵐を創造するのは全身である。海の鳥は秘められた内面において嵐を呼ぶ存在であり、嵐の力動的な中心である。

ブレイクにとっては、飛行とは世界の自由である。それゆえ飛行の力動性は囚われの鳥を見せつけられて辱《はずか》しめを受ける。第二の『予言書』に続く詩篇のなかに次のような感動的な二行詩が見られる。

籠のなかの駒鳥は空じゅうを
烈火のように憤らせる。

このように鳥は擬人化された自由な空気である。ドイツ語では、自由にかんする格言のなかで鳥が本来の位置をとり戻していることを注意しよう。ドイツ語は省略的に「空気のように自由である」とはいわず、「空中の鳥のように自由である」(frei wie der Vogel in der Luft) という。

同じように、次のような条《くだ》りにみられる漂泊の思想を力動的に感じないでおくことができるだろうか。《おお、思想よ、お前はどこへゆくのか。どんな遠い国にむかって、お前は飛びたつのか。お前がまた不幸な現在の瞬間に戻ってくるとしたら、お前は翼にのせて蜂蜜や露や香油とともに慰めをもってくるのだろうか。それとも嫉み深いものの眼からうまれる野蛮な砂漠の毒をもってくるのであろうか。》われわれはどうしてこういう条《くだ》りを一階程高く解釈せずにおれるであろうか。というのもつい数行前には、次のような句が見られるからである。すなわち≪思想はどういう実体でできているのであろうか。≫ブレイクの想像力を理解するためにはこの問に対して、「思想はその運動によって創られる存在からできている」と答えなければならない。ブレイクの思想は寒風を質料としている。たとえば鷲が力強く飛翔するという思想はすでにそれだけで残酷なものではあるまいか。この思想がおのずからがつがつと餌食を食らう鷲を創りだす。迅速に考える人間にとっては、翼の羽ばたきがその強力さによって、仔羊を貪り食うのである。

他の翼は蜜を運んでくるであろう。≪きらめく翼よ、立ちあがって幼いあなたの歓びをうたってください。立ちあがり、歓びを飲みほしてください。なぜなら生きているすべてのものは神聖なのだから。≫ところで今度はまさに翼が歌をうたうのである。

ブレイクを力動的に読むと、彼が地上的なものと大気的なものとの闘争の英雄であることがはっきりわかる。一層正確にいうなら、彼は根から引き抜く行為の英雄であり、物質の外に昂然と頭をかかげる存在、大地から出て空に伸びるという二つの力動性を統一する奇妙な存在である。ティリールの書の中でブレイクは書いている。≪昆虫が匍匐《ほふく》動物の長さにまで達したとき……≫と。この伸長は、われわれの力動的な想像力のなかにある一切の爬虫類的なものを目ざめしめる。匍匐するもののもつあの力動性はブレイクの多くの文章に眼に見える痕跡を残しているが、それは力動的に読んでゆくと、ぐにゃぐにゃとした自在に扱いうるエネルギーではなく構成された運動をもつものであることがわかる。この点にかんして、われわれはさらにブレイクにおける匍匐動物の力とラザーノフの『黙示録』に見られる毛虫の波状の柔らかな運動を比較することができるであろう（原註44）。そうすると生きた捏粉の運動と堅固な分節の意識をもつ運動との相違がはっきりわかるであろう。ウィリアム・ブレイクは脊椎動物的力動性の詩人である。彼はそのあらゆるイメージをもち、そのあらゆる歴史を生き、そのあらゆる退行を知っている。想像力の世界においては古生物学におけると同様、鳥は爬虫類からあらわれ、多くの鳥の飛行は蛇のもつ匍匐の歩みを続けている。人間は夢の飛行のなかでは匍匐する肉体にうち勝っている。逆にわれわれが夢の中で身を捩《ねじ》るときにはしばしば脊柱は自分がかつて蛇であったことを思いだす*。ブレイクは書いている（一五七頁）。≪恐ろしい、数々の夢にみちた、鎖につながれた仔羊に似た眠りのなかで、巨大な脊柱は風の上の責苦に捩じ曲り、おのずから丸くなった洞窟のように、苦痛にみちた肋骨を剥きだす。また曲らぬ堅固な骨はその喜びのゆえにあらゆる神経の上で凍結する。かくして最初の時代が流れ去った、そして、陰惨な不幸な状態が。≫

空の飛翔の夢を一層よく理解するために、この地上的なるものの悪夢をさらに間近に追い求めてみよう。そうすると空のイメージが後になって勝ちとられたものであり、空に住む生物《オルガニスム》が容易ならぬ解放であることがわかるであろう。

まず匍匐動物の意識が腰にかかわるものであることを理解しよう（一六一頁）。≪うじ虫は一日じゅうその胸の上に休んでいた。うじ虫は一晩じゅうその腹の中でいこい、エニサーモンのまわりで蛇の苦しみにみちた鳴き声やその毒にまきつかれながら、ついにみずから蛇となるまで休んでいた。≫捻転の苦しみは椎骨を必要とする。責苦が捻転を創り、捻転が椎骨を創るであろう。うじ虫はあまりに柔らかくて苦しむことができない。うじ虫はそこで蛇になるだろう。蛇、すなわちいたるところに腰をもつ存在に。≪エニサーモンの腹中でとりかこまれて蛇は大きくなり、鱗を棄てた。身にしみる苦しみに、蛇の鳴き声は調子はずれの叫び声に変わり始めた。無数の苦痛、恐るべき恐怖、魚、鳥、獣の多数の形体が、かつてはうじ虫がいたそのところに、一人の子供の形体をうみだした≫(一六一頁)。

このように形体は苦しんだ原形質からうまれる。それは苦悩の形体である。生物の発生は地獄からたちあらわれる。起きあがったものが捩れたものからあらわれる。ブレイクにおける地上的なものはすべて、捩れの力動性に従っている。捩れは彼にとって原初的なイメージである。彼が脳漿を眺める有様を見るがよい。≪綱はそれほどよくよじれていた。そして人間の脳髄のように捩れた編目は、それほどよく結ばれていた≫(一六一頁)。

この捩れた世界から、もとの苦しみを認識しえないために人がこれまで理解しなかったこの捩れた思想から、ブレイクのエマナチオン〔放射性実体〕であるあの空の根源的原理がひきだされてくる。すなわちこのエマナチオンは依然として苦悩にみちたエマナチオンなのである。とはいえそれは自由で公正なものとなるが、しかもなおそれはその起きあがりのもとの苦痛を保っている。

私のまわりで日夜私の亡霊が
凶猛な獣のようにわが道を見張っている。
わが心中の遙か遠く私のエマナチオンが、
わが罪のために泣いている。
………………

嵐の中で私は　なんと
貧しく、蒼ざめた、憐れな姿をしていることか！
鉄の花と散弾の唸りごえが
私の苦しみにみちた頭をとりかこむ。
（デージ、ジャン・オダール共訳、『メサージュ』所載、一九三九年、四一〜四三頁）

ブレイクにあっては、大気的なものは鎮まることがない。それは終始エネルギーである。それはおのれを表明するエネルギーである。それこそジャン・レスキュールが一九三九年、『メサージュ』掲載の好論文でいみじくも指摘したことだ。ブレイクは《あの完全に創造的なエネルギーに肉体を与えた。そしてその創造的エネルギーこそ彼をうながしてあの無益な苦悩にみちた混乱から彼をひきだし、法式化することによって彼を存在と行動にいたらしめたのであった。》

目ざめよ、目ざめよ、おお、影の国の眠れる人、夜を徹して起きいよ、なんじを広げよ。

究極において、ブレイクの詩学の決定的、力動的な教えともいうべき存在の立て直しを準備するものは、この緊張感である。
われわれはこれほど緊張感はないが、一層本来的に大気的な詩にふたたび戻ろうと思う。われわれはただ、地上のどこにも見られるものではあるが、しかもなお地上を離れようと欲する想像的力によって苦しめられている存在の苦悩を示そうとしたのである。ブレイクの作品にはいたるところに、新たなプロメーテウス、恐らく次のような碑銘をもつ生のエネルギーのプロメーテウスによって張られた鎖がみられる。≪エネルギーが唯一の生命であり、エネルギーは肉体からうまれる。エネルギーは永遠の歓びである。≫ Energy is only Life, and is from Body. Energy is eternal Delight. このエネルギーは人間がそれを想像することを求める。このエネルギーの現実性は本来想像的なものだ。想像されたエネルギーは潜在的なものから活動的なものへと移る。それは形体と物質のなかからイメージを構成し、形体を充満し、物質に生命を与えようと欲する。ブレイクにおけるダイナミックな想像作用とはエネルギーに形体を与えることである。ブレイクを理解するためには、読者は体のあらゆる筋肉に緊張を命ずることを学び、またその際、この努力に、息吹きを、怒りの息吹きを必ずつけ加えなければならない。そうすれば、ブレイクの霊感の特徴、「嗄がれた霊感」とでもいうべきものに本当の意味を与えることができるであろう。この荒々しい息吹きこそ、まさに、ユリゼン、ロス、アハニアの書において語る予言者の声なのである。彼自身が描いた『絵画、詩画と歴史画の解説目録』のなかで、ブレイクはこう書いている（『メサージュ』一九三九年）。≪精神と幻覚は近代哲学が想定するように朦朧とした蒸気あるいは無ではない、それは可死的で可滅的な自然が産出しうる一切のものの彼方で組成され、微細に連接しているものである。可死的な眼が見うる以上に強い鮮かな輪郭と強い鮮かな明瞭さで想像できない人間は、何ものをも想像することができない≫（ジャン・レスキュール訳）。想像するとは、だから現実的なものを一階程高く引き上げることなのだ。ブレイクの幻影は必ず深遠な声を、咽喉から迸りでる声をもっているように思われる。この声はまた≪読者が何ひとつ想像できないような≫もろもろの詩のなかでぶつくさ語られる声ではなく、≪微細に連接された声≫なのだ。喘ぎ喘ぎの息吹きの詩として理解すると『予言書』はエネルギーの連禱書、思考する間投詞のように思われる。人はこれらの言葉の底に、生きている想像力を、あるいは想像しつつある生命を、より深い意味で認めるにちがいない。ウィリアム・ブレイクは、物質を、力を、形体を、生を、思想を、支配する絶対的な想像力の稀な例であり、またこの絶対的想像力こそは、われわれがなそうとしているがごとく、想像的なものによって現実界を説明する哲学を正当化しうるものなのである。

VII

われわれはこの章をあげて、翼の美学によって、あるいは一層正確にいうなら、軽さと喜びをあたえるエネルギーによって供せられる非常に多様な詩的テーマの最初の決算表を作ろうと試みてきた。われわれは次のような総括的な目標を追求してきたのであった。すなわち、それは想像力によってともに体験される形体と力との関係という困難な問題にできるだけ正確にとりくむことである。われわれはこれまで、或る切り離されたものの上に積み重なるあらゆるイメージを完全に検討しうるとは信じてこなかった。とはいえ、或る特定の鳥によって提供されるさまざまな詩的イメージを検討することは興味深いことであろう。ド・ギュベルナティスが認めたような、神話的イメージにみられる牧神が神話学に役立ったと同じように、文学的イメージにみられる牧神は汎美論《パンカリスム》の一般的教義に役立つであろう。しかしこういう仕事はわれわれの力に余るし、それにまたあまりにも広範にもっぱら例を求めていると、われわれが当面の目標としてきた哲学的課題を見失ってしまうであろう。ところで、この哲学的課題はたえず想像的なものの一般法則に、想像的なものの根本元素の省察に、たち戻らなければならないのである。

とはいえ、形体の想像力に対する力動的想像力の優位を示すわれわれの一般的主張を立証すると思われる或る一例を特に明らかにして、われわれはこの章を終りたいと思う。いまわれわれが手がけようとするイメージは雲雀のイメージで――これはヨーロッパのさまざまな文学において、とりわけありふれたイメージである。

直ちに論旨を展開するために、雲雀は純粋な文学的イメージのめざましい例であることに注意しておこう。雲雀はまったく文学的なイメージである。それは数多くの隠喩の源であるが、これらの隠喩は、人が雲雀について書きだすと、何か自分は現実を書き表わしているのだと思いこむほど直接的である。しかし文学における雲雀の現実《レアリテ》は、隠喩のレアリスムの特に純粋で明確な一例にすぎない。

実際、空の高みと日光のなかに見失われる雲雀は画家の眼に対しては存在することができない。それはあまりに小さくて風景画の尺度にあわない。田の畝《うね》の色をした雲雀は秋の大地にいささかの華やぎをも与えない。だから――文筆家の風景においてあれほど大きな役割を演じる――雲雀は画家の風景画においては姿を現わすことができないのである。

詩人が想起する場合には、それはいわば、縮尺を無視して森や小川と同じくらいに重要なものとして現われる。

『ろくでなしの冒険』のなかで、ヨゼフ・フォン・アイヒェンドルフ（訳註47）は、風景を構成する大きなもののひとつとして雲雀をとりあげている。

私は神さまが万物を統べられるのをよしとする、
神さまによってこそ小川や
雲雀、森や畑、
大地や空がありつづける。（原註45）

しかし文筆家ですら雲雀をほんとうに描写することができるだろうか。その形や色にわれわれの興味をほんとうにひきつけることができるだろうか。ミシュレー（訳註48）はそれを企てたが、その条りは多くの人々の心をとらえた。しかし≪あれほど貧しい身なりをしているが、心や歌は豊かな≫という鳥のあの描写は、いわば道徳的な肖像である。それは≪ミシュレーの雲雀≫と呼ばれてしかるべきものだ。トゥースネルも書いたこのような鳥についてのミシュレー自身の表現に従えば、雲雀は≪いまや人間だ、そして、今後も永遠にそうであるだろう≫（ミシュレー『鳥』Ⅷ頁）。トゥースネルは誇張して、雲雀の道徳的肖像というよりは政治的な肖像を描いている（トゥースネル、二巻、二五〇頁）。≪雲雀は灰色の外套を、作業服を、あらゆる仕事のなかでもっとも気高く、もっとも有益で、もっとも報いられない、もっとも徒労な野良仕事の貧弱な作業服を着ている……。≫彼女はいつまでも≪百姓の伴侶である≫だろう。彼女は田の畝の娘である。ペトリュー・ボレルがいうより、人は彼女のために種を蒔くのだ（原註46）。しかし道徳的象徴、政治的象徴は、やがてみるごとく雲雀に本来そなわる自然的象徴、宇宙的象徴からわれわれを引き離してしまう。

とはいえ、ミシュレーとトゥースネルの例は暗示に富んでいる。というのも雲雀を描くということは、描くという仕事からはみだすことなのである。それは描写しうる美とはちがういまひとつの美を発見することなのである。ジュール・ルナール自身がそうであったが、鋭い眼をもった《イメージの猟人》は、疲れを知らぬ名人芸で形体の万華鏡をあやつりながら、ふいに雲雀という現象を前にして、絵画的なものがそこにないのに気づく。

> 私はかつて雲雀を見たことがない。黎明《しののめ》前に起きてみても無駄である。雲雀は地上の鳥ではない。……
> そら、私が耳をすましているように、耳をすましてごらん。
> 聞こえませんか、どこかあの高いところで、金の杯のなかで水晶のかけらを搗《つ》きくだいているのが。
> 雲雀がどこでうたっているか、だれが私に教えられるだろうか。
> ………
> 雲雀は天に棲んでいる。それはわれわれにまで歌を届かせる天上の唯一の鳥だ。（原註47）

詩人たちは雲雀の描写を拒むことによって、雲雀を喚び起こすだろう。その色はどんな色をしているのか。アドルフ・レッセは雲雀を次のような色で描いている。≪それから、耳をすましてみたまえ。うたっているのは雲雀じゃない……それは無限の色をした鳥だ。≫同じように、その色をわれわれは昇行の色だといってもよいであろう。雲雀はシェリー的な昇華の一擲である。それは軽くて眼に見えない。それは大地から身を引き離し、たちまちにして勝ち誇る。その声にはブレイク的なものがない。その声は解放ではなく、それはただちに自由そのものである。雲雀の歌のあらゆる調べには、超越の調性《トナリテ》が鳴り響く。ジャン＝パウルが、次の言葉を銘として雲雀にあたえているのはもっともだと思われる（『五十年節』仏訳一九頁）。すなわち≪お前はうたう、それゆえにお前は飛ぶ。≫この歌は鳥が上るに従って強さを増すように思われる。トリスタン・ツアラは雲雀に最後の幕が終った≪後の≫運命を与えている。≪雲雀の屈曲は終幕の続篇をふくんでいて、いつも人に勧告を与えつづける。≫

　どうして雲雀の歌の垂線が人間のたましいにこんな大きな力を与えるのだろうか。どうしてこんなに大きな歓びを、こんなに大きな期待を、その歌からとりいれることができるのだろうか。恐らくそれはその歌が凛々《りんりん》としておりまた神秘であるからであろう。地上から数メートルあがると雲雀はたちまち陽光の微塵となる。彼女の面影は顫音《トリル》のように震えている。人は雲雀が明るさのなかに消えてゆくのを見る。このめざましい不可視性を法式化するためには、すぐれた科学者たちの偉大な総合を、詩学のなかに迎え入れてはいけないだろうか。そのときわれわれは、「詩的空間においては、雲雀は歓びの波が随伴する不可視の微粒子である」といえるであろう。アイヒェンドルフのような詩人が夜明けの中から受けとるのは、このような歓びの波である（前掲書、一〇二頁）。≪ついに私は空中に、鏡の上の息のあとと同じくらいに軽い、赤味をおびた長い帯を見た。と、もう雲雀が谷間の上のもっとも高い空の上でうたっていた。するとこの朝の挨拶をしおに、私の心は大いなる明るさにひたされ、あらゆる危惧が消えてゆくのだった。≫また哲学者であれば、軽率の譏《そし》りは免れまいとしても、雲雀の波動説を主張しうるであろう。雲雀を知りうるのはわれわれの存在の振動する部分であることを理解させるであろう。人は雲雀を力動的想像力を働かせることによって力動的に記述することができるが、視覚的イメージの知覚の領域内でこれを形体的に記述することはできない。また雲雀の力動的な記述とは呼び覚まされた世界を記述することであり、この世界がその点の一つを通してうたうのである。しかし世界がすでに拡張状態で生きつつあるのに、世界をその起源において捉えようとすれば徒らに時を失するであろう。世界は存在と生成——飛行と歌——の純粋な総合であるのに、世界を分析しようとすれば徒らに時を失うであろう。雲雀が息吹きを与える世界は、もっとも識別しがたい乾坤である。それは野原の世界、朝日が果てしない霧のなかにすっかり溶けている十月の野原の世界である。こういう世界はいささかの気取りもなく、深さの豊かさと高さと量の豊かさをもっている。眼に見えない雲雀がうたうのは、まさにこういう模様《デッサン》のない世界に対してだ。≪彼女の朗らかな、軽やかな、疲れをしらぬ、なにげない歌は、地上を慰めようとする眼に見えぬ精霊の歓びのようである≫（ミシュレー『鳥』三〇頁）。

いかなる詩人も雲雀のめざましい不可視性をシェリーほど巧みに——歓びの波の言葉で——うたったものはなかった（「雲雀に」）。シェリーはそれが宇宙的な歓び、≪肉体をもたぬ≫歓び、啓示をもたらすつねに新しい歓びであることを理解した。それは全く新しい種《しゅ》が御使になったかと思われるほどつねに新しい歓びなのである。

その種《しゅ》族がたったいま始まったばかりの
　肉体のない歓びのように。

火の雲のように、彼女は青い空の深みに翼を与える。シェリーの雲雀にとっては歌は天翔《あまが》けるものであり、天翔《あまが》けるものは歌であり、雲雀は銀の球内を走る鋭い矢である。あらゆる形と色の隠喩《メタフォール》、雲雀はそういうものを軽んじる。《思想の光のなかに隠れた》詩人は雲雀が《天の四辻で》投げる和声を知らない（トゥースネル）、

お前が何であるかを、われわれは知らない、

そしてシェリーは書いている。

教えておくれ、精《すだま》か鳥よ、
どんな優しい思想がお前のものであるかを。
　私はいちども聞いたことがなかった、
かくも神々しい法悦のときめく波を投げる

雲雀は宇宙の歓びを表明するのではない。それは歓びを現実化し、歓びを投射する。雲雀を聞いていると、想像力が完全に活動し始め、どんなけだるさ、どんな倦怠の影も失われてしまう。シェリーが《やるせなさ》annoyance の影とか憂愁の影と呼んでいるもの(shadow of annoyance)は、外国語に移されたフランスの古語になお眠っている郷愁の想いではなかろうか。寒い朝、太陽に照らしだされた野原の孤独のなかで、この《やるせなさ》を感じなかった人があるだろうか。雲雀はただ一声うたったただけでこの郷愁の気だるさを消してしまう。

雲雀の宇宙性は次のような詩節のなかにはっきりとあらわれる。

どんなものがお前の幸福な音楽の
　泉なのだろうか?
どんな野原が、それとも波が、山が?
　どんな形をした空か広野が?
お前自身の種のどんな愛が、苦悩を顧みぬどんな思いが?(原註48)

それゆえ雲雀はシェリーの詩法であるあの歓びのロマンティシズムの典型そのもの(原註49)、なにびとも越えることができない震動する大気の理想である。

お前の脳髄がきっと知っている
歓びの半分でも私に教えてくれたなら、
狂ったような和声《ハーモニー》が
私の唇から流れでて
私自身が聞く者にすぎないのに
みんなが耳をすましてそれを聴くだろう。

いまやこの詩の最初の詩句、≪鳥よ、お前はかつて鳥であったことはない。……おお、お前、悦びの精よ≫が理解される。現実の存在はわれわれに何も教えない。雲雀は≪純粋なイメージ≫、精霊的な純粋なイメージであり、大気と昇行の隠喩の中心として、大気の想像力のなかにのみ生命を見出す。われわれは人々が≪純粋詩≫について語るまさにその意味で、≪純粋な雲雀≫について語る意味があると思う。純粋詩は≪描写的な仕事≫を、美しいものにみちみちた空間のなかで割りふられた仕事を受け入れることができない。その純粋な対象は再現の法則を超越していなければならない。詩的対象《オブジェ》はそれゆえ同時に全主体と全客体を吸収しなければならないだろう。肉体のない歓び unbodied joy をもったシェリーの純粋な雲雀は主体の歓びと世界の歓びの総和である。だれだってだれの痛みでもない歯痛など意にとめたりはしない。しかしいかなる詩的なたましいも、広がりつつある宇宙の、うたいながら生長する宇宙の幸福である≪肉体のない歓び≫を決して無視することはないであろう（原註50）。≪雲雀は≫とミシュレーはいう『鳥』

一九六頁）、《大地の歓びを天上に運ぶ。》

期待をうたうことによって雲雀は期待を創りだす。レオナルド・ダ・ヴィンチにとっては、それは予言者であり病いを癒す人である（『レオナルド・ダ・ヴィンチの手記』仏訳、Ⅱ巻、三七七頁）。《雲雀についての人々の話によれば、雲雀は必ず死ぬに違いない病人の傍に連れてこられると眼をそむけるという……しかし病人が病いの治《なお》る運命をもっている場合には、雲雀は病人から眼を離さず、そのおかげで病いが取り除かれる。》

われわれは、純粋な雲雀によって形成される純粋な文学的イメージの明示性に大きな信頼を寄せているので、天上の雲雀が示すサインのもとに空の風景を想いうるときには、その風景がまぎれもない力動的な統一を見出すように思われる。

以下に一例としてダヌンツィオの一節を掲げるが、そこでは雲雀は最初隠喩にすぎないようにみえるが、この隠喩自身から大気的で昇行的な気配《サイン》が醸されてくるように思われる（原註51）。

夕べの空一杯に雲雀の奇蹟のようなコーラスが鳴り響いていた……

……………………………

それは翼の聖歌であり、熾天使もそれ以上に広やかな歌を持たないような羽毛と長羽の讃歌であった。それは翼をもった春の夕べのシンフォニーであった……

(シンフォニーは)休みなく上へ上へとのぼった(雲雀が上るように、また歌うように)。そしてしだいに森の精シルヴァンの詩篇のもとに鳥の啼きごえとアクセントによってできた音楽が湧き起こり、それが隔たりと詩情の何か不思議な力によって妙なる階調に変っていった。

……そして鐘が青い山々の上に鳴るように鳴っていた。

夕べの平安のなかで雲雀によって行なわれるこの《改宗》によって、さわめく野のあらゆる不調和な騒音のなかから、響きのひとつの統一が、音楽的な宇宙が、上昇するひとつの讃歌がうまれてくる。大気的な想像力をもった人なら、和声を決定するものが上昇であることをすぐさま感じるであろう。そして次の条《くだ》りにみられる、美的であると同時に道徳的な統一、美的情緒と道徳的情緒のつながりを、容易に感得するだろう(前掲書、一三九頁)。《詩篇は果てしなく続いた。あらゆるものがうっとりとこの歌に魅せられて、たち昇り、なおも昇り、たえまなく昇っていった。「復活」のリズムが大地を持ちあげていた。私はもはや自分の膝を感ぜず、狭い土地を自分の体で占めてもいなかった。私は上昇する複合した力であり、未来の神を養うために更新されたひとつの実体であった……。》同じ著者の『死せる町』においてはさらに陶酔がつのってゆく。《野は一面に死に瀕した野生の小花で蔽われている。そして雲雀の歌が空一杯にみたす。ああ、何という不思議さ。私はこんな猛烈な歌をかつて聞いたことがなかった。何千という雲雀、数も知れぬ数多《あまた》の雲雀が……。雲雀は八方から飛びたち、石打器の烈しさで天にむかって突き進み、気でも狂ったかとみえるばかり、光のなかに姿を消し、もう再び現われない。それはまるで歌によってへとへとになり太陽に食われてしまったかのようだ……。と突然そのなかの一羽が石のように重くなって、私の馬の足もとに落ちてきた。そしてそれはあまりにも歓びに溢れてうたったために、おのれの陶酔によって、ふいに雷撃され、そのままそこで死んでしまった。》

あらゆる詩人は、文学的な風景のなかで雲雀の歌によって得られるこの歌の単一性に無意識のうちに従っている。『ジョージ・メレディス—詩人にして小説家—』と題する好著のなかで、リュシアン・ヴォルフは書いている（三七頁）。《雲雀の歌はもはやこの鳥の個体的な熱情ではなく、混ぜあわされた動物界と人間界のあらゆる歓び、あらゆる感激の表現である。》そして彼はメレディスの詩句（「空に上る雲雀」）を引用している。次にかかげるのは「雲雀の歌」である。

それは森、流れ、穏やかな羊の群である。
それは小さな丘、人間の家族、
青々とした牧場、痩せた褐色の土地、
町々であくせくと働く人々の夢である。
それは花のなかの樹液を、生命を
また太陽と雨の一致を歌う。
それは子供たちの、種蒔く人の輪舞、
桜草や菫の花が咲いた
土手の歓声であり叫びごえである。

雲雀の呼びかけによって、森や流れ、人間や羊の群れ――地面や牧場や小高い丘まで――が大気的なものになり、大気的な生命に参加するように思われる。それらのものは雲雀の呼びかけからいわば歌唱の単一性をうけとるのだ。純粋な雲雀はそれゆえ、とりわけ昇華のしるしである。リュシアン・ヴォルフはさらに書いている（四〇頁）。≪雲雀はわれわれのなかにあるもっとも純粋なものを動かす。≫

あの先細りの終りよう、あの消失や空の果てに課せられるあの沈黙には同じ純粋さがある。突如、人は声を聞かなくなる。垂直の宇宙がもはや投げ返せぬ矢のように黙してしまう。

空のなかで雲雀が死んだ
どのように人がみまかるかを知らずに。（原註52）

第三章　想像的墜落

《われわれには翼はないが、われわれはそれでも墜落するだけの力をもっている》

（クローデル『立場と提案』Ⅱ巻、二三七頁）

I

かりに墜落の隠喩と上昇の隠喩の二重帳簿をつくってみたら、前者の数がはるかに多いことに驚かされるであろう。道徳的生活を引きあいにだすまでもなく、墜落の隠喩は否定できない心理的現実性《レアリスム》によって確認されるように思われる。これらの隠喩はいずれも、われわれの無意識界に容易に消えない痕跡を残す印象の発展したものである。つまり落ちる恐怖とは原始的な恐怖なのだ。人は種々さまざまな恐怖のなかでそれが重要な構成要素として働いているのを見出す。闇の恐怖の力動的な要素を構成しているのもこれである。また逃亡するものは足ががたがた震えるのを感じる。暗黒と墜落、暗黒のなかへの墜落は無意識の想像力に対しいとも容易な劇を準備する。アンリ・ヴァロンは臨場恐怖症 agoraphobie は実際は落下の恐怖の一変形にすぎないことを示した。それは他人に会うのがいやだという恐怖ではなく、支点に出会わさないのでないかという恐怖である。少しでも後向きに歩くとわれわれはこのような子供じみた恐怖に戦《おのの》きをかんじる。われわれの夢は結局のところ深淵に対する眼もくらむような失墜をおのずと知っているのだ。そうしたことからジャック・ロンドン（訳註49）は夢の墜落の劇的性格を強調して、それは≪種《しゅ》の追憶≫であるとまで主張するにいたった。彼にとっては、この夢は≪樹上で暮していたわれわれの祖先にまで溯るものだ。彼らは樹上で生活していたから落ちるという危険はたえず彼らを実際に脅《おびや》かすものであった……≫（ジャック・ロンドン『アダム以前』仏訳二七—二八頁）。≪われわれにとって、私にとって、諸君にとって、万人にとってかくまで馴染まれているこうした墜落の夢においては、われわれは決して地面の上にすとんと落ちることがないということを……注意してほしい……。あなたがたや私、われわれは地面に触れたことがないものたちの子孫なのである（こうした恐ろしい落下が起こったさいには彼らは枝にしがみついた）。あなたにせよ私にせよ、われわれが夢の中で決して地面に触れないのはそのためである。≫ジャック・ロンドンはこの点にかんして人間にある二重人格の説を展開する。すなわち夢の人格と理性の人格とがあり、それが昼間の生命と夜の生命をはっきりと区分する。≪眠っている時に墜落するのは明白にもう一つの人格であるにちがいない。それはすでにそういう墜落の経験をもち、要するに、われわれの覚醒時の人格が覚醒生活の出来事の追憶をもっているように、過去の種《しゅ》に突然起こった珍事の追憶をもっているのである……≫（二九頁）。この仮説の幅の広さは、墜落の隠喩がもっとさまざまな心理現象に必ず表われる理由を遺憾なく理解させてくれる。

こういうわけであるから垂直性の心理学は当然、墜落の印象や隠喩を綿密に研究すべきだと思われるであろう。ところがわれわれは僅か短い一章をあててこれからそれにとりかかろうとするので、それもわれわれが、垂直性の真に積極的な経験であると信じているものを一層正確にしたいという単純な意図に基づいている。ところでこの積極的な経験とはわれわれに従えば、高さにおいて力動化される垂直性なのである。実際、墜落の印象の数や事実認識にもかかわらず、われわれは垂直的想像力の真の軸は上方にむけられていると信じる。実際われわれは上方にむかっては飛躍《エラン》を想像するが、下方にむかっては墜落を知るのである。ところで人は自分の知っているものを想像することができない。ブレイクは正当にもこう書いた。≪自然のなかの物体はたえず私の想像力を弱め、鈍麻し、消してしまった≫(原註53)。それゆえ高さが低さに優先する。非現実的なものが想像力の現実主義を支配する。この命題はいかなる場合にも証明しておく必要があるから、われわれはわれわれの方法を選ぶにいたった理由を述べておこう。

墜落のイメージは多数あるけれども、ちょっと検べただけでそう思われるほど力動的な印象が豊富なわけではない。≪純粋な≫墜落はめったとない。多くの場合、墜落のイメージには付加物が豊かに付きまとう。詩人は完全に外的な四周の状況をこれに付け加える。だから詩人は必ずしもわれわれの力動的な想像力をほんとうは活動させない。たとえば、われわれの力動的想像力をかき立てるために、ミルトンが『失楽園』で描いたように、リュシフェルが九日間墜落したといっても何にもならない。この九日間の墜落は墜落の風を感じさせないし、その行程の遙かさはわれわれの恐怖を増大させるものではない。かりに悪魔が百年間墜落したといわれたとしても、それ以上に深い淵が見えたというものではない。生きた墜落の微分、すなわち落ちまた落ちながら墜落の瞬間に目方を増し、重くなり、過ちを深めてゆく実体の変化自体を詩人がよく伝えている場合には、その印象はそれに比べて遙かに強烈なものであろう。この生きた墜落は堕天使の複雑な心理学からみて、われわれがわれわれの内部に原因と責任を担っている墜落である。人は原因と責任を一体と感じることによってその調性《トナリテ》を強めることができるであろう。このように道徳的な調性をおびるとき、墜落はもはや偶発的な出来事の世界に属するものではなく、実体の世界に属するものである。あらゆるイメージは想像力を溌剌とさせるために、隠喩によってみずからを豊かにしなければならない。理想主義的哲学の根源である想像力は、イメージのそれぞれに主体、全主体を投入することを、暗に想定している。世界を心に思い浮かべるとは、責任のある、すなわちこの世界に対して道徳的責任のある態度をとることである。あらゆる想像的因果律は責任感の教えである（原註54）。深く思いをひそめるものは、おのが根源の力に思いをよせるとき、つねにいささか不安を覚えるものである。

それゆえ象徴主義は、視覚的イメージの連結よりも一層強力な連結力を要求する。ミルトンにあっては恐らくリュシフェルは道徳的堕落の象徴であろうが、ミルトンが堕天使を、空からひっくり返った突き落とされた客体としてわれわれに示すとき、彼は象徴の光を消してしまう。量的な眩暈《めまい》はしばしば質的な眩暈の反定立である。眩暈を想像するためには、それを刹那の哲学にひき戻さねばならぬ。われわれの存在が消え入らんとするときの全体的な微分状態においてそれを捉えなければならぬ。それは稲妻のように急速な生成である。そのイメージをわれわれに与えようとするならば、雷に撃たれた天使の心理をわれわれのうちに生ぜしめねばならない。墜落は同時にあらゆる意味をもたねばならない。すなわち、それは同時に隠喩であり現実であらねばならない。

Ⅱ

しかし力動的想像力の積極的な方向としてわれわれに高さを選ばせるのは単に墜落のイメージが力動的な意味で貧しいからではない。われわれをそういうふうに考えさせる理由は一層深いものだ。われわれは事実そう考えることが力動的な想像力に忠実であると信じる。

実際、力動的想像力が運動のイメージを生起するおのが任務に徹するときには、それが外的現象を運動学的に記述することに甘んじない時には、力動的想像力は上方において想像する。力動的想像力は実際、衝動、飛躍、天翔《あまが》けりのイメージしか、要約するなら、うみだされた運動が活発に想像された力の意味をもつイメージしか提供しない。想像的な力はつねに積極的な働き《トラヴァーユ》である。力動的な想像力は抵抗のイメージをわれわれに与えるのに不向きである。真に想像するためには、力動的想像力はつねに働きかけ、つねに攻めこまなければならない。恐らく視覚によって捉えられた現実の運動が力動的なイメージを汚染するではあろうが、イメージはもともと根源的にいって運動を欲するし、もっと正確にいうならば、力動的想像力はまさしく意志の夢なのである。それは夢見る意志だ。成功を夢見るこの意志は自己を否定することができず、わけてもその当初の夢においては自己を否定することができない。したがって力動的想像力の素朴な生命は重力に対してなされた数々の征服の伝説である。力動的な隠喩は下方にむかっては形成されず、いかなる花も下方では開かない。下方には自由自在のオプティミズムはない。もっとも、だからといって大地の夢によって生きる想像的な花が美しくないという結論にはならない。しかしたましいの夜のなかに、地下に住む人間の暑苦しいまでに現世的な心に開花する花もやはり上昇する花である。上昇はイメージのうみだされてゆく真の方向であり、力動的な想像力の積極的な行為である。

それゆえ、まず上昇方向における垂直軸を感覚化しない限りは、現動中の想像力を感じることは不可能であろうと思われる。生きた地獄とは人が掘りだす地獄ではなく、燃える地獄、たち上る地獄、火焔の向性《トロピスム》、叫喚の向性をもつ地獄、苦痛がいや増してゆく地獄である。苦痛が悩みになるようではその苦痛は地獄的な微分性を失うであろう。ところで生長にかんする力動的な想像力をその根源において検討するなら——したがって生長を幾何学的抽象的な観点から考察しないならば——生長するとはつねに下にあるものをもち上げることだということが認識されるであろう。或るものはその想像的生活においてかろうじて上にもち上げられる——それは地上的なものである。他のものは驚嘆すべき自在の力で上にもち上げられる——それは大気的なものである。地と空という想像的元素を用いることによって、生長せんとする意志のおよそすべての夢を記述することができる。イメージの世界では一切が生長する。

Ⅲ

それゆえわれわれは墜落の想像力を、上昇の想像力の一種の病いとして、高さに対する贖《あが》ないがたい郷《ノス》愁《タルジー》として検討してゆこう。

われわれは直ちに深淵の想像力に結びついたこの郷愁的感覚の一例を掲げよう。アルヴェード・バリーヌが引用しているトーマス・ド・クィンシィ（訳註50）の一節には次のように鮮やかな表現がみられる（原註55）。≪私は毎夜――比喩的にではなく文字どおりに――穴のなかへ深淵のなかへ落ちてゆくように思われた。それはこれまで知られていたどんな深さをも越えて光がなく、また二度と上れる希望もなかった。そして眼が覚めたとき私はいつもまた上ってきたという感じがしないのであった。≫ ここではミルトンが行なったのとは反対に、墜落がクロノメーターによって測定されていない。それは絶望によって、実体的で持続的な特徴によって一層深く記しづけられている。われわれから≪ふたたび上る≫希望をとりあげ、落ちたという意識をわれわれに残す何ものかが、われわれのうちにとどまっている。存在がその罪過のうちに≪呑みこまれる≫のである。

トーマス・ドクィンシーにみられるこの深淵の観念の本質的に力動的な性格にとくに注意をしていただきたい。奈落は眼では見られない。奈落の暗さは恐怖の原因ではない。視覚はこれらのイメージと何の関係もない。深淵は墜落から演繹される。イメージは運動から演繹される。トーマス・ドクィンシーは直接的な力動的イメージによってその文章を生気づけている。私は落ちる、それゆえに私の足もとに深淵が開く。私はとめどなく落ちる、それゆえに深淵は測りがたい。私の墜落が奈落を創るので、奈落が私の墜落の原因なのではない。光は二度と私に戻ってこないであろうし、どうやってみても私は生者たちのもとに二度と帰れないであろう。私の夜中の墜落は私の生命に消しがたい痕跡をのこしてしまった。墜落はそれ以後、私の存在自体に書きこまれた心理的な軸であるのだから、私はまた上ってきたという感じを、もつことはできない。いうなれば、墜落は私の夢の運命なのだ。普通は空の祖国で人間を幸福にする夢が私を光から遠く離れたところへ連れさる。夢を見ることに重さがともなう人はわけても不幸である。夢が奈落の病いをもっている人は不幸な人たちだ。

エドガー・アラン・ポーはまた想像的墜落の現実は、われわれの存在の悩める実体のなかに、求めねばならぬ現実であることを知っていた。想像的な深遠を創作する者にとって大切なことはこの苦悩を直接伝播することである。彼は客観的なイメージのフィルムをくり広げる前に、読者のたましいのなかに、この想像的墜落を導入する手段を見出さねばならぬ。まず心を揺り動かし、それから見せねばならぬ。作家が心の奥底でたましいを動かす本質的な恐れによってたましいを感動させたときには、推論的な恐怖の装置は二次的な役割しか果たさない。エドガー・ポーの天才の秘鑰《ひやく》は、力動的想像力の優位にみずからの根拠をおいていることである。たとえば、後には恐ろしい状況が次々添加されてはゆくが、短篇『井戸と振子』においては、起頁からたちまち想像的墜落は実質的な正しい調性によって、表わされている（原註56）。《ふいに闇の暗黒がやってきた。たましいが気が狂って冥府にまっさかさまに飛びこんだように、あらゆる感覚が呑みこまれていくように思われた。そして宇宙はいまや夜、沈黙、不動のものにすぎなくなった。私は気を失っていた……。≫　そしてポーは失神を、いわばわれわれの存在内部における墜落として、まず肉体的なものの意識が次々と消え、ついで道徳的なものの意識が消える存在論的な意識として、記述する。もしも人が二つの領域の境目にある力動的な想像力によって生きることを心得れば――いいかえれば人が真にまたもっぱら、心象《プシシスム》のもっとも大切な形である想像的存在であるならば――エドガー・ポーがいうように（二一四頁）≪超現世的な深淵のあらゆる雄弁な思い出を≫喚び起こすことができるであろう。≪ではこの深淵とはどういうものか。少なくも墓穴の闇と比べてどう区別されるものであろうか。≫後の方でこの小説は残念なことに恐怖の上に貼りつけられたからくり細工になってしまう。それはあの深い恐怖がもつ威厳を、その発端をあれほど悲痛にしているあの黒い旋律の調子を失ってしまう。しかしあの≪黒い序曲≫の主題が巧妙にくり返されるので、全体としてはこの小説はもっとも強力な統一感を、すなわち深淵の統一感をもっている。

この深淵の統一感は非常に強力であり、道徳的な価値を容易に統合してしまう。『マルジリアナ』（『猟奇物語』エミール・エヌカン訳、二〇九頁）のなかで、ポーは死後におけるわれわれの存在の無化が失神の間に予感されうることを示している。≪そしてこの無化の危険は睡眠中に予感され、ときとして失神の間にさらに明瞭に予感される。≫気を失うこと、想像力と道徳《モラル》の偉大な類語である失神を経験すること、それが必要なのである。

この物語の作者はさらに、死と奈落の境にあるこの本質的な墜落の印象をあたえるためには、ふたたび上ろうとする努力、≪私のたましいが滑りこんでいたこの明白な状態の何らかの痕跡を拾い集める≫努力を必ずそれに結合しなければならぬことを感じている。≪私はそれがうまく行ったように思えたときもあった。≫ 墜落に一種の波動を与えるものは、また想像的墜落をあの波動的な心理――現実的なものと想像的なものとの矛盾が反対の作用によって互いに果てしなく交換され、強めあい、また誘いあう――あの波動的な心理に変えるものは、この再上昇の努力、眩暈を意識化せんとするこの努力である。そのとき眩暈は生と死のこの波状の弁証法によって強調され、眩暈は、あの無限の墜落、エドガー・ポーのたましいにあれほど深く刻まれた忘れがたい力動的な経験に達する(一一五頁)。≪これらの追憶の影は、私をつれ去り、黙って下方へと私を運んでいった背の高い人物をうっすらと思い浮かばせる――いや彼らはもっと下方へ――たえずますます下方へ私を運んでゆき――とうとう終いには、ぞっとするような眩暈に息が苦しくなってただ下降が無限に続いているという思いしか残らないのであった……それからふいにまわりの万象が梃《てこ》でも動かぬという感じがしてきた。まるで私を運んでいたものども――幽霊の行列――が下降しながら限界のないものの限界をこえ、ほとほと仕事に嫌気がさして立ちどまったというようだ……それからあとはもう一切が錯乱――何ともいまわしい状態でかき乱れる記憶の錯乱でしかない。≫ そのように≪崩れ落ちる≫理性と≪失神する≫肉体と≪落下する≫想像力の入りまじったこの註解は、ことにイメージと≪文学的イメージ≫の特徴である隠喩の結合をみごとに示している。≪文学的イメージ≫とともに、寓話化にあたって註解作用があらわれるのがみられる。というのもおのがイメージを註解することが、文学的想像力の特性であるからである。この註解は精神をあらゆる方向に投影し、厖大な過去を喚び起こし、夢と恐怖の多価的《ポリヴァラント》なかたまりに焦点をあわせている。そんなわけで、適度に想像された虚構的要素は最小限にされている。《幽霊の行列》はどんな形象をも受けいれないし、どんなに努力をしてもそれに、肉体はもとより辻褄さえあわせることができない。詩人は、運動は直接想像されることを知っており、彼の力動的な想像力は、《眼を閉じて》眩暈を理解するにちがいない読者の力動的な想像力を信頼しているのだ。

想像的失神、存在論的墜落、失神の波動的誘惑に対するこうした力動的な知識がなければ、蘇り再び上らんとする努力がなければ、物質的元素がわれわれのなかで夢見、事物の素材が《何らかの夢のきわめて薄い》（二一四頁）素材と一致するこの世界において、想像的な世界において、真に生きることはできない。《失神したことのないものは、赤々とした燠のなかから不思議な宮殿や奇妙にも見なれた人の顔を発見する人間ではない。空の真中を漂いながら俗人の気づかぬ物憂げな幻を眺めるのはそういう人ではない。名も知らぬ花の香に思いを潜めるのはそういう人ではない。そのときまで一度も注意をひかなかった旋律の神秘に脳髄が錯乱するのはそういう人ではない。》存在の欠落によって洗練されたこういう感受性は物質的想像力に完全に従属するものである。それは一種の突然変異を必要とし、その突然変異がわれわれの存在をより地上的でないもの、より大気的な、変形のより可能な、線描的形体から一層遠いものたらしめる。まるで直接誘導されるがごとく言語の物理的作用に従うのは、存在の減少によって生長するこうした感受性である。言葉《パロール》は視覚的イメージを喚起することに力をそそぐと、その力の一部分をなくしてしまう。しかし言葉はイメージをほのめかすものであり、それを溶解したものである。それは固体化した概念の物物交換ではない。それは流動的なわれわれの存在をゆり動かす流動体であり、われわれの存在がおのが大地を≪稀薄≫にするや、われわれの内なる大気的素材に働きかける息吹きである。それゆえ、夢のなかでわれわれが滑翔し、われわれを崩壊せしめんとする墜落の精霊と戦う状態を知っていたエドガー・ポーにとっては、言葉の力はまさに物質的な想像力に支配される物質的な力であるといってもよいものだ（前掲書二四三頁）。≪私がこんなふうにきみに話していた間に、言葉の物質的力にかんした何かの思想がきみの頭を掠めなかったろうか。各々の言葉は空中で創られた運動ではないだろうか。≫ここには神秘学《オキュルティスム》を思い起こさせるようなものは何もない。ここで語られているのはもっと単純な、もっと直接的な夢想なのである。そこでポーの短篇——しばしば純粋な文学的イメージの燦然《さんぜん》たる組立てである短篇——がそうだが、力動化された詩に対する省察が力動的な言語体系にわれわれを合体させ、表現の運動系にわれわれを引きいれるように思われる。こういう見方をすれば、言葉は観念連合を許容するように、運動の連合を許容する。正しい力動的状態で語られた想像的墜落は、力動的《ディナミク》にわれわれの想像力に働きかける。それはそのとき形式的想像力にどんな経験をもってしても思いつかないような幻想的な視覚的イメージを受け入れさせる。イメージはささやくような沁《し》み入るような声から直接うまれる。語られる自然は能産的自然 **nature naturante** への序曲である。もし人が詩の創造者たる「言《ことば》」**le Verbe** に正しい位置を与えるなら、またもし詩が心象《プシシスム》を創りだし心象がついでイメージを創りだすことを理解するなら、次の二つの術語による伝統的図式を一層幅広く理解しうるであろう。すなわち語られる自然が能産的自然 **nature naturante** を目ざめさせ、能産的自然が所産的自然 **nature naturée** をうむ（訳註51）——そして人は語る自然のなかから所産的自然をききとるのである。そうだ、多くの詩人がいっているように、耳を傾けるものにとっては、自然は語りだすのである。一切が宇宙のなかで語るが、最初の語をとなえるのは人間、ものをいう偉大なるものである。

それゆえわれわれがさきに検討した運動をひっくるめて考えると、語られるたましいが落ちる性質をもてばもつほど、その墜落の際に現われる光景はますます幻想的なものになるだろう。一般に、あらゆる旅への誘いのヴィジョンを受けいれるためには、たましいが引きいれられていなければならない。真暗な深淵のヴィジョン、通例の合理的な光景では暗示するのに特に不向きなイメージを見出すためには、たましいが引きこまれていなければならない。この見地からいって『メールストロームへの下降』のような短篇《コント》とそれをうんだ話《レシ》とを比べてみることは、想像力の心理学にとってきわめて有益だ。そうすれば考案された話と本来想像的な短篇とを分つ相違を測る便法がえられるし、想像力の自律性を理解できるであろう。ところで残念なことに、この自律性はいまだその哲学を見出していない問題なのである。

この比較を行なうにあたって私は残念ながら当の話のフランス訳しかもっていない。その話は『想像の旅、秘教《カバリスティク》の夢と幻と小説』の第十九巻に出てくる。この話は『ニコラス・クリムの地下の旅』につづいて出版されたもので、エドガー・ポーがアッシャア家の薄気味悪い谷間でロデリック・アッシャアといっしょに読んだ本のひとつとしてあげているものである。この選集の第二話が、われわれの問題になる書で、それは「世界の中心を通って北極から南極への旅の見聞」という題をもっている。著者は不詳である。『想像の旅』の編者のいうところによると、この著作は一七二三年に初めて印刷された(原註57)。

『メールストロームへの下降』と『地球の中心への旅』の両物語にみられる地理学的な正確さを思うと、

われわれが行なおうとしている照合が当然思い浮かんでくる。十八世紀の著者はこう書いている。≪われわれはそのとき北緯六八度一七分のところにいた≫と。彼は経度を書いていないが、エドガー・ポーは次のように書いている（二二三頁）。≪「私たちはいま」と彼はつづけた。その詳しい話しかたは彼の特徴だった。「私たちはいま北緯六八度のノールウェーの海岸にいるわけです。」≫海のこととなると詳細に語ることが好きであったにかかわらず、エドガー・ポーは一七分の記載を消してしまった。

同じ出発点、同じ地理的な雰囲気、物語《レシ》に伝説的な調子を与えるために民間説話をあらかじめ想い起こさせる同じような配慮、このようにもともと同じ条件を集めながらも、それは結局両者の想像力の違いを一層はっきりさせているだけである。十八世紀の物語作者は人間の社会生活にみられる幻想的なものを想起させるために、出来事の幻想性によりかかっている。彼は想像的な国をたちまち社会的なユートピアにしてしまう。物語はかなりうまく始められ、夢のように劇的になりうるはずなのに、まさにそのとき、語り手は夢のない眠りをそこにおいてしまう。彼はこの眠りから目を覚すが、それは『ペルシャ人の手紙』の著者（訳註52）がパリ人の風俗を描くように、地下の人間の風俗を描くためだ。

反対に、エドガ・ポーの想像力は第一頁が終るやいなや次々と夢幻化されてゆく。いいかえれば、エドガー・ポーはまるで異常事に対する知覚の機能そのものが夢のシャッターを切ることであるかのように、現実的なものをいつしか想像的なものにしてしまう。この進行的夢幻化《オニリザシオン》をしばらく追究してみよう。そうすれば、根本的な想像的運動にイメージの歯車が必然的にかみあっているというわれわれの説が確証されることがわかるであろう。

問題は深部への旅であり、墜落の夢見ごこちを誘起することであるから、眩暈《めまい》の印象から始めねばならない。物語の冒頭から、恐るべき話をする以前に、恐怖の客観的な原因を示す以前に、作者は二人の対話者すなわち、聞き手とともに語り手に眩暈を暗示しようと努めている。この眩暈の共有が客観化の最初の試みである。物語の次の頁になると、眩暈が深刻になって語り手はこんなことを書きだす。《風の烈しさのために山の基盤そのものが危なくなるという観念を私は追い払おうとするのだが、どうしてもそれができないのだった。》眩暈は体感 cénesthésie（訳註53）から観念に移り、眩暈の体感的な印象が極度に動くという観念によって註釈される。そのとき何ものも安固たるものはなく、山でさえ地に固くついてはいないのである。

ポーの方法は多くの場合現実的なものを夢に帰せしめることにあるが、それがここではきわめて鮮かに現われている。ポーがメールストロームの渦巻の中で波にさらわれる船を描写するとき、彼は下降を悪夢のなかでの墜落に比較するのがもっともよい方法だと考える。《巨大な波のうねりがやってきて後から私たちをつかまえ、——上へ上へと——まるで天に届くほど私たちをもち上げました。私は波があんなに高まるとはとても信じられませんでした。それからわれわれはもんどりを打って滑り、まっさかさまに落ち、そしてまるで夢のなかでとてつもなく高い山から落るように、私は胸がむかつき、眩暈がするのでした。》読者が共感をもって——またはいたたまれぬ反感をもって、というのは心は引きつけられるというよりむしろ反感を覚えることが多いからだが——この物語を読み始めるのは、ようやく語り手とともに下降の嘔吐を経験してから、すなわち無意識的なものが根源的生命の経験に引きいれられてからである。そのとき恐怖は客体から、すなわち、語り手によって暗示された場景からくるのではなく、恐怖は主体のなかで、読者のたましいのなかで生気を与えられ、ふたたび生気づくということを認めねばならない。語り手は読者を恐ろしい場景の前においたのではなく、恐怖状況のなかにおいたのであり、彼は根源的な力動的想像力を揺り動かしたのである。作者は読者のたましいのなかに直接、墜落の悪夢を誘いこんだのだ。彼はわれわれの内的本性に深く刻まれている或る型の夢想に由来する、いわば原始的な嘔吐を見つけだすのである。エドガー・ポーの多くの短篇において、人は必ず夢想の原始性を再認するであろう。夢は覚醒生活のうみだしたものではない。それは根源的な主体的な状態である。形而上学者はそこに想像力のコペルニクス的展開が行なわれているのを見うるであろう。実際イメージはもはや客観的《輪郭》によって解明されず、主観的《意味》によって解明される。この変革は結局、

夢を現実より先きに
悪夢を葛藤《ドラマ》より先きに
恐怖を怪物より先きに
嘔吐を墜落より先きに

おくことに帰着する。約言するなら、読むものにそのヴィジョン、恐怖、不幸を否応なく感じこませるほど、想像力が主体の内部で生きるのである。もし夢が何かの想起であるなら、それは生よりも以前の状態、すなわち死せる生の状態、幸福の以前にある喪の状態の想起である。人はさらに一歩を進めて、イメージは思想、物語よりも以前に、さらにはあらゆる感動よりも以前にあるものだということができるであろう。

一種のたましいの偉大さが詩のなかの恐怖と一体をなしており、また苦痛のなかにあるこのたましいの偉大さが原初的な本性を顕わにして、それが想像力に永遠に主導的な地位を保証するのである。考えるのは想像力であり、また苦しむのは想像力である。想像力が行動を起こすのだ。詩のなかに直接放電されるのは想像力である。象徴という観念はあまりにも知的でありすぎる。詩的経験という観念はあまりに《経験的》でありすぎる。とりとめのない思想や経験では想像的なるものの原初性にもはや充分触れることができない。フーゴー・フォン・ホフマンスタール（訳註54）は書いている（「詩についての対話」『散文集』所収、一六〇頁）。《きみはこういう動きがもつたましい、正確にいうならこれらの動きがもつたましいが放電されうる知的な言葉、いな情緒的な言葉をすら見出せないであろう。このときたましいを解放するのはイメージなのだ。》力動的なイメージが根源の現実なのである。

墜落というような貧弱なテーマに、ポーはいくつかの客観的なイメージとともに、根源的な夢をはぐくみ墜落を持続させる飼料を与えることを知っている。ポーの想像力を理解するためには、内的墜落の感動による外的イメージのあの同化を経験せねばならず、またこの墜落がすでに失神の世界に、死の世界に属していることを想起しなければならぬ。そのように読んでゆくと非常な交感が感じられるので、本を閉じてもなお《ふたたび上《のぼ》れなかったのだ》という感じが残るほどである。

エドガー・ポーの夢想は重さの夢想であるから、それはあらゆる物を重くしてしまう。空気のそよぎさえもが重さを、羅紗やビロードにみられる重さの感じをおびる。多くの詩におけると同様、物語が進むにつれてしらずしらずにあらゆる帳《とばり》が掛けおろされる（原註58）。何ものも飛び去らない。夢の眼識家《コネスール》であればだれしも次のことを見誤ることはないであろう。すなわち、エドガー・ポーの詩法にみられる襞のあるカーテンを掛けた壁は、夢のなかでゆっくり生きている壁、柔らかな壁であって、そこでは柔らかなほとんど知覚できないような波動が震えざわめいている（『穽と振子』一一三頁）。『赤死病の仮面』にみられるプロスペロ公の大邸宅の第七の——最後の部屋は（一五八頁）≪黒いビロードの掛布でいかめしく包まれ、そのビロードが天井の全体から壁を蔽い、重々しい卓布のように同じビロードでできた絨毯《じゅうたん》の上に下っていた。≫『リジーア』においては、≪物凄く高い壁に、上から下まで重いどっしりとした感じの、広い卓布のように垂れ下るつづれ織が張りめぐらされていた——それは寄木細工の床の絨毯や、東洋風の長椅子や黒檀の寝台、寝台の天蓋や窓を一部かくしている豪華なカーテンに使われているのと同じ生地でできたつづれ織であった。≫後に広い襞がざわめき動いてこの掛布が震えおののくが、いつの世までも変らぬその重さにはいささかの変動もない。エドガー・ポーの作品にみられる劇的な部屋をそれぞれ思い起こすと、このすべてを包みこむ重力の働きが感じられるであろう。すべてのものが客観的認識とか静的な観照が望むよりも常にいくらか重いのである。落ちんとするいささかの意志——ふいに現われいでんとする意志の病い——が詩人の特殊な力動的想像力によって、次のようにそれらのものに伝達されるのである。

そして慄えおののくそれぞれの形の上に
カーテンが、棺を蔽う広い布が、
嵐の烈しさで落ちかかる。

死はおぞましくもかい撫ぜ、万物の上に重々しい帳《とばり》をおく。

エドガー・ポーの重い夢想は物象《オブジェ》を重くするから、それはまた元素《エレマン》を重くする。われわれはすでに水の想像力にかんするわれわれの書〔『水と夢』をさす〕のなかで、エドガー・ポーの詩論に特有な水、重くてのろい水について検討した。それと同じ重さ、同じのろさがまた詩のなか短篇のなかにひっそりと押しこめられている。≪たましいの失神≫のダイナミックな感動が重苦しい雰囲気のもとに実現されている。この月並みなイメージを生々としたものにしうる詩人は殆どない。もし散文詩——思想《パンセ》のなかにリズムのある詩——を読むにふさわしい透徹したゆっくりとした速度で『アッシャア家の没落』を詩として再読されるならば、読者はそのなかから異様な力を感じられるであろう。重さの力動的な旋律の上にあるヴィジョンのアルペッジォ〔和音を同時に弾かず低い方から高い方へ上ってゆくように弾くこと〕にすぎぬ考えだされた部分を弱めながら、力動的に、緩徐な力動性をもって、眼を半ば閉じて、この小説を再読せねばならぬ。そのとき人は徐々に夕べの闇の重さを感じるであろう。人は夕べの闇の重さが三重の贅語法《プレオナスム》〔表現に強調を加えるために余分の語を付加えること。たとえば上へ上る。眼で見るのごとし〕によって生気づけられた純粋な文学的イメージであることを理解するだろう。暗くなってゆくこの大気の質料の重さが≪重くのしかかった雲≫の重さを一層よく感ぜしめるであろう。≪重い雲≫、重い閉ざされた空というこの古臭いイメージがひとたび感覚化されると、≪底部に対して恐怖をもつあらゆる感情のあの逆説的な法則≫の働きが感じられるであろう。この法則はエドガー・ポーが明確に説明せずに喚起している法則であるが（八九頁）、それはまたわれわれには不安と墜落の総合——われわれを息苦しくするものとわれわれを打ち倒すものとの実質的結合——われわれの実質内部における結合だと思われる。そのときさわめて親しい大気、われわれの自由であるべき大気がわれわれの牢獄、窮屈な牢獄となり、雰囲気が重々しくなる。≪私の想像力はよく働いていたから、私はこの屋敷や地所のまわりには、それらおよびその近傍に特有な雰囲気――大空の大気とはすこしも似ていないが、朽ちた木や灰色がかった壁やひっそりとした沼から立ちのぼる雰囲気――悪臭を放つ、神秘的な、かろうじて眼に見える、重い、だらりとした鉛色の蒸気が――垂れこめているのだとほんとうに信じるようになった。≫

　ここでもまたわれわれは次のような同じ反論をあげておこう。すなわちここでイメージを与えるのは視覚であろうか。形容詞が連続しているなかで、アッシャア家をとりまいている≪かろうじて眼に見える、鉛色の≫その蒸気に、まず一次的な生命と力を認むべきであろうか。視覚は、半透明と鉛を結びつけることによって、介在している二つの形容詞に矛盾を感じるのではなかろうか。ところで逆にわれわれがイメージを力動化するならば、われわれの内なる想像力に他ならぬあの心的な力を承認するならば、一切が何の矛盾もなく首尾一貫するのである。このテキストにおいて想像の力、イメージをうみだす力をもつ形容詞は重さにかんする形容詞であり、垂直の方向に生きている形容詞である。すなわちそれは重さであり、だらりとした緩慢さであり、また不幸な夢想家のたましいをみたすのは、この神秘な重さなのである。そのとき視覚は活発さを失い、形式の明確さを忘れ、蒸気のような、重くのしかかる蒸気のような夢想におのれの視度を合わせてゆく。視覚は生けるものが真に≪悲しみの雰囲気≫を呼吸する或る烈しく実体化された交《コレ》感作用《スポンダンス》に合体する。そしてエドガー・ポーがわれわれに≪苦《にが》い、深い、癒しがたい憂欝の空気がすべてのものに垂れこめ浸透している≫というとき（九一頁）、われわれは彼とともに実体的な交感状態を生きねばならず、憂欝の空気がわれわれの胸のうちにいわば実体として入ってくるのを感じなければならぬ。なぜならエドガー・ポーは磨滅したイメージを十全に活用し、かくしてこれらのイメージがその全生命を、その原初的な生命をふたたび見出すからである。もっとも非凡なイメージをさえ凡庸化するタイプの人々がいる。そういう人たちはつねにイメージを易々と受けいれるいくつかの概念をもっているのだ。他の性質、すなわち真の詩人に生まれついた人々は、もっとも凡庸なイメージをも蘇らす。耳をすまして聞いてみたまえ。彼らは、概念の空洞そのもののなかに生のざわめきを響かせるのだ。しかしこういうと、俗悪な詩人どもが一斉に蜂起して自分たちもまた強い意味で、十全な意味で、生きた意味で語っているのだというであろう。そして彼らは豊富なイメージをくり広げ、響きのよい頭韻をふんで響きわたらせる。しかしこれらの豊かさはいずれもちぐはぐなかき集めにすぎず、その鳴響はいずれもがちゃつきにすぎない。どんなに飾りたてても、それは存在を欠き、詩的恒常さを、美の質料《マチエール》自体を、感動の真実さを欠いている。ひとり物質的な想像力、力動的な想像力のみが真の詩をうみうるのである。

≪実質的感動≫に対するエドガー・ポーの詩法の忠実さは徹底したものであって、それはどんな短い短篇にも現われている。それゆえ三頁にわたる『影』（二六七頁）を読みなおしても、二〇頁にわたる『リジーア』を読みなおしても、読者は同じような普遍的な重さの印象を受けるであろう。≪どうにもならない重さがわれわれにのしかかっていた。それは手脚の上に――広間の家具の上に――われわれが呑んでいるコップの上にひろがっていた。そして酒宴を照らしている鉄の七つのランプの焔を除くとすべてのものが――何もかもがこの重圧に息が苦しくなり、ぐんなりしているように思われた。焔は光のか細い糸となってのびながら、ずっとそのままの状態で蒼ざめ、微動もせずに燃えていた……≫誰しもそう感ぜざるをえないが、この狭い、垂直な、静かな焰に力強さの観念を結びつけることはできない。焰は何ものをも空にむかって上らせない。それは垂直軸に理想の線を与えるために、単なる関係軸として存在するのだ。焰のまわりでは一切が落ち、一切は落ちる性質をもつ。青い焰によって照らされた夢想とはまさに、死に瀕するもの、死の力動性のなかで考え想像するものの重たさである。

長くのびた焰は、いわば空と地の双方から引きよせられた或る種の想像力によって夢見られたものであることをさらにいい添えるべきであろうか。焰は動的にのばされ、想像力は自分も進んでのびながらそれを見ているのだ。このとき焰は飛翔と引き下ろしの複合したイメージとなる。シラノの一節にはこうした動的なイメージの軽快なスケッチがみられるであろう（『全集』一七四一年版、第一巻四〇〇頁）。≪かくして植物とか動物とか人間が息を引きとると、そのたましいは（光の全体とひとつになるために）消えることなく上ってゆく、ちょうど、獣脂が根もとで焰をつなぎとめているにもかかわらず、蠟燭の焰が先きがとがって飛んでゆくように。≫

完全に感覚能力をもって想像する心象《プシシスム》にとってはほんの僅かな兆し、ほんの僅かな針の動きが運命を示すものとなる。ヴィクトル・エミール・ミシュレーが述べているように（『愛と魔術』四六頁）、≪五角の星形を逆しまに≫おくことは、卑賤な世界に彼のたましいを捧げることなのである。ヴィクトル・エミール・ミシュレーはまさしく書いている。≪シヴァの寺院（この著者はシヴァを悪霊と同一視している）においては、燈明の焰が水平の金属板で横に切られているが、それは焰が本来空にむかって上ってゆくのを妨げる

ためである。》

軽くなるか、それとも重いままでとどまるか、この背反のなかに、或る種の想像力は人間の運命の全葛藤を要約しうる。どんな簡単などんな貧弱なイメージも――いったんそれが垂直軸の上にくり広げられると――それは同時に大気と大地の力をおびてくる。それは常に物質と動力の想像力によって認められる本質的なシンボル、自然的なシンボルなのである。

Ⅳ

想像的な墜落は、独自の事例を統括しそのイメージの全体を支配する心的現実である、ということがいまやわかってくると、われわれは詩人たちにあって必ずしも稀でないテーマ、すなわち高さへの墜落というテーマを容易に理解することができる。それはしばしば天に上りたいという加速度的な運動の烈しい欲求として現われるであろう。人はこの欲求が待ちきれぬたましいの叫びとして鳴り響くのを聞くであろう。われわれの方法に従って、ここではただ、ただ一人の詩人に例を求めることにしよう。O・V・de・L・ミロスは『美の王者の詩篇』においてこう叫んでいる。《……私は時間のこの王座の上で眠りこみたいのです、神の深淵のなかに下から上へと落ちてゆきたいのです。》

しかしこの高さのなかへまっしぐらに落ちたいという欲求がイメージをうみ、空がほんとうに転倒された奈落のように見える場合がある。われわれはセラフィトゥスが臆病なたましいに青空の奈落――真に大気的なたましいにとっては、地上的なたましいにとって地の深淵がもつ以上に魅力のある奈落――を指し示していたことを想い起こそう。大地の奈落にたいしては、地上的なたましいはなお、おのが身を守りたいと願う。空への墜落には遅疑逡巡の曖昧さがない。加速されるのは、このとき幸福なのである。

非凡なたましいは善《ビヤン》にむかう眩暈《めまい》を知るが、そのとき一種の無制約の昇行、或る新たな軽やかさの意識が始まる。すべての力動的な価値の転換がすべてのイメージの転換を決定する。われわれは後に、深さが上にあることを示しているニーチェの数章を読むであろう。こういうイメージはただ視覚だけからうまれてくるものではない。それは力動的な想像力が投影するものである。善が強い響きをもち、善への確信が信頼を増すたましいにあっては、高さは深さのあらゆる隠喩を受け入れうるような豊かさをおびる。高められたたましいは底の底までよいものだ。底の底まで profondément というように、不意に副詞が形容詞に遠近法を与えるのだ。副詞は品質に品質の格づけの来歴をつけ加える。熱情をもって語句が読まれるとき、語句はどれほど豊かになることか。

O・V・ド・ミロスの詩においては、上昇と墜落のイメージが非常にしばしば結合される。それらのイメージはこの詩人がもつマニ教的思想を要約するものだ。『ルミュエルの告白』における次の人間と合唱隊の対話を読んでみよう（七七頁）。

合唱隊――本当か？　お前は思いだせるか？　創られた空の上にかかっている……
　不動のアーチを

……………

瞑想の金の頂きを。

…………

それから――お前の思い出のなかを探してごらん――墜落――あの始源の「直線」――それこそは帰還だ。

人間 ――……声の雲に運ばれて、私はどこにいるのかわからない。

渇望された無のなかに高く吊り下げられ、黒い、空ろな、獰猛な空から

黙って、残酷に、不動の飛翔にも近よれず。

　　そして私は落ちた。

そして忘れた、それから突然また思いだした。

合唱隊――（ひそひそとしきりに耳うちしあう）

生から生へ、何という道だ。

悪と善を、墜落と瞑想の金の頂きを同時に告げるこの「線」、「始源の直線」をみずから分有せずに、このような詩をどうして体験することができるだろうか。ミロスのような偉大な詩人たちは次にかかげるようなアルベール・ベガンの見解を正当化している。（『浪漫的なこころと夢』コルティ書店刊、一二一頁）。≪この世に来るなり……たましいは二つの世界に属する。すなわち一つは重力の世界、一つは光の世界に。≫アルベール・ベガンはさらにつけ加える。≪しかし一方が虚無であり他方が現実であると考えるのは誤りであろう。≫互いに関連しあう光と重力は、あらゆる心的生命を支配する想像的なるものがもつ一種の二

元的現実主義 biréalisme に対応する。リカルダ・ルックは《シェリングが光と重力のなかに自然のもつ始源的二元性を見ていた》（八五頁）ことを想起している。

V

しかし垂直性の偉大な夢想家においては、存在が同時に高さの運命と深さの運命のなかにくりひろげられるかのようにみえる、さらに例外的なイメージを見出すことができる。この驚くべきイメージの例は、一人の偉大な夢の天才の作品、ノヴァーリスのなかにみることができるであろう（原註59）。すなわち《宇宙がいわば人間性の沈澱物であるなら、神々の世界はその昇華物である。》ノヴァーリスはさらに次のような深い思想をつけ加える。《両者は一つの行為 uno actu となる。》昇華作用と結晶作用が唯一の行為となるのだ。沈澱物のない昇華はなく、また物質から離れ出る軽い蒸気をもたず、大地の上方を走る精霊をもたぬ結晶はない（原註60）。

しかしあまりにも錬金術的なイメージに接近したこの直観は、ノヴァーリスという偉大な錬金術の心理家の思想そのものに弊害をあたえている。錬金術的なイメージにおいては、力動的想像力が物質的想像力のために無力化することが余りにも多いのである。物質的な夢をともなった成果——塩とエキス——が蒸溜という長い力動的な夢を忘れさせるのだ。われわれは機能よりも成行きを多く考えるものだ。またわれわれが夢を物語る場合には夢を思想で汚染してしまうから、夢の対象ではなく夢の機能を思いだすためには、よほど夢に忠実であらねばならない。それゆえ先きにかかげた文章のなかで特に、一つの行為に、uno actu という表現に適切な強調をあたえておこう。力動的想像力が深さと高さの二つの人間的運命を必ず生きうるとすれば、それは一つの行為において uno actu であり、唯一なるものとして経験される行為《アクト》自体としてである。（豪華さと光輝という異なった垂直の方向を見まちがう人はあるまい。力動的想像力にかんしてどんなに無知な人でも豪華さを空中に求め、光輝を坑道のなかに求めるものはあるまい。）

力動的な想像力は両極を結合する。それはわれわれに、或る行為が深まるときにはわれわれの内部で或るものが高まり、また逆に或るものが高まるときには或るものが深まることを理解させる。われわれは自然と神々との連結線《トレ・デュニオン》〔フランス語でたとえば Peut-être の如く二語を結びつける短い線記号をいう〕である。あるいは純粋な想像力に一層忠実にいえばわれわれは天と地を繋ぐ連結線のなかでももっとも強固なものである。いいかえればわれわれは唯一の行為《アクト》となった二つの物質である。われわれにはこういういい方がノヴァーリス的夢の経験を要約するように思われるが、それは他のあらゆる精神的機能に勝る想像力の優位を認めるとき初めて了解しうるものである。そのときわれわれは想像力の哲学に足場をおくわけだが、この哲学にとっては想像力は存在そのもの、そのイメージと思想をうみだす存在である。その場合、力動的な想像力は物質的想像力の優位に立つ。想像された運動は減速されるとき地上的存在を創りだし、想像された運動は加速されるとき大気的存在を創りだす。しかし本質的に力動的な存在は内在的にその運動のなかに存在するはずであるから、その存在は完全に停止する運動も、またすべての限界をこえて加速する運動も知ることはできない。いいかえれば、力動化された存在にとっては、大地と大気は一体となって固く繋がっているのである。

してみるとノヴァーリスがしばしば重力を≪天への逃走を妨げる≫べき絆《きずな》であると述べたのがもっともだと考えられる。同世紀の詩人たちがたびたび思いを凝らした≪水成説≫に従って、世界は彼にとっては水からうまれたひとつの美である。それは≪大昔のすばらしい≫城である。≪〔この城〕は深い大海の底から落下したが、今日まで揺れずにそそり立ってきた。天への逃走を妨げるために、眼に見えぬ絆がこの王国の臣民を内部に幽閉している。≫

王国の臣民とは物質的な想像力が夢見るような鉱石である。かくして眼に見えぬ絆のおかげで、水晶の内部で天の色が地上に保たれる。諸君はサファイアの青をあたかも石が空の紺碧を集めたかのように、≪大気的に≫夢見ることができる。諸君は黄玉《トパーズ》の炎をあたかも石が夕陽と交感しているかのように、≪大気的に≫夢見ることができる。諸君はまた、空の青が手のくぼみに凝結してサファイアとなって固まったのだと想像することにより、≪地上的に≫夢見ることができる。水晶の上で、貴金属の上で、地上的想像力と大気的想像力の二つが結合する。少なくともこれらの想像力はいずれもそこで、想像的な力動性をあたえる高揚したたましいあるいは瞑想的なたましいを待ちうける態勢にあるのだ。われわれはいずれ別の著作のなかで、水晶の観照について検討するおり、この問題にふたたびかえるであろう。この章の終りではかねて想像力の力動性による諸元素の統一を説くはずであったが、われわれは落ちる夢と上る夢の重なりが可能であることを読者に感じてもらいたいと思った。それゆえ同じ水晶から垂直な夢、すなわち深さの夢と高揚の夢の二方向が——地と天——が源流を発するのである。その正しい垂直線のうちに、垂直軸の力のうちに、一つの行為のうちに **uno actu**、想像的なすべての対象として、これらの二方向を保持しているたましいはまことに偉大である。

ときにはほんの僅かな不均衡、僅かな不調和がわれわれの想像的存在の現実を断ちきることがある。われわれは蒸発したり、凝結したりする——われわれは夢見たり、あるいはまた考えたりする。願わくばわれわれが常に想像しえんことを。

第四章　ロベール・ドズワィユの業績

《そしておんみがただ一つの語「上りたり」により眼を開いていたならば……》

ダンテ

I

二十年以上も前から、ロベール・ドズワィユ（訳註55）は覚醒時の夢の心理学、もっと正確にいうなら昇行の心理学の真の予備教育をなす夢想指導の方法論的研究にかかっていた。ロベール・ドズワィユの方法は、実は検問であるというより精神分析学的医学的技術である。昇行の夢想によって、それは閉鎖された心象《プシシスム》に出口を見出し、錯乱した無効な感情に幸福な運命を与えることをめざしている。この方法はスイスの多くの病院で実施せられた。それは、シャルル・ボードワンがその主な促進者の一人となっているあの喚霊《プシカゴ》術《シー》のもっとも有効な方法の一つになりうるものだと思われる。ロベール・ドズワィユの業績はジュネーヴの雑誌『行動と思想』にもっぱら発表されてきた。それは集められて『覚醒夢の方法による下意識の感情性の探究。昇華作用と心理的獲得物』という書となった（原註61）。われわれは想像力の形而上学にかんする私見とロベール・ドズワィユの考察を比較対照せんがため、さらにあらゆる機会を利用しながら、この書の重要なる所見を強調したいと思う。

　ドズワィユの方法の本質は夢を見る患者のなかに昇行の夢幻状態の習慣をひき起こさせるにある。それは、《無意識の》イメージに運動をあたえ昇華の軸を強化するに適した明確なイメージを集めるように指導する。そしてこの昇華に、昇華そのものの意識を徐々に与えてゆくのである。ドズワィユの方法によって躾《しつ》けられた人は大気的想像力の垂直線を逐次発見していく。彼はそれが生命の線であることを了解する。一方われわれの方では、われわれは想像的な線が真の生命の線であり、もっとも破壊されない線であることを信じているわけだ。「想像力」と「意志」は同じ一つの深い力の二つの面である。想像することのできるものこそ欲することができるのだ。意欲《ヴルワール》を照らしだす想像力に、想像せんとする意志《ヴォロンテ》、想像するものを生きようとする意志が合体する。細部にいたるまでイメージを整然と提示することによって、それゆえ、人は首尾一貫した行動を決定するのである。ドズワィユが提案したこのイメージの線に従うことによって、患者は明るい、幸福な、敏活な習慣を身につける。覚醒夢はこのように導かれると、無秩序でしばしば神経的な動揺状態にある夢幻的力を意識的な生活のために利用しようとし、かつ利用するようになる。かくしてついには、イメージのなかで意識的生活が執拗に続けられるがゆえに——行動と感情のなかでもそれが執拗に続けられるわけである。混乱した熱が運動に転換されるという事情からいって、彼の方法においては、夢のエネルギーが道徳的エネルギーに転換されるといっても、ドズワィユの思想を曲解することにはなるまい。道徳家《モラリスト》たちはまるで道徳的生活が知性の産物であるかのごとく道徳について創見を語るのが好きである。問題にするならむしろ始源的な力である「道徳的想像力」について語ってほしいものだ。想像力こそ美しいイメージの線をいつしかわれわれに与え、その線にそって英雄主義《エロイスム》のダイナミックな図式が描きだされるのだ。模範《エグザンプル》こそ道徳における因果律そのものである。しかし自然によって提供される模範は人間によって提供される模範より遙かに深遠である。人が世界の諸力と心を一つにして想像するとき模範による動機が実質的動機に化しうる。想像力と生命を同等に見ようと努めるものは、上昇する実体を夢見ることによって――おのが昇行のなかで大気的元素を生きることによって、自己のうちに高貴さがみちあふれてくるのを感じるであろう。このように、われわれはロベール・ドズワィユの説をわれわれの大気の想像力にかんする形而上学の方向に容易に解釈しうるであろう。

Ⅱ

無意識的なコンプレクスのなかに封鎖された存在に対して、ドズワィユの方法は、古典的精神分析学が行なうように、単に≪封鎖の開扉≫をもたらすだけではない。それは始動力をあたえる。古典的精神分析はもっぱら≪古い情緒を現実化することによって≫コンプレクスを解くが、にもかかわらず磨滅し不適応なものとしてあらわれていた感情に対し、決して将来の予定表《プログラム》を与えない。それに対してドズワィユの精神分析は、昇華への上昇の道を用意することによって、すなわち情緒性(訳註56)の道徳化の型にほかならぬ≪新しい感情を患者に発生させることによって≫(五五頁)昇華を最大限度に発現する。古典的精神分析はパーソナリティの原始的形成にみられる混乱を分析する。それは満たされぬ欲求のまわりに過去において結晶したものを縮減しようとするだろう。ドズワィユの精神分析は――より正確には精神総合と呼ばれるべきであるが――とくにパーソナリティの新たな形成のために、総合の諸条件を決定しようと試みる。パーソナリティにつけ加えられる感情的新しさ、われわれの眼には想像力の固有の機能だと思われるこの新しさが、多くの場合自然にでき損いの過去を修正するであろう。ロベール・ドズワィユはもちろん、精神病医と教育者が、存在の心的未来を阻害する一切のものを取り払うべきであり――その点では精神分析学が依然として有用であることを理解している(原註62)――しかし重苦しい過去の重荷を解放されたあかつきには、その人にできるだけ早く未来の形式を与えるのが適切である。実際多くの場合、ドズワィユは――つらい告白を患者から誘いだすのをはばかって――昇行のイメージ、すなわち未来のイメージを提起することによっていきなり始める。洋々たる未来に対するこの迅速な、無媒介ともいえる暗示がなければ、長い間過去と錯誤に苦しんできた存在はふたたび苦悩に捕えられ、混乱した生を続けることになるかもしれぬ。この存在は精神療法を受ける前には重苦しいたましいであった。人はおいそれと軽やかなたましいになるものではない。たのしさとは自然で気楽なことであるとするなら、まず幸福を習得しなければならない。幸福の軽やかさがもつあらゆる価値を自覚しなければならない。

　かくもみごとなプログラムが、ドズワィユの本を読みゆくにつれ、非常に単純な教訓として――知的にいって――容易な形で現われる練習課題として、展開されてゆくこと、まさにそういうことが恐らく哲学者をしてかかる仕事から眼をそむけさせるのであろう。しかし概念の世界において容易なことは、必ずしも行動の世界においては容易でなく、まして想像の世界においてはそうではない。意欲があるからといって想像できるものではない。何でも想像すればよいというものではない。幸福な転回は逆に想像力の統一性というあの困難な仕事の前にある。この想像力の統一性を得るためには、幸福を導くダイナミックな図式を手にするためには、それゆえ物質的想像力の偉大な原理の一つに帰らなければならぬ。それは幸福の充分な条件ではないが、必要な条件である。人は分割された想像力によって幸福になることはできない。昇華作用――想像力のこの積極的な努力――は決して偶発的なものでも、不規則なものでもなく、また華華しいものでもない。或る平静さをもった原理があらゆる情熱、力の情熱さえをも、かならずその後光で飾るのである。

III

一見単純にみえるロベール・ドズヴィユの方法を辿ってみよう。

気がかりなことを追い払いなさい、恐らく精神病医が乱れたたましいに最初に与える助言はこうであろう。ドズヴィユなら抽象的なこういうきまり言葉を使わないであろう。彼は単純すぎるこの抽象のかわりに、次のようなまことに単純な想像作用を課するであろう。すなわち、気がかりなことを掃きだしなさい、しかし言葉にとらわれていてはいけない、身振りでやってみなさい、像《イマージュ》を眼で見て、像のままにつづけてやってごらんなさい、というわけである。そこで想像によって≪箒で掃くしぐさ≫をしなければならなくなるであろう。「手仕事をする人」homo faber、すなわち気の毒だがまことに単調な仕事を前にしたあの掃除人になりたまえ。そうすればあなたは少しずつ彼の夢に、リズムをもったその夢想に参加してゆくことになるだろう。何を掃きださねばならぬというのか。気がかりだろうか、それとも心のためらいだろうか。両者の場合にあなたは必ずしも同じ箒の当て方をしてはならないであろう。一方から他方へ移る間にあなたは些細な気づかいと決心との弁証法を行動によって感じるだろう。しかしあなたのたましいを弛緩させるものは色あせた恋の薔薇だけなのであろうか。それならばゆっくりとした動作で掃き、夢が終ったことを自覚しなさい。いまや終らんとするあなたの憂鬱が何と見事に終ってゆくことか。あなたの過去が何と見事に過ぎてゆくことか。やがて、その仕事が終ると、心が落ち着いて静かになり、いくらか明るく、いくらか空虚に、いくらか自由になって、あなたは呼吸をするだろう(原註63)。

このささやかな、きわめてささやかな、イメージによる精神分析は、恐《こわ》い精神分析学者の仕事をイメージに委嘱するものだ。≪各人がおのが敷地の前で掃く≫ならば、われわれはもはや差し出がましい援助などは必要としなくなるであろう。そのとき匿名のイメージがわれわれのもつ個人的なイメージからわれわれを治癒する仕事を引き受けてくれる。イメージがイメージを治す。夢想が追憶を治療するのである。

しかしいまひとつ別の例もおそらく無益なものではないであろう。ドズワィユは≪屑屋のしぐさ≫を同様に用いて成功を収めている。このしぐさは≪掃除人のしぐさ≫よりも分析的である。それは普通は≪掃きだす》ことで人が満足している無数の方式化されぬ、またされえぬ気がかり、無数の無形の気がかりよりも、やや意識的な気がかりをとり払うために推奨すべきものである。或るはっきりとした気がかりにとりつかれている患者に対し、ドズワィユはそれを他のすべての気がかりと一緒に屑屋の頭陀袋、肩にかけた大袋に入れることをすすめている。ただし、結局自分が軽蔑しようと決心したものを肩の後（うしろ）へぽいと投げすてる、あの表情に富んだ有効な手の身ぶりと合わせてそれを行なえというわけである。

　それでもなお身振りなどというものは空しい見せかけであり、人間の解放はもっと内奥のもっと秘かな領域で行なわれるのだと反対を唱える人があるであろう。しかしそういう人たちはわれわれが、決心することを決心しない心象《ブシシスム》、明瞭な反対意見に耳をかさぬ心象の前にいることを忘れている。われわれはイメージによって示される振舞いから出発することによって、ようやくその人たちに作用を及ぼすことができるのだ。われわれは彼らに解放の身振りを課するが、それはまさに本質的イメージの合致のなかから形成される或る行動の心理の凝集的性格を信じているからである。

　もちろん、見せかけの身振りと想像された身振りといずれを主として考えるべきかという問題が残るであろう。患者が精神分析に自由に抵抗しえて、もっぱら暗示された身振りを装うに止まるならば、ドズワィユの方法は効果を収めずに終るであろう。うわべだけを装うことによって患者は知的な精神状態、すなわちいつでも批評し論争しようと待ち構えている状態に身をおく。患者がほんとうにたましいを一つにして想像するなら、真剣に想像するなら、決して事情は同断にはならないであろう。もっとも、真剣に想像するといういい方は一種の贅語法である。というのも真剣さのない想像力などというものは考えられないのであるから。想像力は直接的な、無媒介な、統一的な活動としてはっきりとしたものである。それは心的存在が最高の統一性をもち、またとくに心的存在がその統一の根源を真に保持する能力である。想像力はとりわけ感情生活を支配する。われわれとしては感情生活は真にイメージに飢えているのだと考える。感情は一群の感情的イメージによって生気づけられるが、これらのイメージが規範となり、道徳的生命を築きあげようとする。貧しく痩せ細ったこころに≪イメージ≫を提供することはつねに効験があることだ。

ドズウィユが二〇年来実施している方法は、≪イメージによる振舞い≫の力を確証している。われわれは、自身で、非常に単純で非常に日常的な或る種の肉体運動がもつ道徳化的性質の例を多数あげることができるであろう。われわれは道具、ただし固体的なものではなくよく規整された身振りである道具が、特殊な夢想、ほとんどいつも健康によい、活力の源となる夢想を、労働の夢想を喚び起こすことを例証することができるであろう。≪言葉《ヴェルブ》≫、よく連結された言辞、エネルギーをもった詩がそういう夢想に結ばれる。いいかえれば、手仕事をする人 homo faber の原理が詩の領域——幸福な、常に幸福な詩の領域にも広がりうるのである。それらのものを知性と功利の原理で説明することは、事物の一面をしか見ていないことである。労働は知識の源泉でもあるが、また同様に非限定な夢想の源泉でもある。その道具——美しくて良い道具は、≪力動的なイメージ≫である。人はそれを力の支配する世界にも想像力の世界にも等しく使うことができる。閑暇におけると同様、労働においても夢の叙事詩が展開される。

患者のほしいままな想像に助言を与えるよりも、むしろ自由を喚び起こすイメージを提供するということは、さらに次のような注目すべき原理に応ずることである。すなわち、ドズワィユは催眠術的な暗示を使わない。そしてそうすることによって彼は彼の方法の根本原則に一致する。実際、想像力の真の教育といってよい自立的昇華を誘いだすことが大切なのだ。それゆえしばしば健忘症をともない、その点からも教育的とはいえない催眠術を避けねばならぬ。したがってここでもまた古典的精神分析とドズワィユの精神総合の分岐がはっきりと現われている。ドズワィユの方法は本質的にいって、明確で意識的な能動的な昇華である。患者のたましいを休ませながら、ドズワィユは恐らく受動的な態度を患者に要求するであろう。それは患者がやがて提供される非常に単純な当初のイメージから気をそらさせないためである。しかしドズワィユは、この受動的注意力は、≪健康な精神との対話が順調な行ないがたい状態≫、すなわち、催眠中の何でもかでも信じてしまう状態とは何の共通点もないことを強調する（三七頁）。

　精神がこのように自由に対していくぶんか準備が整い、また精神から地上的な煩いをいくぶんかとり除き終ると、人は想像的上昇の練習を始めることができる。

　ドズワィユはこのとき患者に、ゆるやかな坂道、深淵もなければ眩暈も起こらぬ平らな道を自分が登ってゆくところを想像するように暗示する。恐らく人はこのさい、≪わが足の一方は過去、他方は未来と呼ばれる≫とクルヴェル（『私の肉体と私』七八頁）が巧みにも述べた過去と未来の弁証法を感じながら、歩行のリズムによってまずまず助けられるであろう。しかしわれわれが書きこんだこの注記にはなお若干の疑問がある。というのもリズムの観念と上昇の観念をわれわれはまだ充分には結合しえていないからである。とはいえ、夢は想像的歩調がもつ急激な動きを弱めるように思われる。夢はしばしば何の苦労もなくその歩みを静かに律動化する。それはあらゆる空の夢の夢見者が知っている、連続性に合体されたリズムのあの驚異を実現する。昇行の運命のなかには、幸福な呼吸作用が刻みこまれているように思われる。

　しかしこの昇ってゆく歩みと律動化された歩みの同化がどのように考えられるにせよ、頂上への渇望が想像的な真の価値をおびるのは、ただ大地を離れる昇行においてである。ロベール・ドズワィユは覚めた夢見者の心的状態に従って示すべき像《イマージュ》を一揃いもっている。山の頂上、樹木はこうした像であり、鳥もまたそれに劣らず誘導的な像である（原註64）。これらの像を適当な順序に、適当なとき、適当な場所で示すことによって、ドズワィユは飛び立つときには腰をかがめ、広がるときには長く身を伸ばす規則正しい上昇をひき起こす。患者の想像力のなかでは空の出来事が徐々に地上の生活にとりかわる。患者はそのとき空の想像的生活のありがたさを経験するのである。重苦しい煩いは忘れられ、さらにいうならそれは一種の期待の状態、一種の日常生活の≪昇華≫しうる可能性の状態にとりかえられる。

　指導する心理学者は往々、患者の力動的な想像力が或る種のイメージの四辻で故障し活動しなくなることを了解する。それは暗示されたイメージが患者によって経験されるイメージのつながりを失ってしまったからである。ドズワィユはそのとき患者に自分自身の上で転回運動をすることを求める（四〇頁）。想像的な転回運動というこの力動的な孤独のなかで、存在は空の自由をふたたび見出すチャンスをつかむ。ついで存在はおのずからその想像的昇行を続けるであろう（原註65）。

想像的飛行の練習が終るごとに——飛行の時間が終るごとに——ドズワィユは重さをもった心的現実に対する深い知識をもって、慎重な下降を暗示することを付言しておこう。すなわちそのような下降によって、夢見者は混乱も眩暈も葛藤もなく墜落も起こさずに、地上にふたたびおかれなければならないのである。この着陸は飛んでいる存在を出発時の面よりもいくらか高い面におき戻さなければならぬ。そしてトーマス・ド・クィンシィとは反対に夢見者が必ずしも完全に降りたわけではなく、日常生活においてもなお空中飛行の高さで生き続けているという印象を長くたもてるようにしなければならぬ。

それから数週間後にまた接見が行なわれる。しだいしだいに患者は或る型の夢想にひき入れられ、それが彼に大気的なるものの心的安らぎを与える。睡眠時の夢幻的飛行の保健的な特質を知るものは、ドズワィユの治療法に決して驚かないであろう。

V

われわれは叙述を単純化するために、いまやわれわれが強調したいと思う指導された飛行の夢の特質をこれまで顧みないできた。

事実、ロベール・ドズワィユの方法は、従来色づいた聴覚についていわれてきたまさにその意味においていわば色づいた昇行を重視している。夢のなかでわれわれが上る頂上には紺青《アジュール》が、また往々にして金色があらわれるように思われる。しばしば夢見るものは、おのずから、何の暗示も受けず、想像的昇行を生きながら、光の中央に近づき、そこで光を実体的な相《すがた》で知覚する。光り輝く大気、また名詞から形容詞に働きが転じられた大気の光が、物質のもつ一体《ユニテ》感を見出す。夢見るものは運ばれてゆく光のなかで沐浴している印象をもつ。彼は軽さと明るさの総合を実感する。彼は同時に肉体の重さと闇から解放されるという意識をもつ。人は或る種の夢において、紺青の空への上昇と金色の空への上昇を分類しうる可能性を見出すであろう。さらに正確にいうなら、夢が色づいてゆく推移に従って、金と青の昇行と青と金の昇行を区別しなければならないであろう。いずれにせよこの色彩は容量的なものであり、幸福が全存在に浸透する。

形体や色彩から出発する想像力はこういう容量的幸福感を与えることができないことを注意しなければならない。人は、物質的想像力と力動的想像力に完全に依存する体感的感覚《サンス・セネステジック》を形体と色彩に結びつけることによって、初めて、こういう幸福感に達することができる。

もちろん指導された夢見者の眼がひとりでに開かぬ場合には、誘導者は紺碧の光や金色の光、暁や高所の光を提供することができる。光はそのとき鳥とか丘と同じ資格で誘導的なイメージのひとつとなる。

われわれはいよいよあの想像的な光の源泉の問題を明かさなければならない。それはわれわれ自身の内からうまれ、われわれの存在が悲惨から離れるとき、われわれの存在に思いを潜めることによってうまれてくるものである。照らしだされる精神に代って照らしだすたましいがうまれてくる。霊的な現実をあらわにするために隠喩が寄り集まる。イメージの世界を完全に生きるとき、人は初めて次のようなヤコブ・ベーメ(訳註57)の文を理解することができる(『神的本質の三原理または起源なき永遠なる発生について』某哲学者訳、一八〇二年版、一巻四三頁)。≪しかしいまや考えてみるがよい。高貴な生が高められ、収斂的で、苦渋にみちた、火成的なものから柔和なものになってゆくあの色合いが何によって生じるかを。きみは光以外にその原因を見出しえないであろう。しかし、その光はどこから生じて真暗な物体のなかであのように輝くのであろうか。それは太陽の光輝からだというのか。しかしそれなら何が夜のなかで輝き、眼を閉じても見え、おのがなしつつあることを知りうるようにきみの思想と理知をきみにもたらすのであろうか。≫この光の本体《コール》は外なる物体《コール》から来るのではない。それは夢見るわれわれの想像力の中心そのものにうまれるのである。それゆえそれは生誕しつつある光であり、青と薔薇色と金色が結合した暁の光である。それはいささかも華々しいものではない。いささかも強烈なものではない。それは丸くかつ半透明な或るもの——見事な総合——であり、太陽が照らしだすであろう稀薄な雪花石膏的な或るものである。夢見る存在のなかで、人は恐らくベーメ的観念の根源的意味を見出すであろう。すなわち光が実際にそこに起源を発するのを感じるであろう。少なくとも人はそこにベーメ的理想主義の起源を見出すであろう。ベーメを読むためには客観的な語を理解する以前に、隠喩の主観的起源につねに身をおかねばならぬ(I巻七〇頁)。≪そしてわれわれが反省し四大元素の起源に思いを寄せるなら、われわれはわれわれの内部にその起源を見出し、それを明確に見、感じるのである……なぜなら、空気、火、水、土の起源について語りうることは光をもたぬ人間にはまことに驚くべきことに思われようが、この光はこの世界の深奥におけると同様、人間のなかにおいてもはっきり認められるからである……。≫——光という語のように普遍的な言葉、また抽象的な概念は想像力の熱情的な同意をえて初めて内密な具体的意味、主観的な起源を身につけうるのである。

この包括的な光は対象を徐々に包み、溶解させる。それは輪郭にその正確な線を失わせ、その光耀のために絵画的《ピトレスク》なものを失わせる。それは詩人たちがいうあの一切の≪心理的な小道具≫を競いあって夢から追い払う（原註66）。このようにしてそれは観照するものに静かな一体感を与える。ロベール・ドズワィユの著作の特徴をなすと思われるあの明澄性の物理学が形成されるのは、この光のなかにおいてであり、あの高みにおいてであり、また大気的存在たるの意識をもってである（原註67）。たましいの上昇はその明澄さと一体となって進む。光と上昇のなかで力動的な一体感が形づくられる。人は逆の力動的なイメージに思いを潜めることによってその詩的一体感を対照的に感じることができるであろう。すなわち≪深淵とは思い乱れた暗闇なのである≫（エレミール・ブールジュ『舟《ネフ》』二七六頁）。

VI

ドズワィユはその書の最後の数章において、きわめて慎重な顧慮を払いながら、遠感現象《テレパシー》及び思念《パンセ》の読み取り現象の検討にとりかかった。もしも二つの心象《プシシスム》が一つの想像的昇行をともに経験しうるなら、これらの心象は恐らくイメージや観念の送信に感応しやすいであろう。大気的想像力の生命の中心に身をおくことによって、昇行の垂直運動があたえるイメージの線的親縁を受け入れることによって、交感《コミュニオン》の根拠が倍加されるように思われる。すなわち思念の読み取りは平静な状態で行なわれ、またそれは昇華の生成途上の恍惚状態のうちに行なわれる。この思念の送信は、とドズワィユはいう（一八九頁）、《はりつめた意志の結果ではなく、（多くの場合）視覚的イメージの形をとった内的表象の結果であるが、ただしこのイメージは非常にはっきりと形づけられねばならず、また送信するものは、できれば或る種の感情的状態を生きながらも、いささかも他に心を逸《はや》らすことなく、このイメージに注意を集中しなければならない。》もし想像力が真に人間的思想の形成力であるとするなら、思想《パンセ》の送信がすでに一致している二つの想像力の間においてのみ行なわれうることを、容易に納得しうるであろう。昇行的想像力はもっとも簡単な、もっとも規則的な、またもっとも持続的な一致の一つをつくりだす。したがってこの想像力が《思念《パンセ》の送信》を助けるものであることが理解される。この思念の送信を証明するために、ドズワィユは近接方法をとったが、それはこういう現象を前にしてわれわれが感じる不信感を思うとき、もっとも適切なものである。すなわち彼は異なった二人の精神の持主によって同じ思念がたまたま邂逅する確率を研究した。ところで彼が行なった数多くの実験から、彼は二つの精神が想像的昇行の訓練によって思念を送信する心構えを進んでもつときには、この確率が非常に増大するという結論を引きだす（とくに一九二頁、一九三頁及び以下の比較表を参照）。いいあてられる思念は上昇のイメージとは何の関係もないのであるから――それはただトランプのカードを八枚の中から一枚ぬきだすことであってもよい――ロベール・ドズワィユは想像的運動の誘導が真に現実性を備えたものだと考えざるをえない。

ロベール・ドズワィユに先立って、E・カスランは遠感と透視力の実験を支持すべき同様の方法を提唱した。M・E・カスランの書の多くの箇所には『超正常的機能の展開方法』第三版、一九三七年)、想像力の役割にかんする非常に深遠な知識が見出されるであろう。すなわち想像力の役割とはイメージを一体として保ち、またイメージの力が少しでも鈍ってくるときには僅かな対照によってイメージを覚醒させるための真の術である(一三二頁参照)。イメージと同じ高さをもつよく洗練された意識であれば、公共生活に妨げられて、われわれが無視している印象や経験に感応しやすいということは容易に予想しうることである。

しかしわれわれはみずから実験をしたわけではないのであるから、かかる分野に対するドズワィユとカスランの説に対しては、以上の短い説明だけにとどめておきたいと思う。これらの実験は夢と詩の調査にとどまるわれわれの主題を越えるものである。

われわれがドズワィユの方法にくみしていささかこれを拡張したいと思うのも、この最後にのべた意味においてである。昇行の夢は大気的な詩を一層われわれに感じ易くしてくれるように思われる。私自身は、膨張的な詩、夢想的に過ぎ、やや茫漠としたとらえどころのない詩によせられる軽蔑を前にするといつでもに非常に不審な思いがする。われわれは詩的神秘性からさらに多くの利益を受けうるであろうし、さし当たってさまざまな種類の神秘性を考えうると思う。そうした意味で、ポミエ氏はきわめて緻密な思想にみちたその著作のなかで、ボードレールの神秘とプルーストの神秘を明確に示すことができた。プルーストの心理のように社交的で世俗的な心理にかんして、ポミエ氏が見出したのは一種の霊的緊張をもつ諸要素であった。この緊張はいわば緊張の神秘について語りうるほど特殊なものである。

しかし人はまたくつろぎの神秘を示す詩的なたましいの或る状態を想定することが可能であろう。或る種の想像的上昇によって達せられるエーテル的状態の特徴を示すために、われわれはあえてくつろぎの緊張という語を用いよう。それはたえず警戒を怠らずに、われわれを大気的な至福状態から遠ざける一切のものから身を守ることによって、達せられるくつろぎなのである。

VII

この大気的状態、この大気的くつろぎ、この大気的な力動性の偉大さを、いま、一人の大詩人がわれわれに示し、それによってひときわ高い現実を示すであろう。読者はO・V・ド・ミロスの『ストルジュへの書簡詩』の最後の五頁を読み返していただきたいと思う。《一九一四年十二月十四日、完全な覚醒状態のただ中で、わが祈りを唱え、わが日々の聖書の唱句について黙想し終えたとき、私は突如すこしの不審も覚えず、およそ思いがけぬ変化がわが全身に生じるのを感じた。私は最初、空を渡って自由に上昇しうる、その日まで知られなかった力が自分に与えられているのを認めた。ついでその直後に自分が青ばんだ、いうにいえないほどに稀薄な、優しい霧に包まれた山の頂上の近くにいるのを感じた。自分自身の運動で上る苦労はこの瞬間からなくなった。というのも山がその根を大地から抜き、想像もできないほどの高所、雲のかかった、無音の、巨大な稲妻の線が入った地域にむかって私を運んでいったからである》(『アルス・マグナ』二八頁)。そのように、この力動的な想像力は上昇の宇宙となって現われるほど強力であり、一つの世界が上昇しながら形づくられる。ミロスは想像力の世界における相対性の物理学に深く思いを潜めた。彼は一般相対性原理についていわれているような意味で、いわば一般想像力原理を例示している。彼にとっては、想像するものが変貌するとき初めてイメージが存在する。体験されたイメージの水準にあっては、主体と客体の相対性は全体的なものである。それを区別することは想像力の一体性を無視することであり、体験された詩の特権を見すてることである。上昇の感情が絶頂に達するとき、宇宙は山頂のもつ静安をかち得るであろう(二九頁)。≪そのとき完全な不動性、絶対の不動性が太陽と雲を打ちのめし、私は至高の成就、決定的な静謐《せいひつ》、あらゆる精神機能の完全な停止、最後のリズムの超人間的な実現という言葉では表明しがたい感動を受けた。≫

　この同じ想像的な相対性が太陽の王冠と夢見者の光の輪を分かちがたく結合する。黒雲に乗って光り輝くこの安息の世界に登りながら、ミロスは額がその光を克服し、≪肯定の絶対の場≫に達する印象を覚えた(三七頁)。≪頭蓋の頂上の上方、やや後方にむかって、そのとき淀んだ水か古い鏡に反射される焔のような微光があらわれた≫(二九頁)。このうまれつづける微光はやがて空の暁の光にまじってゆくであろう。この光のなかには夢見者と宇宙の間にある完全な相対性が存するであろう。≪きけ、わが子よ、私は次の言葉を飽かずにもう一度いいたい。すなわち全宇宙がすばらしい後光で遍満者の頭上を照らしながら、お前のなかに駈けこんでくるのだ。≫

Ⅷ

われわれは最後にドズヮィユの研究において誘発された昇華の占める役割を強調しておきたいと思う。ドズヮィユは意識的な昇華を誘導した後で精神分析を行なう。昇華を、否認された本能や欺かれた情熱を隠蔽し償う錯覚だとみなすどころか、彼はこの昇華が新しい生活に対する正常な幸福な望ましい抜道であることを示す。彼が分析せんとするのは、誘発された昇華によってすでに啓蒙されたたましいであり、この二次的な分析は昇華の意識を強化することを任務としている。彼はいう（一七七頁）、≪可能な場合には、深い分析を始める前に患者のイメージがすでに充分昇華されるのを待つのが確かに有利であると、常にわれわれには思われた。≫真に心を解放する昇華の幸福な途上においてわれわれを引きとめる綱をたちきることを期待できるのは、単に昇華が無意識のうちにあるそのともづなをいささか引くときばかりに限られないのではなかろうか（一七九頁）。≪その後で、すなわち患者から充分昇華されたイメージを得たあとで、われわれは初めて患者の感情的状態を変えることなく、最初は除外してあった夢やイメージを患者に喚起させるであろう。もっとも、そのさいわれわれはそのときの感情状態にこの除外してあったイメージを重畳させ、というよりはむしろ統合するように要求するのである。≫ドズヮィユの方法はそれゆえ結局昇華を普通の心的生活に統合させることに帰着する。この統合は大気的想像力のイメージによって容易にされる。シェリー的な照応《コレスポンダンス》がこのとき深い心理的意味をおびる。たましいがそこで形成されるのである。

先にあった平静にかわって自己を意識した平静、高所の平静、低所の騒擾を《上から》見下ろす平静がとり替る。われわれのうちにわれわれの徳性の自負が、昇華の自負が、歴史の自負がうまれるであろう（一七九頁参照）。患者に自発的に自由にその思い出を喚び起こすよう要求してよいのはこのときである。目ざめた夢見者はいわばその生の頂きにいるのであるから、これらの思い出はいまや従来よりはるかにうまく脈絡をつけられ、その因果を明かすであろう。過ぎ去った生はこのとき新しい見地から、いうなれば存在は批判されうるという絶対的なニュアンスをもって批判の対象になりうるのである。しばしば患者は自分がたったいま新しい知識を、心理的透視力をえたことを了解する（「ピエール・ジャネーの『心理学的獲得物』についての付記」一八七頁参照）。

しかし心理学者たちは、想像することが肝心なことであるのに、理解したいと願うであろう。人々は彼らに想像力の力や、成就され、望まれ、あらゆる《照応関係》によって加大される昇華作用のすべての力を実験によって確めることを要求する。人々は想像する者としてそれを生きるかわりに、理屈ばった生活のなかで、昇華を抑圧しているのではなかろうか。人々はごく自然に光り輝いている像《イマージュ》をばかにする。或るイメージをぴかぴかさせるとは或る種の人々の好みに応じてイメージに安ピカものを与えることだ。だからドズヴィユが目ざめた夢見者に土器のイメージのかわりに、水晶とか雪花石膏の瓶のイメージを用いることを示唆すると、人々は——少しも実験を行なわずに——この昇華作用の直接的効果を信じることを拒むであろう。

しかしながらこれらの改良されたイメージは、詩のなかでわれわれが度々それに出あう点からみても、積極的な精神的活動に立派に応じるものなのである。もしもシェリーのような心象に水晶や雪花石膏を禁じたら、何という切断、何という生長の停止を耐え忍ばせることになるだろうか。無為無力なたましいに、詩人のたましいのなかでかくも躍如としているイメージを導入することは、抑圧された昇華を生命のなかに回復することではあるまいか。みずからを知らずみずからを探し求めている詩的勢力《フォルス》に生命を与えることではあるまいか。

もしも、余りにも散りじりになっているこれらの詩的勢力を組織することができるならば、この仕事によって、謎々のような思念のうちに求められる遠感現象《テレパシー》のかわりに、イメージの予見たるべき遠感詩《テレポエジー》télé-poésieを考えることができるであろう。この遠感詩を活動させるためには、静止の哲学のなかで、まずポエジーに優越した地位を回復さすべきであろう。いいかえれば活動的で功利的な思想、論理記述的思想を静止させねばならないであろう。静止状態とは、マカーリ＝パールが正当にも心象の根源的状態であると指摘した、夢の状態であることを理解しなければならないであろう（原註68）。物質的想像力と力動的想像力による分類は、一層一体化された夢の状態を統合することを可能にするであろう。水、土、空気、火によって区分されたこれらの夢の状態から、人は偶発的イメージによって形成される共同詩よりも一層規則性をもった遠感詩《テレポエジー》を期待することができるであろう。想像力はいわばイメージの生産活動によって活気づくであろう。想像的な超自我《いい》が引力の遠近法のなかで形づくられるであろう。人はおのれを押しつける超自我のかわりに構成にむかわんとする超自我が動きだすのを感じるであろう。しかし共同詩の問題は当然受くべき関心を必ずしも喚び起こしてはいない。ガブリエル・オーディジオとカミーユ・シュヴェールの立派な論文（原註69）は論評されなかったし、この方面におけるシュルレアリストの努力は他の面におけるほど余りよくは知られていない。一方また同じ問題が詩人と読者の間に課せられるであろう。詩の読書は遠感《テレポエ》詩的《ティク》な働きでなくてはならないだろう。フーゴー・フォン・ホフマンスタールは読者を文学作品に合一させる≪積極的生産性≫について述べた（『散文集』仏訳九一頁）。≪他の日々とはことなる或る日、いつもの風や太陽とは似ていない風と太陽のもとで、積極的生産性が不思議にも目ざめるとき、作中の人物が俳優にその人物を演じさせる。俳優は意志による行為を行なわず、次のような命令に従う。「今日はお前が私を読むだろう。そして私はお前のなかで生きるだろう。」≫ この命令はすでに生産的であるイメージのなかで感じられるものである。この幸福なイメージを、読者はイメージに生命を与えた能動的想像力の方向で演じなければならず、またそのイメージを生きねばならないのである。かかるイメージは誘導する生命の、また誘導される生命の図式である。想像力の天稟《てんぴん》をもった著作家は、このとき読者にとって積極的な超自我となる。美的想像力がうむ超自我は、詩を生きることによって超自我をおのがものにするなら、功利的で伝統的な教育によって余りにも取り除かれてしまったわれわれの方向決定の力となる。だがいかんせん、詩的超自我は文芸批評家によって巧みに籠絡されてしまっている。超自我はそのためにまるで圧制者であるかのように思われている。文芸批評家はほとんど何の留保もなく≪レアリスム≫と同盟を結んでしまった。そして彼らがあらゆる理念化の試みを前にして不安におののいているのは驚くべきことではないだろうか。批評家——ジャン・ポーランがいみじくも示したとおり——「タルブの恐怖政治」（訳註58）——は昇華から恩恵を受けるどころか、それに足枷をはめてしまう。理想の抑圧——抑圧の現実に他ならぬ現実に支えられていると信じ、――抑圧の体系に他ならぬ理性に支えられていると信じる抑圧の彼方に、それゆえ積極的な詩的超自我を、その詩的運命に大気的運命にたましいを招きよせる超自我を、真の詩人たちの超自我を、リルケのごとき、ポーのごとき、ボードレールのごとき、シェリーのごとき、またニーチェのごとき人々の超自我をふたたび発見しなければならぬ。

第五章　ニーチェと昇行の心象

≪……マルシューよ。われわれがいるところは天の中央なのだ≫

（O・V・ド・ミロス『美の王の詩篇』）

I

想像力を研究することによって、ニーチェのような思想家に近づくことは、その教義の深い意味を一見無視することだと思われる。実際ニーチェが行なった道徳的諸価値の転換は存在の全体にかかわることなのである。それは生のエネルギーの変換にきわめて正確に応じるものだ。想像的なもののもつ力動性にかんする考察を主として、こういう転換を研究することは、木響《こだま》を声と取り違え、貨幣に刻まれた像を貨幣と取り違えることだ。とはいえ、表現手段に想を凝らしたニーチェの詩的世界を深く検討してみると、この哲学者のスタイルに独自の生気をあたえているイメージが固有の運命をもっていることがわれわれにはしだいに確認せられてきた。われわれはさらに或る種のイメージが何の訂正もうけず、電撃的な速さで一直線に発展してゆくのを認めた。われわれは、力動的な想像力がきわめて始源的な力をもつという自説に過度に信頼をよせすぎるのかもしれないが、思想を誘導するものこそ、かかるイメージの迅速さであるという例を眼に見る思いがしたのである。

そんなわけで、『詩集』とあの抒情的な作品、『ツァラツストラはかく語りき』の検討にまずもっぱら範囲をしぼりながらも、ニーチェにおいては詩人が或る意味で思想家を説明し、またニーチェは垂直的な詩人、山頂の詩人、昇行的詩人の典型そのものであることを証明することができると思う。もっと正確にいうなら——というのも天才とはただ一人の個人によって形成される階級であるから——われわれはニーチェが独得のタイプの、力動的想像力のもっとも純粋なものの一人であることを明かそうと思う。特にシェリーと比べることによって、山頂への遁走がそれぞれ非常に違った運命を提示することがわかるであろう。シェリーとニーチェのような二人の詩人はともに大気的力動性にたいして忠実でありつづけながらも——やがてわれわれが示すように——二つの相反したタイプを示しているのである。

われわれはまず大気的特徴がニーチェの想像力の属性であることを証明しよう。そしてそのためには、ニーチェの詩《ポエジー》のなかにある大気的イメージの特異な生命と力を説明する本論の論証にかかる前に、ニーチェの詩想における地と水と火の副次的な性格を示そう。

II

ニーチェは大地の詩人ではない。腐蝕土、粘土、開豁《かいかつ》なまた掘り返された田畑は彼にイメージを与えない。《地上的な人々》がその内部の豊かさによって愛する金属、鉱物、宝石は彼に親密な夢想を与えない。彼の書のなかには石と岩がしばしば現われるが、それはただ持続の象徴としてである。それらのものは「貴金属論者《ラピデール》」がその性質だとみなしている、万象のなかでもっとも緩慢な生命――緩慢さによって特異である生命――を何ら保持していない。彼にとって、岩は大地の排泄口から出てきた恐るべきゴムとして生きてはいない。

柔らかな土地は彼にとっては嫌悪の対象である（『ツァラツストラはかく語りき』アルベール仏訳、一八八頁、「大いなる出来事」）。《海綿のようにふにゃふにゃした、押しつけられた、狭隘なもの》をどれほど彼は軽蔑していることか。人々はこの例からみて、われわれは心理的現実において観念にあたるものを事物と取り違えていると反論するであろう。人々はまた意図から切り離された隠喩《メタフォール》の研究が無効性を直ちに証明するよい機会だと思うであろう。しかしながら「海綿のようにふにゃふにゃした」という形容詞は想像力の深さを示すイメージであって、それだけで物質的想像力を診断するに充分である。それはもっとも確実な試金石である。すなわち大地の熱愛者、僅かな水性《アクワテイスム》によっても心を動かされる大地的人間のみが、「海綿のようにふにゃふにゃした」という隠喩のおのずから侮蔑的な性格を等閑視することができるのである。

さらにニーチェは≪物質の≫詩人ではない。彼は行動の詩人であり、また彼は物質的想像力の例証ではなく、むしろ力動的想像力の例証であるとわれわれは解釈するのだ。大地はそれゆえその量塊と深さによって彼に行動の問題を提供するだろう。そんなわけで人々はニーチェの著作には地下生活にかんする多数の記述を発見するだろう。だがこの地下生活は地下の行動である。それはノヴァーリスの想像力にみられるような夢幻的探険でなく、驚異の旅でもない。それは行動的な、もっぱら行動的な生活であり、長い勇気、長い準備の生活、攻撃的で執拗で警戒的な忍耐の象徴である。地下における仕事においてさえ、ニーチェは自分がどこへ行くかを知っている。彼は新参として入会するものの受動性には従わないであろう。彼は大地に対し直接働きかける。多くの夢の中で不安に駆られた夢見者は迷宮のなかを経《へ》めぐるものだ。スティリンク(訳註59)の『郷愁』のなかには迷宮の試練にかんする無数の例がみられるであろう。この試練は基本的な四つの試練のどれかに当たるであろう。それはわれわれが既述の研究においてすでにまとめたさまざまな物質的想像力の四つの価値に付け加えたいと思う四つの入会《イニシアシオン》(火による、水による、土による、風による)の法則のよき例である(原註70)。しかしニーチェにとっては、入会式などは存在しない。彼は常にそもそも、自ら先導するもの、絶対的先導者であり、だれもが入会を許さなかった人である。地下にある彼の迷宮は真直ぐなものであり、それは独自の道を切りひらき進んでゆく秘かな力である。曲りくねったものは一切なく、盲目的なものは一切ない。もぐらは二重の意味でニーチェによって軽蔑される動物である。地下にあってさえ、地下の作業においてさえ、ニーチェはすでに≪その幸福の法式≫を知っている。≪すなわちそれは一つの諾《ウィ》であり、否《ノン》であり、直線であり、目標である……≫(原註71)。

ニーチェは水の詩人ではない。恐らく水のイメージがないわけではなかろうが、それはどんな詩人も液体の隠喩を全くなしですませることはできないからだ。しかしニーチェの場合、これらの隠喩はその場限りのものであって物質的な夢想を決定するものではない。同様に力動的な意味においても、水はあまりにも容易に盲従しすぎる。それはニーチェ的闘争者にとって真の障害、真の敵対者になりえない。ニーチェのような宇宙的詩人においてはほとんどみかけられないクセルクセスのコンプレックス（訳註60）はたちまちのうちに制圧される。

＊
＊＊

気まぐれな波よ
お前たちは私に腹を立てているのか。
憤りに胸がつまってとび散るのか。
わが櫂によってお前たちの狂気の頭を、私は叩きのめしてやる。（原註72）

低劣な情念に対する、無秩序な動揺に対する、むなしい泡に対する≪この櫂の一打ち≫、それはまことに素気なく悠揚たるものである。からかい好きな、いうことをきかぬ手には定規で一打ちこづいてやるだけで、生徒は正しい道を歩むようになる。同様におのが運命を確信し、自己および世界のあるじたるものは、からかい好きな騒々しい波にすぐさまこういう。

お前たちはこの舟を
不死の国へつれてゆくだろう。

つまりそれは天へという意味だが、しかしここには水から空へと知らぬまに移行するあの揺りあやされた夢見者のだらけた屈曲がない。彼にあっては秩序と運動が、弓を引くように、飛びだすのである。稀にではあるが、くつろいだ日々には宇宙的な母性のイメージが現われるであろう。これらのイメージはやがてわれわれが特徴づける力動的なイメージの媒体になるであろう。そのとき水は宇宙にとって和らぎの契機となり、恵み深い乳となるだろう。ニーチェは《天の牝牛》をさし招き、養いの乳をしぼりとり、地にふたたび活力を与えるであろう。かくて詩集の最後の詩に、優しさと闇と水に対する欲求が現われる。（『この人を見よ』付録『詩集』仏訳、二八七頁）。

十年が流れた――
一滴の水も私には届かなかった
どんな湿った風も、どんな愛の露も
――雨のない大地は……

…………………………………………

――雨のない大地は。
わが山々から遠ざかることによって――

…………………………………………

今日、私はそれらのものを引き寄せる、それらのものがきてくれるように。
お前の乳房で私のまわりに闇をつくっておくれ、
――天の高みの牝牛よ、
私はお前の乳をしぼりたいのだ。
乳のように熱い叡智よ、愛のやさしい露よ、
私はお前をこの国の上になみなみとそそごう。

このくつろぎ、この女性的報償は――十年の冷たい純粋な孤独の後で――悲劇的緊張を和らげる役目を果たしている。ニーチェ的宇宙《コスモス》が天界の宇宙であることをわれわれがもっとよく知ったなら、またこの和らぎの水の住居が天上であることが理解されるであろう。ニーチェにあっては、海の神ポセイドンは最初の神話にみられるごとく天上的なものなのである。ニーチェの世界においては《泉》は滅多に現われない。

水の実質がこのくつろぎの力を溢れこえることは決してない。わけてもそれが死への、また崩壊への誘いになることは決してない。何という鮮烈さでニーチェは「憂欝の宇宙」を拒んだことか。雲と雨にかき

まぜられた宇宙を。《――過ぎゆく雲の、憂鬱なる湿気の、垂れこめたる空の、盗まれし太陽の、吼える秋の風、悪しき戯れ》を。

われらの咆哮と危急の叫びの悪しき戯れ……が(原註73)

喚び起こされ、瘢痕を押された気むずかしい憂鬱をどうしてこれらの行に認めずにおれるだろうか。その卑しい、湿った、裏返った唇は、受動的に、戦いもせずに、ぐんにゃりとした世界のすべてを軽蔑している。ニーチェはみずからヨーロッパの憂鬱に抗してこう書いた(「砂漠の娘たちに伍して」)。

けだし彼女らのもとにはまた東洋《オリエント》の良き、明るき大気があったのだ。私が雲多き、湿れる、憂鬱なる、古いヨーロッパからもっとも遠くにあったのもかしこにおいてである。

人はニーチェの多くの個所で淀んだ水にたいする軽蔑をとりあげることができるであろう。たとえばツァラツストラのなかでニーチェは沼沢なる男にたいして、かく告げる(第三部、「通過」)、《汝自身の血管に、腐敗し泡立てる沼の血を流しこむな。》

人々はおそらく、なぜこれらの観念がこのような具体的な形象化を必要とし、なぜそれがかかる形象をとりあげたかを考えてもみず、そこにありきたりな表現のみをみるかもしれない。いいかえれば、人々はイメージの不思議な統一に潜む物質的想像力をみずから体得しようとしないのである。そうなると形容詞のひびきあいを思い誤ってしまう。そのわけを示そう。古いヨーロッパには、明るい、からっとした、悦ばしい国々がある。反対に東方の砂漠の上方には雲がかかっているが、反ヨーロッパ的な知恵、東洋的な知恵について、一層正確には新しい東洋の知恵について瞑想する思想家は物質的想像力に対する激しい偏愛をもって、明るい、愛の空気のなかに生きている雲は、普通の雲のように曇っていないことを知っている。同様にニーチェ的頂上に落ちかかる水は水中の水ではない。天の牝牛からしぼられた乳はいわゆる乳でも乳らしいものでもなく、天の牝牛はディオニュソス的なものである。ちょうどわれわれはここで、われわれの一般的命題を理解してもらうのに好適な例がえられる。われわれが一般的に証明したいと思うことは、言語の隠喩的生命を知るためには形容詞の中身を正確に考量しなければならないということである。また外観に結びついた形容詞の想像作用が自動的に実名詞の想像作用をもたらすと信じぬようにしなければならない。湿気があるという印象から想像的な水へ移るためには、物質的な想像力の同意が必要である。ところがニーチェの想像力が水の形容詞に実体的な同意を与えないという証拠をいくつもあげることができる。彼の想像力には滋養になる乳がしみこまない。それは脆弱な乳でたましいが作られたものどもを余りにも軽蔑する（『この人を見よ』九七項、二三九頁）。

物質的想像力の見地からいっても力動的想像力の見地からいっても、水の想像力にあたえられたあらゆる特権を無視することが可能である。それを知るためには、ワーグナーの音楽に対してニーチェが行なった異議について思いを潜めれば充分である（『ニーチェ対ワーグナー』アルベール訳、七四頁）。ニーチェはワーグナーの音楽が≪音楽の生理的条件をくつがえす≫といって非難する。行進したり踊ったり――それがニーチェ的身振りであるが――するかわりに≪人はワーグナーの旋律とともに≫……いつしか泳いだり滑翔したりしたくなる。……≪人は海に入り、徐々に足がつかなくなり、ついに自然《エレマン》のいいなりになってしまう。つまり泳がざるをえないのだ。古代音楽の軽やかで荘厳で熱烈なカダンスにあっては全く別のことをなさねばならなかった――すなわち踊らねばならなかった。≫昇行的人間である行進者はなおもいう。≪私の足は音楽に何よりも、よき歩み、歩調、跳躍、旋回がもたらす恍惚を要求する。≫水がもたらす幸福、液体の想像力の神秘のなかにはそういうものは全くない。ニーチェの物質的想像力は空と寒さの形容詞に実体を与えるために、取りおかれるのである。

特にこの点においても、ついでながらわれわれが法式化したいと思う、争点の多いひとつの結論に達する。すなわち、物質的想像力と力動的想像力にあまりにも重要性を認めすぎるといってわれわれに反対する人々に、われわれは立証の義務*onus probandi*を果たそう。そしてそういう人々に、なぜ哲学者が二つの音楽を比較しなければならないときに、水泳と歩行の比較――すなわち無限の海への自己放棄を踊り手の旋回と比較せざるをえなくなるのか、そのわけをたずねよう。われわれにとっては説明に窮する点は全くない。すなわちすべてを支配するものは流れるものと迸りでるものの弁証法であり、それは無限定の水と肌にしむいたずらっぽい風の吐息の弁証法なのである。ニーチェにとっては、大気の生命、朝の明るい大気で作られた特別の大気的生命を与える音楽は、潮や波や無限の海の隠喩を受け入れる音楽よりもはるかに高次のものなのである。

ニーチェが火の詩人でないということを立証することは、はるかに微妙さを要することである。というのも、天才的な詩人はあらゆる元素の隠喩を呼び求めるうえに、さらに火の隠喩は言語の自然な精華であるからだ。言葉《パロール》のもつ優しさと激しさはそれをいい表わす火を見出す。あらゆる熱情的な雄弁は燃えついた雄弁である。他の諸元素の隠喩が活気をもち明確であるためには、常に幾分かの火が必要だ。多くの色彩をもった詩とは大地の諸金属によって色づいた焔である。それゆえニーチェの火にかんして多くの資料を蒐集することは容易であろう。しかしいくらか仔細にそれを見るなら、その火が必ずしもほんとうには実体的なものではなく、それがニーチェの物質的想像力に浸透し、それを調子づける実体ではないことがわかるであろう。

* * *

実際ニーチェのイメージにあっては、火は実体であるよりはむしろ勢《フォルス》いなのだ。それはわれわれがその特殊性をはっきり示そうと懸命に努めている、非常に独得な力動的想像力のなかでその役割を果たすものなのだ。

ニーチェの火が本質的に力動的な性格をもつという証拠のなかでももっとも確かなものは、それがしばしば瞬間的なものだということである。つまりニーチェの火は稲妻の線なのである。だからそれは「怒り」の、神的にして悦ばしい怒りの投射である。怒り、それは純粋な行為である。怨恨は蓄積される物質《マチエール》である。怒りは延期される行為だ。ニーチェ的人間には怨恨は無縁のものだ。反対に、もし行為が鋭い切口をもたねば、すなわちちょっとした怒り、ほんの僅かな怒りによっても活気をおびなければ、行為はどのようにして決定的なものになりうるだろうか。エネルギーが或る恐るべき仕事を前にしているとき、ニーチェ的怒りは突如現われるので、ニーチェ的な人間は人を脅やかしたりはしない。自らのうちから稲妻が飛びだす存在はその思想を悠然と隠すことができるのである（『詩集』二〇七頁）。

いつの日か稲妻に点火するであろうものは
長く雲に似ていなければならない。

雷電と光は生きた甲冑、白い甲冑である（二二七頁、一七項）。

わが知恵は稲妻のように迸った。
その金剛石の剣《つるぎ》で、それはあらゆる闇を渡った。

明るい心を沐浴させ、やさしい実体を心に浸透させるシェリーの光とちがって、ニーチェの光は矢であり、剣である。それは冷たい傷を与える。

火が物質として単に享受されるときには、したがってそれは超人が侮蔑する貧者の善となる。《消えされ、鬼火よ≫内なる熱によって心を動かされたたましいに≪決して女性的でない鳩のごとく優しい、偉大な、永遠のアマゾーン〔乗馬の女〕≫がかくいう。

ニーチェにあっては、いわば食物にかかわる直観すらもが、実体よりはむしろエネルギーを与える方向に向かう(二四〇頁、九九項)。

何と貧寒なことか、これら学者たちは。
雷が彼らの糧《かて》のなかに落ちんことを
彼らの口が火を食べる術を覚えんことを。

この食料としての雷はニーチェにとって神経を興奮させる食料である。それは緩やかな幸福な消化作用によって可愛がられる火に通じるものではない。想像的な消化作用と呼吸という二大対立のなかでニーチェの詩の価値査定作用を求めなければならないのは、幸福で生々とした気息の詩《ポエジー》の面である。「氷」と題した四行詩が「悦ばしき知」のプロローグである「冗談と術策と復讐」の章に現われる。

そうだ、私はたびたび氷を作る。
氷は消化によいものだ！
もしもきみが大いに消化しなければならないなら、

ああ、どれほどきみはわが氷を愛することだろう。

そこで火の神々にあたえた次のような嘲罵が理解できる（『ツァラツストラはかく語りき』「橄欖の山にて」二四九頁）。≪柔弱なる輩のなせるがごとく、われは腹太き火の神に祈ることをせぬ。≫

偶像に祈念するよりは、まだしも寒さに歯をがたつかせるのがよい——これこそわが性《さが》だ。そして特にわれは、強烈な、濛々たる、鈍重な一切の火の偶像に悪感をいだく。

しかしニーチェの火がもつ力動的であるとともに一時的な性格は、次のような奇妙な逆説を理解すれば、一層はっきりしてくるであろう。すなわちニーチェの火は冷たさを欲するのだ。それはさらに大いなる価値に変換さるべき想像的な価値である。想像的なものもまた、いやとりわけ、それは価値の変換によって生気をおびる。「火の表象」（『詩集』二七二頁）のなかには、その点をはっきりさせる次のような詩句がみられる。

白っぽいうねりをもったこの焔は
——遥かな冷たさに向かって、欲望の舌をあげる
それはつねにいよいよ純粋な高みの方へとその咽喉をむける。

焦燥にたえかねて立ち上がった蛇にも似て……

火は冷血動物である。火は蛇の赤い舌ではない。蛇の鋼《はがね》の頭である。寒気と高さ、それこそ彼の祖国だ。ニーチェにあっては蜂蜜までが、多くの夢想家にとって深い火、芳ばしい暖かい実体である蜂蜜までが、氷のように冷たい(『詩集』二四八頁)。≪われに蜂蜜を、金の蜜房からとられた蜂蜜をもち来れ。≫同様にツァラツストラは≪金の蜜房の蜂蜜を、黄色くて、白く、美味なる、氷のごとく新鮮な蜂蜜≫を要求する(「蜜の供物」三四二頁)。また(「志願せる乞食」にあっては)、≪なんじはわがもとにて、新しき蜂蜜を、氷のごとく新鮮で、金色の蜜房のものなる蜂蜜を見出すであろう。それを食え。≫物質的な想像力にとっては、金色の蜂蜜、金色の穂、金色のパンは太陽のかけらであり、幾分か火の物質である。ニーチェにあっては、蜂蜜は冷たい火、夢の総合を知らざる論理家たちをもっぱら不思議がらせる感覚的な統合物である。

寒い太陽、輝やける寒い太陽のイメージのなかに暑さと寒さの同じ総合を見出すことができる。すばらしく美しい「夜の歌」(『ツァラツストラ』)のなかに次のような詩節がある。≪もろもろの太陽はおのが道に沿って翔りゆく。それが彼らの進路なのだ。彼らはおのが仮借なき意志に従う。それが彼らの寒さなのだ。≫悠揚たる自負の、何ものもその途から逸らしえざる矜恃の、比喩化された表現をのみ、そこにみる人は、人が惜しみなく与えるものを受けいれようとしない奇妙なこの意志を見誤る。太陽は冷やかに、その熱を与える。力動的な想像力にとっては、人が与えてくれるものより、その与え方、その施与のエネルギーの方がより大切なのである。
その対立物に対してかくも烈しく緊張する火は、実質の豊かさよりも力動的性格をより多くもっている。ニーチェにあっては、火が存在するや否や、行動の緊張があらわれるのだ。火はここではノヴァーリスにみられるような比熱の安らかさではない。火は上がる矢に他ならぬ。火は高所の純粋で冷やかな大気を結合せんとする意志である。それは大気と寒気の想像力の価値のために想像的価値の変換を行なう要因である。われわれは寒気がニーチェ的大気の主要な特質であることをいずれ示すであろうが、そのときわれわれは、想像的諸元素のこの弁証法が一層よくわかるであろう。さてそれでは、われわれの論証の積極的部分に移り、大気がニーチェの物質的想像力の真の実体であることを証明しよう。

III

ニーチェは自分自身を大気的人間であるときめつけている（『詩集』二三二頁）。

雷雲――そんなものはどうでもよい、
われわれ自由なる精神、大気の精神、悦ばしい精神にとっては。

実際ニーチェにとっては、大気はわれわれの自由の実体そのもの、超人間的悦びの実体なのである。ニーチェ的悦びが超克された人間的悦びであるごとく、大気は一種の超克された物質である。地の悦びは豊かさと重さであり——水の悦びは柔らかさと安息であり——火の悦びは愛と欲求であり——空の悦びは自由である。

ところでニーチェ的な大気は奇妙な実体である。すなわちそれは実体的性質をもたない実体である。かかる大気は全的な生成の哲学にふさわしいものとして存在を特徴づけうるものである。想像力の世界において、大気は実質的な、内密な、消化器的な夢想からわれわれを解放する。それは物質的な執着からわれわれを解放する。だからこそそれはわれわれの自由の質料《マチエール》なのである。大気はニーチェに何ものももたらさない。それは何ものも与えない。それは虚無のすばらしい栄光である。しかし何ものも与えないということは最大の贈与ではないだろうか。手に一物ももたざる大いなる贈与者は、手をさしのべて物を乞う欲求を追い払う。《奪いとってくれた人間に感謝するのは贈与者の方ではなかろうか》、ニーチェはかく問う。われわれは後にニーチェにあって、大気の物質的想像力がいかにして大気の力動的想像力に席を譲るかをさらに仔細にみるであろう。しかしこれだけでもすでにわれわれは大気が肉食者の真の一部であることがわかる。大気は稲妻のごとく、鷲のごとく、矢のごとく傲然たる至高の眼差しのごとく、攻撃的な軒昂たる自由さで、彼が一気に横切るあの無限の実体である。彼は空中において白日のもとにおのが犠牲《いけにえ》の命を奪う。彼はおのが身を隠さない。

しかしこういう力動的な面を詳述する前にニーチェ的大気の特殊な物質的な性格を示しておこう。通例の場合、物質的な想像力にとって、大気のもっとも明瞭な実体的な性質は何だろうか。それは匂いである。

ある種の物質的想像力にとっては、大気とは何よりも匂いを運ぶ台である。空中において匂いは広大無辺である。シェリーのような人にとっては、大気は巨大なる花、全地上の花のエッセンスである。そういう人たちはしばしば、香りのよい燃臭性の香水を想うように大気の純粋さを夢想する。彼らは樹脂《やに》くさい花粉を想うように、熱くて甘い蜜を想うように、大気の暑さを夢想する。ところがニーチェは空中に冷やかさと空虚の緊張感しか夢想しない。

真のニーチェ的人間にとっては、鼻は香りなき大気の幸福な確信を与えなければならず、鼻は大いなる幸福を、また何ものにも遭遇しないという至福の意識を証言しなければならない。それはもろもろの匂いの虚無の保証人である。ニーチェがしばしば誇った臭覚は情趣あるものではない。それは少しでも不純な兆しに対しおのが身を遠ざけるために超人に与えられる。ニーチェ的人間は匂いのなかで自適することができない。ボードレールやノァーユ伯爵夫人——二人はいずれも地上的人間であり、もちろんそれはまた別の偉さがあるしるしではあるが——は匂いについて夢想し瞑想する。匂いはそのとき無限の共鳴をもつ。それは追憶を欲望に結びつけ、遠い過去を、遙かな未だ言葉をもたぬ未来に結びつける。ところが逆にニーチェは、

未来もなく、追憶もなく
鼻孔を湯呑み茶碗のようにふくらませ
もっとも純粋な大気を呼吸する……（原註74）

純粋な大気は自由な瞬間の意識であり、未来を開く瞬間の意識である。それ以上の何ものでもない。匂いは感覚に感じられる一つの繋がりであって、それは匂いの本体自身のうちに連続性をもっている。不連続な匂いというものはない。逆に純粋な大気とは若さと新しさの感じ《アンプレシオン》である（二六〇頁）。≪その鼻孔から彼はゆっくりと、問わんとするがごとく、また新たな国で新たな大気を味うもののごとく、大気を吸いこんだ。≫われわれはそれを新たなる空虚、新たなる自由といいなおそう。けだしこの新たなる大気にはエグゾティクなもの、恍惚たるもの、陶酔させるものが全くないからである。その気候は純粋な、乾燥した、冷やかな、空虚な大気でつくられているのだ。

――私はそこに坐って、もっともよい空気を吸った。
ほんとうに天国の空気を
明るくて軽くて金の縞の入った
月からいつか降ってきたかと思われるほど
おいしい空気を……（原註75）

ニーチェの想像力は過去から解放されるに従ってまさに匂いを捨てさってゆく。あらゆる過去憧憬《パセイスム》は決して消滅しない匂いを夢見る。予見することは匂いを感じることの反対だ。いささか強引にすぎるが、刮《かつ》目《もく》すべき弁証法によってルドルフ・カスナー（訳註61）は視覚《ヴィジョン》と匂いの対立的なこの特性を次のように述べた。

(『思い出の書』ピトルー訳、三一頁)。≪われわれが時間から未来に浸《つか》っている面を抜きさり、取り除き、たち切るや……時間によりかかりあるいは時間のまわりにまきついているわれわれの想像力は思い出となり、思い出のなかに投げこまれたようになる。あらゆる視覚《ヴィジョン》はそのとき不可避的に匂いに変わる。それというのも未来が欠けているからだ……。しかしわれわれがたち切った思い出を時間に接続するやいなや、匂いはヴィジョンに変わるであろう。≫

大気がひとときの休息とくつろぎを象徴するとすれば、それはまた真近な行動の意識、つみかさなった意志からわれわれを解放する行動の意識を与える。したがって、純粋な空気を呼吸する単純な悦びのなかには、何か力を期待させるものがある。

大気は期待にみちみちている。
私は私の上を未知の唇の吐息が通り過ぎてゆくのを感じる
——いまや大いなる爽やかさがやって来るのだ……(二七四頁)

この不意に訪れた爽やかな状態にあっては、未知の唇が陶酔の約束ではないことを、これ以上たくみにいえるであろうか。

この爽やかさ——やがて来たらんとするこの爽やかさ——とともに、感覚的な相下において深いレアリテを示すニーチェ的価値が導入される。それは或る想像力の教義のために、直接的な基本的な所与を組織化する直接的で現実的なあのメタフォールの典型である。事実、ニーチェにとって、大気の強勢的な真の特質、呼吸する悦びをもたらす特質、不動の大気を力動化する特質——力動的想像力の生命そのものである深さにおける真の力動化——それはこの爽やかさである。それは平凡な特質、どこにでもある特質だと受けとられてはならない。それはニーチェ的宇宙観のもっとも偉大な原理のひとつ、すなわち寒気、高所の、氷河の、絶対的な風の寒気に対応するものなのである。

これら極北に通じる道を辿ってみよう(『この人を見よ』、『詩集』仏訳、二四五頁)。

北と氷と今日の彼方に
死の彼方に
遠く離れて
われらのいのち、われらの幸福があるのだ
地によっても
水によっても
なんじは極北に通じる
道を見出さないであろう。

地によってでもなく水によってでもなく、それゆえ、大気のなかにもっとも高い、もっとも寒い孤独にむかう旅によって、道が見出される。

ツァラツストラが寒気の強壮力教えをやがて教えるのは、洞窟の――山の頂上にある奇妙な洞窟の――入口であって、この頂上にあるということが、地上的な、洞窟的な特徴を微妙に表わしていると思われる。

≪なんじのみ、なんじの周りにある大気を強壮にし純粋ならしむることを知っている。われは地上において、なんじのもと、なんじの洞窟のなかにおけるほど純粋なる大気をこれまで見出したことがあったであろうか。

≪とはいえ、われは多くの国々を見、わが鼻はさまざまなる大気を検べ、かつ秤量するすべを学んできた。しかしわが鼻孔がもっとも大いなる悦びを覚えるのは、なんじがかたわらにおいてである。≫

「人間的な、余りにも人間的な」(『詩集』一八〇頁)を読むと、夢のない、また秋の太陽によってもほとんど暖められないアルプスの寒冷な野生的な自然への呼びかけがきこえてくる。

人があの玄妙な生誕に近づくのは、このアルプスの自然のなかにおいてである。生命が、寒い生命が寒気から立ち昇る(『詩集』一九九頁)。

……そのとき月と星たちが
風と霧氷とともに起き上がるであろう。

寒気のおかげで大気は攻撃的な力を獲得する。それは寒冷のものなる最高の自由のなかで、冷厳なる意志をもって、寒さに抗する意志、力の意志を喚び起こすあの《悦ばしき悪意》を身につける。厳しい大気に攻めたてられて、人間は《より高い肉体》einen höheren Leib をかち得る（『ツァラッストラ』「背世界者について」参照）。もとよりそれは呪術師や神秘家たちの霊体〔霊魂と肉体の中間にあるもの〕を指すのではなく、まさしく、強壮的な大気を吸うことによって成長することを知っている生きた肉体、高所の大気、すなわち細かな、肌を刺す、微妙な、《薄くかつ純粋なる》dünn und rein 大気を選びうる肉体のことをいっているのである。

この高所の寒い大気のなかに、われわれは沈黙といういまひとつのニーチェ的価値を見出すであろう。冬の空とその沈黙、しばしば沈黙のなかに太陽をすら残してゆく冬の空、それは実体に変容した音楽といっていいほど音楽的なシェリーのあの空とは、全く逆のものではなかろうか。私が《輝ける長き沈黙》を学んだのは冬の空からであろうか、ニーチェはそう自問する（『ツァラッストラ』「橄欖の園にて」）。また「帰郷」（『ツァラッストラ』二六七頁）のなかには次のような句が見られる。《おお、この沈黙がいかに肺いっぱいに純粋な空気を吸わしむることか。》だれしも彼が行なった大気と寒気と沈黙の実質的総合を認めざるをえないであろう。大気と寒気を通じて吸いこまれるのはこの沈黙であり、われわれの存在自身に統合されるのはこの沈黙である。そして沈黙のこの統合は、リルケの常に苦悩にみちた詩にみられる沈黙の統合とはまさに異なったものである。それはニーチェにあっては、根源的不安を破砕する突風的性格をもつものだ。もしも物質的想像力の示唆を受けいれることを拒むなら、能動的な物質的想像力にとって、静寂ない大気が始源の元素のなかに現実化された沈黙であることを理解しないなら、その人はイメージの調子を弱め、具体的想像力の諸経験を単に抽象的に解釈しているのだ。そうであれば、ニーチェの読書によってどうして健康な影響を身心に受けることができるだろうか。ニーチェは彼の読者を予測していた（『この人を見よ』仏訳一三頁）。《わが著作をみたせる雰囲気を呼吸するすべを知るものは、大気が肌を刺すがごとくに厳しきことを知っている。かかる雰囲気に適するように人は作られていなければならず、さもなければそのなかで風邪をひく危険が大いにあるのだ。氷は近い、寂寥《せきりょう》ははかり知れない——しかし見よ、万象は何と安らかに光のなかにいこうていることか。何と自由に人は呼吸ができることか。どれほど多くのものがおのが上方に感じられることか。》

　寒気、沈黙、高所——一つの同じ沈黙の三つの根。そのうち一つの根を切ることはニーチェ的生命を破壊することだ。たとえば寒冷なる沈黙は高所のものでなくてはならない。高さということの根がなければ、それは息のつまる、がつがつした、地上的な沈黙にすぎない。それは呼吸することのない沈黙、高所の大気のように肺に入ってこない沈黙である。また同様に吼え狂う北風は、ニーチェにとっては制圧すべき北風、沈黙さすべき野獣に他ならぬであろう。高所の寒い風は力動的な存在であり、それは吼えもせず、ざわめきもしない。それは口をつぐんでいる。要するに、生温《なまぬる》い大気が沈黙をわれわれに教えるといってもそれは攻撃性を欠くであろう。沈黙は寒気の攻撃性を必要とする。そのように一つの属性が消去されれば、三者の照応《コレスポンダンス》がかき乱されるのである。しかしこういう否定的証明はわざとらしいもので、ニーチェ的大気のなかで生きんとするものは、われわれが強調している照応にかんする無数の積極的な論証を見出すであろう。この照応は対照的にシェリー的な想像力が呼吸する優美と音楽と光という三つのものの照応をさらによく証すであろう。くりかえして述べてきたように、物質的想像のタイプは決定的なものであるとはいえ、それは天才がもつ個別的な特性を消し去るわけではない。シェリーとニーチェは、同じ大気的な領域において相反する神々を崇拝した別個の天稟である。

Ⅳ

この著作においては、飛行の夢――空の睡眠――を主眼に扱ってきたのであるから、以下翼をもった夢幻状態をきわめて明確に示しているニーチェの或る条りをさらにやや詳しく検討しよう。夜の平安、空の睡眠の軽快さに対するこの讃歌は、勇ましき黎明、気力にあふれた目ざめ、ニーチェの垂直的生命を検討する導入部として役立つであろう。

実際「三悪」(『ツァラツストラ』第三部、二六九頁、アルベール訳)の冒頭の節にある次の夢を飛行の夢と推定せずにおけるだろうか。《夢のなかで、朝の最後の夢のなかで、われは今日――世界の彼岸なる――とある岬の上にたち、ひとつの秤を手にもって、世界を秤量しつつあった。》

理知主義にゆがめられて抽象的思考を想像力よりも優先視する読者、書くことは思想を図示するイメージを探すことだと信じている読者は、世界についてのこの秤量が――恐らくそういう人は世界の可測的評価という語をより好むであろうが――価値をいい表わすための、道徳的世界を評価するための比喩に他ならないといって反論を唱えるであろう。いかにも道徳的世界から物理的世界へのこの地滑りを研究することは面白いことではあろう。少なくも道徳家ならばだれしもそれは道徳問題《フエ・モラル》の言語表現にかかわる問題だというであろう。われわれの所説のごとく想像力を根源的な心的価値であるとみなす説は、この問題を逆しまに考える。それは上昇のイメージがいかにして道徳生活の力動性を準備しうるかを自問する。そしてわれわれの眼からみれば、ニーチェの詩はこのような先駆的役割を演じるもの、つまりニーチェのモラルを準備するものなのである。しかしここではそのことを十二分に論究することは控えて、想像力の研究の領域内に止まり、心理学的プランにおいて反対者に次のような論点を問うことにしよう。すなわち、なぜ夢のなかで、朝の夢のなかで、岬の高みに自分がいる姿が見えるのか。なぜあのように見下ろされた世界の鳥瞰図《パノラマ》を描写するかわりに、なぜ世界の重さを量るのか。夢を見ているものが量る者の夢にかくも簡単に引き入れられるということ、それこそまず驚くべきことではないのか。だがもう少しその先きを読もう(二七〇頁)、≪……よく量る者には量りうべく、強き翼あるものには翔りうべく……かくわが夢は世界を見出した。≫どのようにして世界を量る夢がただちに強力な翼によって重さに打ち勝つ夢になるのか、上昇の心理学によらねば、だれがそれをわれわれに説明できるであろう。世界を量る者が、突如たちまちのうちに翼あるものの軽さを身につけるのである。

イメージの真のつながりが逆の順序にすすむことを見のがしてはなるまい。つまり彼が世界を量るのは彼が翼の軽さをもっているからなのだ。飛びながら、彼はあらゆる大地の存在にむかっていう。なぜきみは飛ばないのか。きみはどれほど重さがあるために私と一緒に飛べないのか。だれがきみを地上で無力にじっとさせているのか。私の秤に乗ってごらん、もし必要なら、きみが私の伴侶、私の弟子になれるかどうかを私はきみに教えよう。私はきみの重さではなく、大気のものなるきみの将来を告げよう、と。量る者とは軽さを自在に身につけたものである。重い秤量者はニーチェにあっては無意味である。超人間的なものを量るためには、大気的であり、軽く、かつ上昇的でなくてはならない。まず飛びたまえ。それから大地を理解したまえ。そのとき人は一層秘められた、またそのために行動が一層持続的になる隠喩《メタフォール》を容認することができるであろう。この思想家の想像力を真に生気づけているのはまさにこれらの隠喩である。われわれが力動的想像力にその正当な原初性をあたえるやいなや、次のようなニーチェの文章がすべて明確になる。≪大胆なる帆走者にして、半ば船、半ば颶風なるわが夢、蝶のように静寂で、鷹のように短気なるわが夢。そもそれは今日世界を量りえんがため、いかなる忍耐と余暇を得たのであろうか。≫たしかにあらゆるこれらのイメージのダイナミックな名残り《アングラム》は、飛行の夢であり、大気の眠りの軽やかな生命であり、翼あるものの軽さの幸福な意識である。

「重圧の霊」(『ツァラツストラ』二七八頁)の章で、ニーチェはさらにこういっている。≪いつの日か人間に飛ぶことを教えるものは、あらゆる境界の石を移すであろう。彼にとっては、境界の石そのものが空中に舞い上るであろう。彼は地を新たに名づけ——大地を「軽きもの」と命名するであろう。≫≪境界は飛ぶことを知らぬものにのみ存在する。≫ジョージ・メレディスもそういっている。

物質的想像力にとって飛行は機械の発明によってえられるものではなく、物質を転換すること、あらゆる価値変換の根源的基盤である。われわれの存在は地上的なものから大気的なものにならねばならない。そのときわれわれの存在は大地の全体を軽やかなものに化するであろう。われわれの内なるわれわれ自身の地上が≪軽やかなるもの≫になるであろう。

テキストは以下、偉大な思想にみちみちている。それは人間に自分自身を愛すべきこと、自己自身へのかかる愛によって真にみずからを活気づけねばならぬことを教えている。ニーチェの思想のこのような豊かさとわれわれが行なった指摘の単純さを前にすれば、われわれにむかって次のような安易な批評が浴びせられるであろう。つまりまたしても、われわれは哲学者としての務めを放擲《ほうてき》して文学的イメージの単なる蒐集家になっているといわれるわけだ。しかしわれわれはわれわれの説をくりかえすことによって、かかる非難に対抗しよう。すなわち文学的イメージは固有の生命をもっている。それは自律的現象として深遠な思想の上方にひろがっているのだ。われわれが確立せんと懸命になっているのはこの自律性である。ニーチェの例は二重の生、大詩人の生と大思想家の生とをあらわすものであるから、とりわけ驚嘆すべきものである。ニーチェのイメージは詩と思想を――別々に――生気づける二重の一貫性をもっている。ニーチェのこれらのイメージは、物質的にも力動的にも明瞭な特徴をもつ或る想像力のうみだす物質的で、力動的なあの緊密性を立証している。

しかし垂直性は長い修業期間を要求する（二八二頁）。≪いつの日か飛ぶことを学ばんとするものはまず、じっと立ち、歩き、走り、飛び、よじ登り、踊ることを学ばねばならぬ。人は一挙に飛ぶことを学べない。≫飛行の夢は或る人々にとっては非常に古い睡眠の、非常に古い軽快さのプラトン的想起である。人は忍耐を要する無窮の夢幻のなかではじめてそれに出あうであろう。そこで、ニーチェの作品から昇行の心理現象のもっとも多様なる明証を以下に収録しよう。

V

まず第一に、ニーチェの哲学のなかには、ロベール・ドズワィユの方法によって指導される精神分析と同じ観点をもつ引力の精神分析にかんする多数の例がみられるであろう。たとえば次の詩を検討してみよう(『詩集』第六七、二三三頁)。

お前がもてるもっとも重きものを深淵に投げこめ。
人間よ、忘れよ。人間よ、忘れよ。
忘れる術は聖なるかな。
お前がみずからを高めたいと思うなら、
お前が高所でお前とともにありたいと思うなら、
お前がもてるもっとも重きものを海に投げこめ。
そら海がある。お前の身を海に投ぜよ。
忘れる術は聖なるかな。

船乗の心理現象《プシシスム》によくある例のように、ここで問題なのは海水によって再生をうるために海に身を沈めることではない。問題はすべてのわれわれの重さ、すべての未練、すべての後悔、すべての怨恨、われわれのうちにあって過去を眺める一切のものを、われわれから離れたところへ投げ棄てることである――問題は重さをもったわれわれの全存在を永遠に消え失せるように、海に投げ棄てることである。かくしてわれわれは、われわれの二重の重さ、われわれのうちなる地上的なものとわれわれのうちなる隠された秘かな過去を絶滅させるであろう。そのときわれわれのもつ二重の大気性が輝くであろう。そのときわれわれは大気のように自由になり、われわれ自身のつまらぬ隠しごとにみちた土牢から姿を現わすであろう。われわれは突如われわれ自身に対して誠実になるであろう。

われわれはいま一度、こういう詩は二通りに読みうることを断らねばならないであろうか。すなわちまず抽象的なテキストとして、著者がやむなく具体的なイメージを使わねばならぬ道徳的なテキストとして読みうるということである。――次にはまたわれわれのこの方法に従って、もともとは物質的で力動的な想像力によって形成されたが、新しい詩への熱狂によって新しい道徳的価値をうみだす完全に具体的な詩として読みうるということである。読者がいずれの読み方をしようとも、道徳の審美化 **l'esthétisation de la morale** が皮相な考え方ではないことを認識しなければならないであろう。それは危険をおかさずに取り除きうる隠喩《メタフォール》ではない。私見のような考え方からいえば、この審美化は深い必然性をもつもの、のっぴきならぬ必然性をもつものである。この場合、存在を一段高めるのは想像力である。もっとも動因的な想像力、すなわち道徳的想像力は根源的イメージの刷新から切り離すことはできない。

それゆえニーチェはみずからなんじ toi という語を強調することによって、隠喩の絶対性を実現し、くだらぬ詩人どもなら集めかねない卑小なあらゆる隠喩を眼中におかず、その絶対的現実《レアリテ》を生きるために隠喩のもつ背理性をあおりたてようとしたように思われる。すなわち彼は、唯一なる行為 uno actu、超人的存在の解放と征服を実現しつつ、なんじの全体が頂上に上らんがためにはなんじの全体を下方に投ぜよというのである。上方と下方——というこの言葉の矛盾をこえて、彼の想像力はこのとき完全な統一性を保つ象徴を分析しつつ働く。すなわち、彼はこういう。忘却のなかに死を見出すためではなく、なんじのうちなる忘れえざりし一切のもの、かの肉にして大地なる一切の存在、一切の知識の灰、一切の結果のかたまり、人間的存在なるかの一切の貧欲なる収穫を死に捧げんがために、なんじの身を海に投ぜよ。そのとき超人の兆しをなんじに烙印する決定的な転換が実現されるであろう。なんじは大気のものとなり、自由なる空にむかって垂直に、なんじが姿を現わすであろう。

かつてわれに重く思われし一切のものが
忘却の紺碧の淵に呑みこまれた。

同様に『ツァラツストラ』の或る一節(「読書と著述について」)において、重力の悪霊《デーモン》を征服したのち、ニーチェはかく叫ぶ。≪いま、私はみずからをわが下方に見る≫、≪いま、私は軽やかだ、いま、私は飛翔する、いま私はみずからをわが下方に見る、いま一つの神が私を通して踊る。≫ Jetzt bin ich leicht, jetzt fliege ich, jetzt sehe ich mich unter mir, jetzt tanzt ein Gott durch mich. われわれは jetzt

〔発音は jétzt—ドイツ語には他に nun というような語があるがこの語は特に瞬間的いまをあらわす〕という刹那のエネルギーと喜悦を表わす語をもたないから、これらの行を仏訳することができない。どうしたわけか、不幸にもフランス語は瞬間の心理を表わすのに不可欠な語を欠いているのだ。どのようにして存在の革命《レヴォリユシオン》の決意を表わせばよいのか。maintenant(いま)、dès à présent（いまから）、dorénavant(今後は)〔いずれもフランス語で上述の jétzt に近い意味をもつ語〕のような語にみられる音節連続のまのぬけた感じをどのようにしてたち切ることができるのか。意志の文化は単音綴語を要求する。或る国語がもつエネルギーはその詩と同様しばしば翻訳しがたいものだ。力動的な想像力は原始的な衝動にみちた言語を受けいれる。

垂直的人格がこのように瞬間的に両分されること、また特に突如、決定的となるその性格、それをどのように重視してもしすぎるということはないであろう。この両分性のおかげで、われわれは大気のなかに大気を通して大気のために生きようとする。この突如性のおかげで、存在の転換はだらけた柔和な発散ではなく、純粋意志、すなわち瞬間的な意志の仕事であることを理解するにいたるであろう。この場合、力動的想像力が物質的想像力を押しのけて力をふるうのである。すなわち大気のように自由に高みに身を投げよ、さすればなんじは自由の質料《マテイエール》となるであろう。

英雄的な想像力のこうした行為の後に、あたかも報償のように、世界の上方、万物の上方にあるという意識が現われる。そこで、次のようなすばらしい詩節がうまれてくる（『ツァラツストラ』第一巻、仏訳二三七頁）。≪おのが空、丸き屋根、碧なす鐘、永遠なる静寂のごとく、各々のものの上方にあること≫。あらゆる過去の存在、あらゆる無意識的追憶の存在、ショーペンハウエル的意志、動物的意志が養われたあらゆる官能的欲望をすべて消却したのち、まさにプラトニックな愛の意味において、存在が欲するものに、存在の未来であるものに存在を与えるこのプラトニスムを、これ以上によく表現することができるであろうか。

寂滅《キュイエテュード》は戦いによってかち得られたものであるがゆえに確固たるものである。読者は次のような詩句にみられるこの寂滅を味読していただきたい。


静かに、静かに！

そよ風が目に見えずして海のきらめく薄片の上を、軽やかに、羽毛のように軽やかに舞う——そのごとく、睡眠《ねむり》がわが上を舞う。

それはわが目を塞がない、それはわがたましいを目ざめたるままにしておく。まことそれは軽い、羽毛のように軽い。

VI

不幸なことに、人間はふたたび混迷と重力の世界に転じうることを知っている。他の要素がニーチェ的な眠りを物質化するやいなや、たましいはさらに乱れ、ぐんにゃりする。多くの他の夢想者が従容とたましいを眠れる水にゆだねるのに対し、多くの他の夢想者が夢の水中で静かに眠るのに対し、人は、海——

情欲と塩との重い海、火と地との重い海——の眠りについて書かれたニーチェの次のすばらしい条りのなかに、英雄的にかちとられた幸福の彼方で、悲哀がふたたび戻ってくるのを感じるであろう（『ツァラツストラ』第一巻、二二〇頁）。

あらゆるものがいま眠っている、と彼はいう。海はまどろんでいる。奇妙な眠たげなその目がわが方を眺める。しかしその息が熱いのを私は感じる。そしてまた私は感じる、彼女が夢を見ているのを。彼女は堅いクッションの上でたち騒いでいるのだ。
聴け、聴け。何と悪しき思い出が彼女に呻きごえを起こさせているかを。それともそは悪しき予兆であるのか。ああ Hélas！ 私はなんじ朦朧たる怪物とともにいるのが寂しい。私はなんじのためにおのれ自身に嫌悪を覚える。

われわれの国語の Hélas《エラース》！（ああ）はドイツ語の Ach《アッハ》！（ああ）がもつきびしい嘆息の感じを、どうしてもうまく表わせない。ここでも自己嫌悪、世界嫌悪の瞬間が一音節の同時性の要因を必要とするのだ。あらゆる苦悩者、あらゆる苦悩する世界が、夢想者の嘆息のなかに要約される。夢幻性《オニリスム》と宇宙性《コスミスム》がここではその価値を交換しあっている。いかに忠実にニーチェは甘美さと感情の興奮がまじった悪夢を表現していることか。《愛はもっとも孤独なる者の危険だ。》《ツァラツストラよ、なんじはなんとてなおも海にむかって慰めの歌をうたわんとするのか。》

しかし愛さんとするあの誘惑、愛するものたちを愛し、彼らの苦悩を生き、それを慰め、おのが苦悩とおのが愛によってみずからを慰めんとするあの誘惑は、疑惑の夜の、不実なる水夫の夜の悪夢に他ならない。存在がおのれ自身に属しうる祖国は天空の大気である。ニーチェは常にそこにたち戻る。「七つの封印」（第七）の章には、ディオニューソス的、アポロ的陶酔の総合、暑熱と寒冷、力強きものと明るきもの、若きものと成熟せるもの、富めるものと大気的なるものの全体たる、ニーチェ的陶酔にみちた次のような詩節がみられる。

もし、われ、わが頭上に静かなる天空を張り渡し、わがみずからの翼もて、わがみずからの天空に翔りしことありとせば、
もし、われ、光なる深き遠方に戯れつつ、泳ぎ入り、わが自由なる鳥の知恵訪れしことありとせば、
――けだし鳥の知恵はかく語るのである。《見よ、上はなし、下はなし、身を投げよ、なんじ軽快なるもの、おちこちに、前に、後ろに、うたえ、もはや語ることをなすな！
――すべての言葉は重苦しきもののために作られたるにあらずや。すべての言葉は軽快なるものに偽りを告ぐるにあらずや。うたえ、もはや語ることをなすな！

このように『ツァラツストラ』の第三部は、大気的な歌声的な軽さの意識をもって終っている。大気的な存在の実体的な歌のなかに、大気的な教化性をもつ詩をとおして、ニーチェは物質的想像力と力動的想

像力の深い統一を見出す。

VII

存在がおのれの外に全身を投げ棄てるこの放下の後《あと》で、存在がおのれの下方におのれを見るこの解放の飛翔の後で、ニーチェはしばしば深淵を眺める。そのようにして彼はおのが解脱の意識を一層強くする。もはやおのれが落ちることがないであろう高所から眺められた低地は、頂上にむかってなされる補足的な躍動《エラン》である。かくして静的なイメージが非常に特殊な動的生命をおびるようになる。ニーチェの作品となおも接触を保ちながら、またふたたび或る種のイメージにたち返って一層総括的に検討する用意を留保しながら、われわれはニーチェにしばしば見られる或る種のイメージの垂直的力動化を検討してみよう。

たとえば、いまここに深淵のほとりにある松の木がある。ショーペンハウエルはこの木を観照した。彼はこの木の生命意志について論証を行ない、植物と岩石の冷厳な共存、重力の勢に抗して身を守る木の努力について論述した。ニーチェにおいては、木はショーペンハウエルが見たほど曲ってはいず、もっと垂直な存在であり、落下を鼻先きで笑っている（『詩集』仏訳、二六七頁）。

——しかし、なんじ、ツァラツストラよ、
なんじもまた松に似て、深淵を愛するのか。

松はその根をしっかりつかんでいる。
岩すらもが慄えながら地の底を眺め入っているところで……

この戦慄は決して眩暈にはならないであろう。ニーチェの思想は本質的にいって、超克された眩暈である。深淵の真近でニーチェは昇行の力動的なイメージを求める。深溝があるという現実は周知のかの自負の弁証法によってニーチェにおのれがふいに現われた力であるという意識を与える。アクセルのなかのサラのように（原註76）、彼は何ならこういうであろう。≪私は——私の翼だけで——深淵をこらしめてやるのだ。≫

ニーチェ的樹木が教えることを、さらに一層詳細に追究してみよう。

彼は深淵のほとりでためらっている。
おのがまわりの一切が
落ちかからんとするところで、
荒涼たる小石、逆巻く激流の
焦燥のかたわらで、
彼は忍耐強く、寛容で、冷厳に、押し黙り、さらにいうなら、木は真直ぐに、胸をそらせて立っている。木は垂直だ。木は地下水から樹液を受けとらない。木の堅固さは岩から受けついだものではない。木は大地の力を必要としない。木は物質ではない。木は勢力《フォルス》、自律的なる勢力である。木はその勢力をおのが投出《プロジェクシオン》のなかに見出す。深淵のほとりにあるニーチェの松の木は、大気的想像力の宇宙的ヴェクトルである。それはまさしく、意志の想像力を二つのタイプに分かち、意志が次のような二つのタイプの想像力と繋がっていることを、よりよく知るのに役立ちうるものである。すなわち一方にはショーペンハウエル的な意志である実体意志 la volonté-substance があり、他方にはニーチェ的な意志である権力意志 la volonté-puissance がある。前者は維持することを望み、後者は突き進むことを願う。ニーチェの意志はそれ自身の速度に支えを見出す。それは生成の、物質を必要としない生成の加速度である。深淵はニーチェにとって、つねにしぼられた弓のように上方にむかって矢を放つに役立つように思われる。深淵の近くにあっては人間の運命は落下することであり、深淵の近くにあっては超人の運命は、青空にむかう松のように、迸りでることである。悪の興奮が善に調性を与える。憐憫の誘いが勇気に調性を与える。深淵の誘いが空に調性を与える。

ニーチェの作品のなかには、樹木が実際直立性に酔っている他のいくつもの条りが見出せるであろう。たとえば「挨拶」の章（『ツァラツストラ』四〇八頁）において、ニーチェは高く強い意志のイメージを与えようとして、次のように書いている。

ひとつの風景の全体がかかる木によって活力を与えられる。

なんじに似て生い立つものを、おお、ツァラツストラ、私は松にたとえる。亭々と、黙々と、冷厳に、孤独に、
最良の材と最もたわやかな材にて作られし、壮麗なる松に
――ついには強き緑の枝でおのが支配地にふれんとし、風や雷雨や高所になじむすべてのものに強き質問を発しつつ
――勝ち誇れる命令者として、いよいよ逞ましく答をあたえる――ああ、かかる植物を眺めんとて、だれか高所に上《のぼ》らぬものがあろうか。
なんじが木を眺むれば、おお、ツァラツストラ、陰鬱なるものも挫折したるものもなべて活力を回復する。なんじが眺めは不安定なるものに安らぎを与え、不安定なるものの心を癒す。

この真直な樹木は意志の軸である。もっと正確にいうなら、それはニーチェの思想に固有な垂直の意志である。それを熟視すること、それはおのが身をたて直すことだ。樹木の力動的なイメージとは、まさにその営為の結果においてではなくその行動自体のなかにおのれを熟視する意志である。力動的なイメージのみがわれわれに意志の正当なイメージを与えうるのである。物質的想像力は法式化されぬ意志、悪や純潔《イノサンス》のなかに眠りこんでいる意志の眠りと夢をしかわれわれに与えない。物質的であるというよりはむしろ力動的であるニーチェの樹木は悪と善、大地と天空の強力なつなぎめである（『ツァラツストラ』「山上の樹」五七頁）。《彼が高所へ、明晰へと登らんとすればするほど、その根はますます大地のなかに、闇と深淵

へ——悪のなかにめいりこんでゆく。≫大地のなかでの塵埃の働きがなければ、逃げ去る晴れやかな善もなく、花もない。善は悪から迸りでるのだ。

もっとも高き山々はどこからきたのか。これこそ私がかつて問うたことである。そのとき私は、それが海からきたことを知った。

その証拠は山々の岩にまたその頂きの尖峰に書かれている。もっとも低きものからこそ、もっとも高きものはその頂きに達するにちがいない。

昇行のテーマはもとよりニーチェの詩に数多くある。いくつかのテキストは実際垂直的征服の一種の微分を表わしている。脆い土、山男の足もとで転がる石の場合がそれだ。すべてのものが下りてゆく坂道をとことこと彼は上ってゆかねばならぬ。険阻な道は反対の力動性によってわれわれの力動性に答えんとする積極的な敵である（『ツァラツストラ』「幻影と謎」二二三頁）。

地崩れにもひるまず登る小径、悪意ある荒涼たる小径……山の小径がわが足の挑戦のました叫びをあげた。
もっと上へゆけ。——下方に、深淵にむかってわが足をひきつける霊に、わが悪霊にして仇敵なる重圧の霊に、抗しながら。
もっと上へゆけ。——なかば侏儒《こびと》にして、なかば土竜《もぐら》、足萎《あしな》えにして、足を萎《な》えしむる重圧の霊がわが上に坐し、鉛を、鉛なる思想を、一滴ずつ、わが耳に、わが脳髄に流しこんではいたが。

ニーチェのイメージを、素材と力動性の面からどれほど深く考察しようとも、決して充分だということはないであろう。それはわれわれに道徳的生命の実験物理学を提供する。それはイメージの改変を周到に行ない、その改変がやがて道徳の改変を引き起こすであろう。この実験物理学は恐らく個々の実験者に依拠するものであるが、それは根拠のない、いい加減なものではなく、恣意的なものでもない。この物理学は半神化《エロイザシオン》の途上にある本性《ナチュール》、半神的生命に膚接するひとつの宇宙に対応する。ニーチェ的思想を生きることは、生命エネルギーの変容、いわば、人間のうちに大気的物質をうみだすべき寒気と大気の新陳代謝を生きることである。理想は存在をそのイメージと同等に偉大に溌剌とさせることである。しかし思い違いをしてはならない。想像作用を行なう心的勢力《フォルス》として、諸君がイメージをその力動的な真の姿においてとらえるならば、理想はただちにイメージのなかに、立派に実現されるのである。ノヴァーリスの信奉者ならば、世界がわれわれのなかで夢見るのだ、というであろう。その投影された夢幻状態、夢見る意志において全能なニーチェの徒なら、一層現実的ないい方でおのが意を次のように述べるであろう。すなわち、世界はわれわれのなかで、力動的に夢見るのだ。

VIII

さらにニーチェのあるイメージのなかから、昇行の宇宙的な作用、まさしくエネルギー的に実在する一つの上昇的世界の作用をとりだすことができる。たとえば（『ツァラッストラ』「汚されざる認識」）、≪けだし海は太陽から接吻せられ、吸われんことを願っている。それは大気となり、高所となり、光の径となり、光そのものにならんことを願っている。≫ある詩（『詩集』二七三頁）のなかでは、夢想者がいわば波のなかからうまれる。彼は浸蝕力によって生じた島のように、ふいに姿を現わす。

しかし海すらも彼にとってはさして荒涼たるものではなかった、
彼は島の上、山の上に、よじ登り、焔となった、
いまや第七なる孤独にむかって
彼は頭ごしに探りの釣針を投げる。

水の上なる大地、大地の上なる火、火の上なる大気、これこそまさにニーチェの詩学の完全に垂直的な階層である。

『ツァラッストラはかく語りき』のなかで、ニーチェは高所における釣りというあの奇妙なイメージを

ふたたびとりあげた（三四頁、第一版）。≪何びとが高山においてかつて魚を釣ったであろうか。またかの高所で私がなさんとすることが痴愚に類しようとも、深みにおいて待ちあぐみ、気難しく、青黄いろくなるよりは、かの痴愚をこそ行なうがよいのである。≫

想像力にかんするわれわれの研究（『ロートレアモン』および『水と夢』を参照）において、われわれはしばしば水から大気への移行を認め、魚から鳥への連続的な想像的進化に注意をむけてきた。あらゆる真の液体的世界の夢想者は——液体性のない夢幻状態があるだろうか——空を飛ぶ魚を知っている（原註77）。ニーチェは大気の釣り人である。彼は頭の上へと釣り針を投げる。彼は水平的存在の故国たる池や河で釣らない。彼は頂上で、もっとも高き山の頂きで、釣る。

焔の焦燥に答えよ、
もっとも高き山々の釣り人たるわがために漁《すな》どれ、
わが第七の、わが最後なる孤独を。（原註78）

最高の孤独は大気の世界のなかにある。

おお、第七の孤独よ、
私はかつてこれほど真近に

静かな確信を　これほど熱く
太陽の視線を感じたことはない。
――かの上なる山頂で、氷はまだ赤ばんではいないだろうか。
魚のように、銀色をした、軽やかな
わが船が、いまし、空中を漕ぎ進む……。（原註79）

すでに述べたが、空中の舟は数多くの詩人にみとめられる夢想のモティーフである。それは多くの場合、揺籃であやされる夢、抱かれてゆく夢の想像的産物であり、受動的な陶酔である。それは夢見るものが櫂手ではないゴンドラである。ニーチェにあっては、ときとして夢見るものが疲れ果てた舟のなかで、いとも静かな海のなかで安らう無為の瞬間があるにもかかわらず（『ツァラツストラ』第二部「大いなる正午」参照）、揺籃的な旅の夢想には、いささかもノヴァーリス的、ラマルティーヌ的な動きがない。それは《水平的生活》に満足できないように思われる。いわばそれは垂直的戦慄をもっているのだ（『ツァラツストラ』「大いなる欲望」第一版、三六六頁）。《――ついには、静かにして熱烈な海の上を、金色《こんじき》の奇蹟なる舟が滑翔する。そしてその黄金のまわりにはすべての善き悪しき奇異なる事物が飛び跳ねる。》舟は滑翔するのであるから、舟は《金色《こんじき》の奇蹟》と化したのであるから、それは舟が海から空へ、陽光のある空へ行ったというわけである。ニーチェ的夢想者は帰還の志をもたず、やむにやまれず船首を高所にむける。彼は舟が彼を大地の近くには、もはやつれもどさないであろうことを知っている。

欲望、希望、一切のものが崩れ去った。
わがたましいは凪ぎ、海もまた凪いでいる。

まさに空のなかへおのが大気の故国に帰って、夢見るものは上方を眺める（『詩集』「栄光と永遠」二八五頁）。

私は上方を眺める――
光の波が揺れている、
――おお、夜よ、おお、沈黙よ、おお、死のざわめきよ！……
私はひとつの兆《きざし》を見る――
もっとも隔った遠方から
私の方に降りてくる。きらめく星座がゆっくりと……

……………………
存在の至高の星座よ、
永遠なるヴィジョンの飾り板よ、
わがかたに来たれるは、そも御身《おんみ》か。

この道徳的世界の探険譚は、詩人に存在の星座、存在の《永遠の必然性》、道徳の方位決定の星辰による明証を与える大気の羇旅《きりよ》である。物質、運動、価値査定作用が、同じイメージのなかでつながりあっている。理知主義の心理学者はいつもイメージを比喩《アレゴリー》だとみなしやすいが、彼らが信じる以上に、想像するものと道徳的なものがはるかに強固に結合しているのである。想像力は理性以上に、人間のたましいを統一する力である。

IX

もちろん、ニーチェの詩的世界のなかには、青空の岩や、雷電を誘い深淵を嘲ける亭々たる松、山頂の径、飛行する舟よりも、さらに明確に力動的である形体がある。想像的な大気と高所には当然多数の鳥が住みついている。たとえば、荒々しく奪いとる鷲がいる。

血迷った笑いごえをあげ
肉食鳥の笑いごえをあげ、
我慢をかさねる殉教者の
髪の毛のなかに嬉々として
ひょいと嘴をひっかける
そもあれは一羽の肉食鳥

……………………

深淵を愛するならば翼をもたねばならぬ、
なんじがなせるがごとく、吊されて
おのが身を鎹《かすがい》でうちとめてはならぬ。（原註80）

この錘線、このなぶりもののぶら下《さが》り、是非なくもち去られた重き人間の、受動的に垂直に下がったこの皮膚、すべてこれらのイメージは、昇行する人間的な力が、奪いとった餌食以外は何ものも≪吊り下がら≫ず、何ものも≪吊り下げ≫ない高所の鳥に転移するさまを強く示している。逆に毛髪はここでは、肉のなかに置き忘れられた人間の大気的な徴《しるし》である。毛髪、人間なる物質の燔祭、レオナルド・ダ・ヴィンチのある版画のいわゆる≪軽やかな煙。≫

飾りもなければ歌もうたわず、運動しつつある抽象的な形をとる鳥は、もちろん、ニーチェの想像力のなかでは、とくにめぼしい力動的図式《シェーマ》になるものである。「七つの封印」（第六、『ツァラツストラ』第一版、三三七頁）のなかには次のような原理が事実みられる。≪もし重き一切のものが軽くなり、一切の肉体が舞踊者となり、精神が鳥になるのがわが初めにしてわが終りなりせば。いな、まことにそれはわが初めにしてわが終りである。≫

次にかかげるのは「愛の表明（詩人がおのれのために拒絶した）」（『悦ばしき知識』、仏訳、三九四頁）という題名のもとに書かれた、夢幻的飛行にきわめてよく似た滑翔飛行、静止飛行の例である。

おお、何という不思議さ、あれでも飛んでいるのだろうか。
彼は上ってゆく、だが翼は動いていないのでなかろうか。
そも何が彼を運び、何が彼を上らせるのか。
いま、いずこに、彼の目標、彼の飛行、彼の輪廓があるのか。

……………

彼が滑翔するのを見ている者はいや高く上った。
おお、信天翁《あほうどり》よ、鳥よ、
永遠なる願いが私を高所に押しあげる。

しくじった、途中でとぎれた飛行のドラマが幾度も幾度もくりかえされる。≪充分高く飛ばなかった≫のでないかという懸念が「酔歌」のなかにあらわれる。舞踏の喜悦だけでは充分でないのだ、≪脚は翼ではないのだ≫（『ツァラツストラ』第一版、仏訳、四六四頁）。

しかしものの見事に成功した場合の、ニーチェ的飛行のもつあらくれた攻撃的な性格に注目しなければならぬ（「新旧の表板」第二、『ツァラツストラ』二八五頁）。≪われは慄えながら、太陽に酔い、恍惚としながら、矢のように飛ぶをえたのであった。≫鷲は爪で天空をひっ掻くようにみえる（『ツァラツストラ』「表徴」第二巻、四七二頁）。≪わが鷲は目ざめた。そしてわが如くそれは太陽を恭う。鷲の爪もて、それは新しき光をつかんだ。≫力強い飛行とはうっとりするような ravissant 飛行ではなく、強奪者の ravisseur

飛行である。そのとき、飛行の大いなる幸福が突如、力の満足感をおびることをわけても重視すべきであろう。夢幻的な飛行状態においても、夢想者が他のものたちにおのが優越を証し、突如あふれ来る力を誇示することは稀でない。猛禽は飛行の力の必然的あらわれである。大気もまた他の元素と同じくその戦士をもつべきものであった。想像力と自然はこのような事態の親展に対しては一致する。想像力は攻撃性をもつように定められている。「新旧の表板」（第二三『ツァラツストラ』）のなかで、ニーチェは書いている。≪ひとり鳥のみがなお彼〔人間〕の上にある。もし人間がまた飛ぶすべを学びたらんには、人間にとりどれほど禍であろうか、いかなる高所へ——人間の強欲は飛びゆくであろうか。≫猛禽とはもっとも高く飛ぶ鳥である。倨傲《きょごう》にして誇り高き哲学者ならば直ちに換位命題を容認するであろう。ニーチェの大気的生は大地から遠く逃走することでなく、それは天空に対する攻勢である。想像的なものの純粋さをもち、あらゆる伝統的イメージを捨て去った言葉で、この攻勢は、ミルトンの抗天使の叙事詩をふたたびくりかえす。しかしニーチェにみられるのは、純粋な攻撃的想像力である。けだしかかる想像力が成果を収めるからである。蒼空が勝利者の哄笑を鳴りひびかせるのに耳を傾けよう。≪しばしばざわめく翼にたいするわが大いなる欲求が……私を遥かな遠方へ、山々の彼方へ、高き所へ、哄笑のさなかへと拉し去った……≫（『ツァラッストラ』「新旧の表板」(二) 二八五頁）。善はもはや意味をもたない。この大いなる飛翔とともに、人は≪野蛮なる知恵≫の領域に入るからだ。価値の転回を人が感じうるのは、まさにこの≪野蛮なる知恵≫の概念について思いめぐらすときである。道徳の真理は矛盾のなかで発現する。錯乱させる知恵、襲撃される天空、攻撃的な飛翔、それに応じて枢《とぼそ》をめぐる諸価値の運動。

微細な部分に、われわれは誤りようない明白な特色を読みとることができる。たとえば鷲の蹴爪は光をひき裂く。それは男性的な爪である。猫の爪は隠され、毛に蔽われ、偽善的なものだ。それは女性的な爪である。ニーチェの動物誌にあっては、猫はとりわけ、地上的動物である。それはつねに大地への執着を擬人化する。それは大気的人間にとって危険なるものである。ニーチェにあっては——いささかの例外もなく——猫は女である。ただ一例だけをあげてみよう。心を慰める熱烈な愛を前にして、ニーチェは書く。《なんじはすべての怪物を抱擁せんと欲した。熱き息のそよぎ、脚についたいささかの柔らかな毛……》猫と女をこれほど一体化して、これ以上巧みに両者を描きだすことはできない。

空中を移動する一切のものは、ニーチェ的な特性、一切の上昇するものに対するあのやみがたい好みを受けいれる性質をもっている。

しかし、突如、光り輝く、
恐ろしい稲妻が、深淵から
天にむかって昇ってゆく、
——山がみずから
おのが臓腑を揺るがせる……

この震動は結果ではない。矢のようにいましも天空にむかって稲妻を投げた深淵の怒りそのものである。ニーチェの黎明の力動的性格を証明しようとすれば、これに関連した実に多数の項目をまた集めうるであろう。われわれはただ、天空がわれわれの存在の内奥そのもので万象の覚醒をせっせと準備していることがわかる一文だけをとりあげよう（『ツァラツストラ』「日の出前」二三四頁）。≪おお、わが上方なる空、明るい空、深い空よ、光の深淵よ、なんじを熟視していると、私は神々しい欲望のために戦慄する。

≪なんじの高みに身を投げること（In deine Höhe mich zu werfen）――これぞわが深さである。なんじの清浄さに身を隠す、これぞわが純潔である。≫

それは柔和な飛翔の誘導ではない。それは存在の噴出だ。日の出を前にしてニーチェ的人間がもつ最初の感動は何かをなそうとする内奥の感動、決意し、動きつつ、熟慮の悔恨から離れて新たな生活に進み入らんとする感動である。なぜならあらゆる熟慮とは定かならぬ後悔に対する、ともかくも抑圧された悔恨に対するあがきであるからだ。日の出とは生まれんとする一日の純潔さであり世界が新たなるものとして起き上がる。黎明とはそのとき昇らんとするわれわれの存在の体感 cénesthésie である。この新たなる太陽は私の太陽ではないのか。二三五頁にはこう書かれている。≪なんじはわが炉から迸りでた光ではないのか。わが知性の姉なるたましいではないのか。≫こんなにはっきり見えるのは、私が光であるからではないのか。

力動的想像力すなわち、世界の運動学的眺望を力動性によってみたす想像力にとっては、朝日と朝の存在《エートル》は相互に力動的に誘導しあう。≪われわれはすべてをともに学んだ、相ともにわれわれは、われわれの上方に、われわれ自身にむかって、われわれを高め、雲なくして微笑するすべを学んだ。――われわれの下方に、強制と目的と過誤が、雨のごとく濛々と泡立つとき、遥遠の彼方に、雲もなく、明るい眼もて微笑みながら。≫そうだ、目的はないが、ここには飛躍と純粋な衝動があるのだ。この矢は恐らく人を殺《あや》めるであろうが、おのが罪に超然たる矢である。力動的な緊張と笑いにみちたくつろぎ。朝日の真直ぐな矢とはそういうものである。下界では、これらのあらゆる雨が丸い泡となってかび臭く匂い、哀れな声でぼしゃぼしゃといっている。天空の矢とともに存在は真直ぐに立ち上がり、いま突進したのである。

それでもなおも、夜のことを思いださねばならないであろうか。≪私がひとり歩いていたとき、夜のなか、過誤の小径で、わがたましいは何に飢えていたのであろうか。また山々を登っていたとき、山頂で私は、なんじにあらずして、だれを求めていたのであろうか。≫

≪またわがすべての羈旅とわがすべての上昇、そは無器用なるものにとっての要求であり術策でなければ、何であったのだろうか――わがすべての意志は飛び立つこと、空を飛ぶこと以外に目的をもたぬ。≫

私は欲する、かくて私は飛ぶ――されば同じく volo なのである〔ラテン語の「私は飛ぶ」volo（不定法 volare）は「私は欲する」volo（不定法 velle）と全く同形である。〕。想像的飛行の根源そのものにおもむかずには、意志の心理学を形成することはできない。

あらゆるイメージのなかでも、日の出は瞬間的な教訓を与える。それは「いま即座に」という抒情性をひきおこす。ニーチェにとっては、それはパノラマを現出させるものでなく行動を現出するものだ。ニーチェにとってはそれは観照の世界《オルドル》に属するものではなく、決意の世界に属するものである。ニーチェ的な日の出は撤回のできぬ決意の行為である。それは力の永劫回帰にほかならず、受動的なものから能動的なものへと移し変えられた永劫回帰の神話である。それゆえ権力への意志の覚醒の報告書にさらにそれを書きこむなら、人は一層永劫回帰の説がよく理解できるであろう。ただ一本の矢で太陽のごとく昇りうるもの、若々しい運命愛 amor fati によって日ごと引き受けなおされ、日ごと新たに征服される運命のなかへおのが存在を投込みうるもの。宇宙的回帰の力と一致しつつ、ニーチェの夢想者は夜にむかって次のようにいいうるであろう。《私は太陽をやがて登らすであろう。私は目ざめの時刻を布告せんとする夜警であり、夜とは覚醒への長い要求に他ならぬ。》それゆえ永劫回帰の意識とは企投《プロジュテ》せられた意志 la volonté projetée の意識である。それはふたたびおのれを見出し、同一の意識に、ひとつの意志であるという同一の意識に立ちかえるわれわれの存在であり、新たに世界を企投するわれわれの存在である。もしも人が力動的想像力を第一義的なものと考えなければ、宇宙を同じ小麦を砕きながら果てしなく回転する巨大な風車だと思うならば、人はニーチェの宇宙を誤って理解することになるであろう。そういう宇宙は死んでおり、運命によって滅される。ニーチェのコスモスはたえず若々しい衝撃によって発見しなおされる瞬間のなかで生きるのだ。それは昇る日がつくる歴史である。

X

瞬間の力動的なこの想像力に、瞬間的な衝迫のこの歓びに、さらに特殊な性格が加わる。そしてニーチェ的昇行の時間の織目をさらに間近にみるならば、不連続性をもった深い理由がまもなく現われてくる。実際、永遠なる登上もなければ、究極の上昇もないのだ。実のところは垂直性はわれわれを四つ裂きにするのだ。それはわれわれのうちに上と下を同時におく。われわれはノヴァーリスにおいてたまたま見出され弁証法的直観、ニーチェの力動性にあっては上昇と下降のリズムを一層力動的に連携せしめんとする直観をふたたび見出すであろう。

かくして、重圧の霊は、墜落の避けがたい運命をツァラツストラに思い起こさせつつ、ツァラツストラを嘲弄する。≪おお、ツァラツストラ……知恵の石よ、なんじはなんじを空中に投げた、しかし投げられた石はすべて——落ちねばならないのだ！

≪おお、ツァラツストラ、知恵の石、投げられた石、星々の破壊者よ、お前がかくも高くへ投げたのはお前自身だ——しかし投げられたすべての石は——落ちねばならないのだ！≫

実際には、肯定的なものと否定的なもの、上と下との弁証法は、かすかな風のそよぎにも、上昇の希望と下降の不安に襲われる羽のついた種子のように、われわれが大気的想像力をもってそれを生きる時、驚くべきほど感覚化される。このイメージに関連して、ニーチェのような人間がもつ道徳的想像力を生きるならば、善と悪とがこれほど近づいたことはなく、さらに正確にいうなら、善と悪、上と下がこれほどはっきり相互に原因であったことは、かつてはなかったということがわかるであろう。眩暈にうち勝つものは、眩暈の経験をその勝利そのもののなかに統合する。彼の勝利が徒花《あだばな》でなければ、新たなる日がふたたび闘争をもたらし、存在はまたしても、生起によっておのれを肯定せんとする同じ必要の前に立たされる。そしてニーチェは決定的な衝撃のあとで、山腹においてふとしたことから心が誘惑されるのを知った。≪恐るべきは山腹だ。視線がそこから空虚に落ちこみ手がそこから頂上にむかう山腹。二重の意志の眩暈が心をとらえるのは、まさにその山腹においてである≫（『ツァラツストラ』「人間たちの知恵」第二部、二〇四頁）。

われわれは先きに昇行の微分について語った。われわれはこの≪二重の意志≫において、いまふたたびその一例に出あう。二つの相反する運動がここでは互いに歯車のようにかみあい、互いに融合しあい、互いに敵対し、互いに他を必要としあっている。眩暈と魅惑の結合が緊密になればなるほど、勝利を占める存在はますます力動化される。「漂泊者」(『ツァラッストラ』二一八頁)のなかでも同じような融合、同じような力動的な複合がみられるであろう。≪いましはじめて、なんじはなんじの偉大さの道である。山頂と深淵がいましひとつに融けあった。≫上と下の相剋によってこのように感覚化されたたましいは偉大と卑賤との間を無関心にふらふら漂うわけはない。かかるたましいにとっては中間の徳はない。それはまさに≪秤量者≫のたましいである。品質劣等なる価値は空虚《ヴィド》に突き落とされるであろう。飛ぶことに適さざるものに、ニーチェは≪もっと速く落ちる≫すべを教えるであろう(『新旧の表板』二〇)。そして何ものもこの価値の秤量から逃れることはできぬ。一切が価値であり、生きるとは価値の評定なのだ。垂直化されたたましいのこのような認識のなかに、何と見事な垂直的生命があることか。それはまさに、万物がその上昇と下降をそのなかにおいてもつたましいではあるまいか。ニーチェのたましいは偽りの価値を突き落とし、真の価値を昇華する反応体である。

要するに、高められたたましいの状態は、ニーチェにとっては単なる隠喩ではない。≪心を戦《おのの》かせてあちこちでわれわれを捉えるあの例外的な状態が、未来のたましいにおいてまさに習慣的な状態となる≫時代をニーチェは呼び求める。≪それは上下間のたえざる往還運動、上と下との感情、たえず階梯をのぼりつつ同時に滑翔する感情の状態である≫(ニーチェ『聖一月』仏訳、ストック版、二四頁)。≪ためらわずに空中に上り、われわれ……われわれ自由にうまれついた鳥が、推進されるところへ飛ばんとする欲求。どこへゆこうと、われわれのまわりでは一切が自由になり晴れやかになる》(三四頁)。人はその欲求にニーチェ的な人間を認めることができる。

道徳生活にかんするこれら全ての考察が空疎な隠喩となるのは、ただ力動的想像力の優位を忘れる人々にとってのみであること、それを確認しつつ、この点についての結論を述べておこう。イメージを真に生きんとする人は道徳の心理学の根本現実を理解するであろう。そういう人は、ニーチェには気に入らなかった語ではあろうが、力の理想主義であると思われるニーチェの形而上学の中心に身をおくことになるであろう。この理想主義の公理は、上昇し下降する存在は、それによって一切のものが上昇し下降する存在である、ということである。重さは世界の上にあるのでなく、われわれのたましいの上、霊の上、心の上にある——それは人間の上にある。重力にうち勝つもの、超人には、超自然が——正確にいうならば大気的人間の心象《プシシスム》が想像する自然——が与えられるであろう。

XI

上昇の想像力の一層進んだ研究にあっては、大気と同等に均質な元素において、おのが特性を明らかにする心象をたえず区別することに心を用いねばならないであろう。それは困難だが、どうしてもなさねばならぬ仕事である。われわれが確実に、ある想像力の統一体を把握しうるのは、隣接した統一体との区別を明らかにしえたときのみである。さらに明確にするため、ニーチェとシェリーを分かつ差異をいま一度しばらく考えてみよう。

シェリーは暢《のび》やかな憧れをもって無辺の天空に身をまかせている。ニーチェは瞬間的な超人間的な企投によって、空間を、高さを征服する。

シェリーは大地から欲望の陶酔のなかに逃れでる。大気的生活を欲するすべての人々に、ニーチェは逃走を禁じる。

上昇するなんじらは、
おのれ自身の前方へ、逃れているのではないのか。

シェリーは天界のなかに揺籃で揺られる悦びをふたたび見出す。ニーチェは上空に≪明晰で、透明で、力強く、いとも電気的なる≫雰囲気、≪雄々しき雰囲気≫を見出す（ニーチェ『聖一月』仏訳、ストック版、二四頁）。ニーチェは、いかなるところにあっても、不動性を非難する。

お前は真青になって立ちどまり、
たえずもっと寒い天を求めて
煙のように

真冬をさまようことを余儀なくされる。（原註81）

この寒冷は結局のところニーチェのディオニューソス主義の特殊な性質であるが、それは陶酔や暑熱と何の関係ももたぬがゆえに、とりわけ奇妙なディオニューソス主義なのである。

XII

この高所の抒情《リリシズム》を山上生活のレアリスムによってつい説明したくなるかもしれない。人はニーチェがジルス・マリア（訳註62）に長く滞在したことを思いだすであろう。『ツァラツストラ』の着想が《海抜六、〇〇〇フィートのところで、あらゆる人間的事物の遙か上方で》、まさに一八八一年、その地で、生まれたということに、人は特別の注意を払うであろう。また『ツァラツストラ』第三部の決定的な部分「新旧の表板」が、駅から《岩のまんなかに立ったマウル人の不思議な村まで、ニースの冬凪ぎの空の下》、わけても光り輝いた冬の日に《とりわけ登り悩んだ途上で、構想された》ということ、人はそのことに特別の注意を払うであろう。

しかしこういうレアリスムは、一般に考えられるほど説明的な力をもたない。ニーチェは《かもしかがその足跡を見失った》山頂まで登ったとは考えられない。ニーチェはアルピニストでない。彼は結局のところ、山頂よりは高原にしばしば住みついた。彼の詩は高地からふたたび下りてくるとき、人々の住む谷間に戻ってくるとき、作られたものであった。

しかし想像的な風土は現実の風土よりも、もっと決定的なものである。ニーチェの想像力はあらゆる経験よりも教訓的である。それは想像的な高度をもつ風土を伝播する。それはわれわれを特殊な抒情的宇宙に案内する。ニーチェの価値の転換の根本になるものはイメージの転換である。それは大地の深みの豊かさを高さの栄光に変様する。彼は深さの彼方にあるもの、すなわち悪の彼方にあるものと高さの彼方にあるもの、すなわち高貴の彼方にあるものを探し求める。なぜなら彼は因習的な妖術に満足しないからだ。彼はこの想像的な両極の間で、あらゆる道徳的力をふり絞り、一切の功利的物質的《進歩》を拒む。というのもそれはたんに水平的な進歩であるにすぎず、われわれの重き存在を変えるものではないと思われるからだ。ニーチェはその全抒情的エネルギーを、重きものを軽きものへ、地上的なものを大気的なものに交換することにそそいだ。彼は深淵に山頂の言葉を語らしめた。獣の住む洞窟が突如、空の木響をはね返した。《おお悦ばしきかな……わが深淵が語るのだ。私はわが最後の深部を光にふりむけたのだ》(『ツァラツストラ』「快癒しつつある者」1、第一版、三一四頁)。人々はそれでもなおわれわれにシンボルや寓喩や隠喩について語り、この哲人にイメージよりも先きに道徳の教説を指し示せと願うであろう。しかしイメージが道徳的思想と一体をなしていなければ、イメージはこういう生命も、こういう連続性ももたないであろう。ニーチェの思想はわれわれの眼には想像力のマニ教主義にみえる。それはもっとも行動的なイメージによって導かれるわれわれの存在を活動せしめるがゆえに、強壮的であり、またわれわれの健康を増進するものである。人間が真に行動するその行動のなかに、人間がおのれの存在に真にかかわる行為のなかに、もしもわれわれの説に根拠があるならば、人は高さと深さの二つの展望をみとめうるにちがいない。『曙光』のなかの次の思想に豊饒と飛躍の二重の意志が感じられるのではあるまいか。《諸君は彼を知らない。彼は彼の背後に多くの分銅を吊しているかもしれないが、にもかかわらず彼はそれを高所へ運んでゆく。ところが諸君はおのがけちくさい飛躍から推して、彼は分銅を背後に吊しているのであるから、下方に残りたいのだと考えてしまう。》ニーチェは次のような偉大なただ一句によって、彼が昇行的心象をもつ最大の哲学者のひとりであること自ら示したのだと思われる(「ハフィスに」『詩集』二〇九頁)。

お前はあらゆる頂上の深さである。

第六章　青　空（原註82）

《もっとも純粋なものをも反射できねばならない》
（ジィド『日記』全集I巻四九一頁）

I

空の青を、それについてのイメージのもつ諸価値によって検討しようとすると、それだけでも詳細な研究を必要とするだろう。またそれによって水、火、大地および大気の根本元素に従い、あらゆるタイプの物質的想像力が明確になるであろう。いいかえれば、空の青というこのテーマだけによってでも、詩人を次の四つの部類に分類することができるだろう。すなわち、

不動の空のなかに流れる液体を見、ほんの僅かな雲によっても生気をかんじる人々。

巨大な焔としての青空――ノアーユ伯爵夫人がいう《燃えるような》青 le bleu cuisant として、こ

れを体験する人々(『永遠の力』一一九頁)。

青いつき固められたもの、塗料を塗られた穹窿《きゆうりゆう》——ノアーユ伯爵夫人がまた緊密な堅い碧空といっているもの——として空を眺める人たち(前掲書、一五四頁)。

最後に、空の青の大気的本性をほんとうに分有する人たち。

もちろん、本能から原初的インスピレーションに従う大詩人と並んで、かくも月並みなイメージにかんしては、≪空の青≫が決して原初的イメージでなく終始概念となっているあらゆる韻文屋《リマール》たちを暴《あば》きだすことは容易であろう。青空の詩情はこういう指導者たちによってひどく趣きをそがれてしまう。われわれは青という色がばかげた色であるというミュッセの軽蔑をほぼ理解することができる。少なくともいつわりの詩人たちにとっては、それは気どった純潔さの色、したがってそれはサファイアであり、亜麻の花である。何もこういうイメージが禁句であるというのではない。ポエジーは小なるものが大なるものを分有するということであると同様、大なるものが小なるものを分有することである。ただ大地のものなる一名称と空のものなる一名称を上のように並置することによっては、このような分有を体験することはできない。したがって文学的な模倣によらずに、素朴に野の花のなかに青空を見出すためには、偉大な詩人が必要である。

しかし贋物のイメージ、つまらぬイメージを論難することは容易であるが、それはさておきわれわれは、われわれをしばしば驚かした一つの事実について熟考してみたいと思う。きわめて多様な詩人たちを研究しながらわれわれが驚いたことのひとつは、ほんとう空の青が大気的であるイメージがいかに少ないかということを確かめえたことである。この稀少さは第一に大気的想像力が稀少なことに由来するが、というのも大気的想像力は、火や大地や水の想像力ほど決して広範にはみられぬからである。しかし特にそれは、この無辺の遠い遙かな青は、たとえそれが大気的なたましいに感じられても、文学のイメージと化するためには物質化される必要があるという事実に由来している。青いという語は或るものを指し示し désigner はするが、実際にものを見せるわけではない。青空の問題は画家と詩人にとってはまったく違った問題だ。青空は著述家にとって単なる背景でなく、詩的対象であるのだから、それは隠喩においてのみ生命をもちうるのである。詩人は或る色彩をわれわれに表わしてみせる必要はないが、その色彩をわれわれに夢見させねばならない。青空は非常に単純なものだから、だれしも、それを物質化させねば、夢幻的なものにすることができないように思う。しかし物質化の途上で、人々はそれを余りにも多く物質化してしまう。人々は青空を余りにも堅く、余りにも生々しく、余りに燃えるがごとく、余りにも緊密に、余りにも焼けるがごとく、余りに輝かしくしてしまう。しばしば青空はわれわれを余りにもじっと眺めすぎる。人々はたましいを原初的な実質性をもつ生命に改宗させることができないので、余りにも多くの実質性を、余りに多くの恒常性を与えすぎる。青空はほんとうに大気的なたましいにとっては、あるかなきかの風の調べにすぎないのに、人々は響きのよいクリスタル・ガラスのように、それを《振動させる》ことによって、青空の調べをつくりだす。かくして、ノアーユ伯爵夫人が書いたものには強度が過重負担となっている（『統治』二〇三頁）。《空の青さが今日はあまりに強烈なので、長く見ていると目がつぶれそうになる。それはぱちぱちとはぜ、渦巻きを巻きおこし、金の錐、暑い霧氷、尖った燦然《さんぜん》たるダイヤモンド、矢、銀の蠅で

みたされている……≫

真に大気的な特性はわれわれの考えによれば、それとは別な方向にある。それは、実際離物質性 **dématérialisation** をもつ力動性に基づいている。大気にかんする実質的想像力が躍動するのは、ただこのような離物質的力動性の状態においてのみである。空の青はこころもち蒼ざめた色彩として、蒼白いものとして夢想されるとき、大気的なものとなる。ところでこの蒼白さは、精巧さを、すなわちポール・ヴァレリーが次の詩句で述べているように、撫ぜていると上質の麻のように指の下で柔らかになってくる、と思われる一種の精巧さを望むものだ。

きわめて高い場所の神秘な穀粒。（原註83）

青空がその静けさと軽さについてわれわれに助言をあたえてくれるのは、まさにそんなときだ。

空は、屋根をこえて、
かくも青く、かくも静かだ。

そういってヴェルレーヌは牢獄の奥から、どうしようもない思い出の重さにうちひしがれ、また溜息をつく。この静けさは恐らく憂愁にみちたものであろう。夢想者は青空が決しておのが所有物にはなりえないであろうと感じる。≪もしも今宵、青に、あの青に、正確にいうなら空の青に到達しないとしたら、初歩的な強壮的な登山術のうたい文句など何の役に立つだろう≫（原註84）。

しかしわれわれは天上の青の離物質性の度合を読みとることによって、初めて大気的夢想の活動具合を知りうるであろう。われわれはそのとき、大気的な感情移入 Einfühling が何であるか、可能な限り区別されることの少ない宇宙、実体性を最少にしかもたず、際限もなく形もない、青い静かな宇宙への、夢想者の融合がどういうものであるかを、理解するであろう。

Ⅱ

以下四つの資料による早見表をお目にかけよう。そのうち第四のものを除くといずれも、大気的見地からいって、完全に純粋なものではない。

一——まずマラルメによる資料であるが、詩人はここで、≪三途の池≫からあらわれる≪親愛な倦怠≫のなかに生きながら蒼空の≪皮肉≫を苦しんでいる。彼は、

……絶対に疲れを知らぬ手で
鳥たちが悪意をこめて作る青い大きな穴を

欲する余りにも攻勢的な蒼空を知っている。
しかし蒼空はもっと強く、鐘にうたわせる。

わがたましいよ。蒼空は意地悪い凱歌をあげて、
われわれをさらに恐れさせるため、声と化し、
生きた金属から、青いお告げの鐘となってでてくる。(原註85)

この蒼空と鳥の競いにおいて、詩人が、《意地悪い凱歌》のなかで、なお余りにも多くの物質を夢想者に課する余りにも堅い青空に苦しんでいるのを感ぜずにおれるだろうか。マラルメの詩によって感応した読者は、おそらく、それほど攻撃的でなく、振動的でなく、もっとやさしい蒼空、こんどは鐘が青銅の唇の思い出を全くもたず完全に空の働きに身をまかせ、おのずから鳴りとよむ、そんな蒼空を夢想するだろう(原註86)。

二――青空と、そこに姿を見せる物との間に始められた戦いのなかで、われわれが青空に合体したいという奇妙な欲望がおのれのうちに生きているのを感じると思われるのは、しばしば無垢の青さの上に事物が創る傷によってである。宇宙的な段階に高められた形にかんしては、理論的にいって、青空は絶対の背景であるといってよいであろう。ゾラの或る頁はこの傷口に対する生き生きとした感受性を非常によく表わ

している。自分の過去を忘れがちで、パラドゥで嘗めている精神的葛藤をさえ意識しないセルジュ・ムーレは回復期の寝床から、いま彼の夢想の唯一のモティーフである青空を見ている。≪彼の目の前には、大空が、真青《まさお》が、果てしない青があった。彼はその空の中で苦悩を洗い落し、軽い揺籃のなかにいるように、身をゆだね、優しさを、清らかさを、若さを飲んでいた。ただその影が窓をよぎるのが見えた枝だけが力強い線の青海に染みをつけていた。地平線を飛ぶ燕の汚れにも傷つくこの病人の繊細さにはそれだけでももう耐えがたいほどに強い火口《ほくち》であった≫(エミール・ゾラ『ムーレ神父の過失』ファスケル版、一五〇頁)。

マラルメの詩句における同様、ここでもまた、たくましい鳥の飛行がその単純な色彩の統一、回復期の単純さや優しさが必要とする存在の軽さの統一を守らんとする宇宙を傷つけるように思われる。この夢想を準則化すれば≪何ものも青空を複雑なものとするなかれ≫ということになるであろう。小枝、通りすぎる鳥、十字窓のあまりにもきわだった横木は、大気的夢想を乱し、あの普遍的な青、腐敗を知らぬあの青への存在の融合を妨げる。感覚的なものの豊饒さにつねづね想像力をはせる小説家は、こうした元素的なイメージの直観には満足しないものである。ゾラがここで大気的想像力のもつイメージに満足しているのは偶然のことだ。

三――第三の資料もまた、特にその最初の部分には不純なものが混っているように思われる。第四の資料の純粋さを一層はっきりきわだたせるために、われわれはその部分を書き写そう。コルリッジはいっている(以下の訳文はジョン・シャルパンティエの研究『コルリッジ、崇高なる夢遊病者』より引用)。≪空は眼にとって、逆さまにされた杯、サファイアの水槽の内部、形体と色彩の完璧な美である。精神にとってはそれは広大無辺なものである。しかし眼はいわば、そこに何の抵抗もないのを漠然と感じながら、それを横ぎって見る能力があるようにみずからを感じる。眼は堅固な限界のある物体があたえる感動を正確には経験しない。それは、その限界が無限定なものを前にして、おのれが見ているものを超える能力にあることを感じる。≫残念なことに、杯とサファイアとの比較は、限界の定まらぬ印象を≪固定化≫し、青空の熟視によってえられる大いなる潜在的性質を妨げるように思われる。とはいえ大気的な共感をもって、コルリッジの文章を読んでゆくと、人はまもなく眼と精神がひとつになって抵抗のない青空を想像しているのがわかる。両者はひとつになって、そのヴォリュウムにおいて色彩を保ちながらも、逆さまにされた杯という書物的な陳腐なイメージにかかわらず、決して閉じこめることのできない無限の物質を夢見ている。さらにコルリッジのこの文章は、次のような想像力の心理学および形而上学に対する非常に貴重な観察によって終っている。≪深々とした空の眺めは、あらゆる印象のうちでも感情にもっとも近いものである。それは視覚的な事物というよりむしろひとつの感情だ、いやもっと正確にいうなら、それは感情と視覚が渾然と融合したもの、完全に一体となったものである。≫大気的感情移入 Einfühlung がもつこのきわめて特殊な面を深く考えてみなければならぬ。それは燃え上がる世界と心の熱情が等しくなる時、熱烈な心が感じる熱さの感じを一切ともなわぬある融合である。それは形体や色彩の溢れる富に心が驚嘆するとき、地上的な心が、≪数えきれない≫心が感じる豊かさの感じをとり去ったひとつの気化の現象である。青空のなかへのこの存在の喪失は、本質的に単純である感情的ニュアンスをもっている。それは≪雑色なるもの≫、もろもろの混合、もろもろの出来事と完全に対立するものだ。そこで実際≪青空の感情≫という言葉を語ってよいわけだが、この感情は恐らく≪小さな青い花の感情≫に比《たと》えらるべきものであろう。この比《たと》えのなかで、青空の感情は線のない心の溢出として姿を見せるであろう。やさしく青い青空には、もはや略奪者はいない。青いニュアンスをおびた大気的感情移入は、出来事をもたず、衝撃をもたず、歴史をもたない。コルリッジとともにいま一度≪それは視覚的な事物であるよりはむしろひとつの感情だ≫というとき、一切はそれで語られてしまうのである。物質的想像力によって瞑想された青空は純粋な感傷性をもつものだ。それは対象のない感傷性である。それは企図のない昇華、とらえどころのない昇華に象徴として役立ちうるものである。

四――しかし第四の資料はわれわれに想像的離物質性、感情的離色彩性 décoloration の印象を完全にあたえるであろうから、人は隠喩を逆にして、空の青は眼差しの青と同じくらいに非現実的、不可知的であり、同じくらいに夢にみたされていることを実際理解するであろう。われわれは自分が青空を見つめていると信じている。ところが不意に青空こそわれわれを見つめているのだ。われわれは非常な純粋さをもったその資料をポール・エリュアールの書『見せること』から、援用しよう。≪ごく若かったころ、私は純粋さにむかってわが腕をさし広げた。それはわが永遠の空における翼の羽ばたきにほかならなかった。私はもはや落ちることができなかった。≫生きるのに何の苦労もないものの生活、落下する危険を何ら犯さないものの軽快さ、色彩の単一性と性質の単一性をもつこの実体は、直接的な確実さで、大気の夢想者に与えられる。詩人はそれゆえこのとき純粋さを詩的意識の直接所与として把握する。他の想像力にとっては、純粋さは論理的推理によるものであり、それは直観的でもなければ、直接的でもない。したがって徐々に浄化作用を行なうことによって、純粋さを作りあげねばならない。それに対して、大気の詩人はいわば朝の絶対とも呼ぶべきものを知っており、≪形体が何の役目も演じない神秘によって≫大気の純粋さを運命としてもっている。≪鳥も雲も追い払われた色のない空を探りたいものだ。私は世界やおのれ自身のことも知らぬ、この世の外の、無垢な眼の奴隷となった。静かな力よ。私は見えるものと見えないものを抹殺し、裏錫のない鏡のなかにおのれの姿を消し去った。≫色がないが、なお青い空、果てしない透明さをもった裏錫のない鏡は、いまや夢見る主体だけで充足する客体である。それは現存と離隔の相反する感じを合体する。この単純さに溢れた主題について唯美主義《パンカリスト》的な夢想を研究すれば、恐らく興味がつきないであろう。われわれはいくつかの形而上学的考察を記すにとどめよう。

III

われわれが信じるように、瞑想する者がまず何よりも夢見る者であるとすれば、大気の夢想にかんするあらゆる形而上学は、エリュアールの文章から啓示《アンスピラシオン》をうけとることが可能であろう。そこでは夢想が正しい場所に組み入れられている。いいかえればそれは表象《ルプレザンタシオン》よりも先きにあり、想像された世界が表象せられた世界より正しく先きにおかれ、宇宙《ユニヴェル》が客体《オブジェ》よりも正しく先きにおかれているのだ。世界の詩的認識が客体の合理的認識に正しく先んじているのだ。世界は真であるよりも先きに美である。世界はその価値を検討されるよりも先きに、讃嘆せられる。あらゆる原始性はすなわち純粋な夢幻性である。

もしも世界がまず私の夢想でなければ、そのときには私の存在はただちにその表象のなかに閉じこめられ、つねにその感覚を時間的に越えられず、その奴隷となってしまうであろう。夢の空席《ヴァカンス》を失うと、それはその表象を自覚することができないであろう。存在がその表象能力を自覚するためには、それゆえこの純粋見者《ヴワイヤン・ピュル》の状態を通り抜けねばならない。空虚な空の裏錫のない鏡の前で、存在は純粋なヴィジョンを実感しなければならない。

ポール・エリュアールのあの文章によって、それゆえわれわれは、表象の学説に対する――われわれの意見によれば、不可欠な――前提である一種の前ショーペンハウエル的な教訓を、いましも獲得したのである。われわれは瞑想する者の発生過程を明らかにするために、次のような系譜の立てかたを哲学者たちに提案する。

まず最初に夢想――あるいは驚嘆がある。驚嘆とは瞬間的な夢想である。

ついで観照《コンタンプラシオン》がある――それは夢想を蘇らせ、夢を再び見直し、感覚的生命の偶発事があるにもかかわらず、その想像的生命を再建しうる人間のたましいの不思議な力である。観照は感覚よりははるかに多く追憶を統合するものだ。それは光景的《スペクタクル》であるよりは、はるかに歴史的である。人が豊饒さにみちた驚くべき光景《スペクタクル》を観照していると思っているときは、実は、もっとも多様な追憶によって、その光景を豊かにしているのである。

最後に表象がくる。認識された形体への反省によって、また愛撫された形体に対する、今度は忠実で非常に明確な記憶によって、形体の想像力の仕事が介入してくるのはこのときである。

それゆえわれわれはいま一度、特定の例において、あらゆる精神の発生における想像力の根本的役割を確認する。われわれを根源的な夢想から形体の美の論理推論的な認識に導いてゆくのは想像力の長い発展過程である。功利主義的認識の形而上学は人間を条件反射の集合体として説明する。それは夢見る人間、夢想する人間を考察の外においてしまう。イメージにその原初的な心的機能《プシシスム》を返してやらねばならない。イメージのためのイメージ、それこそ能動的な想像力の法式である。人間の心的機能が一種の直接的な究極性として未来にむかう因果律を受け入れるのは、まさにイメージがもつこの能動性によってである。

さらに、エリュアールとともに想像力によって、想像力のために——対象が追い払われた優しい花車な青にむかっての純粋視覚のあの時間を生きることを承認するなら、人は空のタイプに属する想像力が、夢と表象の価値が最も稀薄な現実性のなかで互いに交換される領域を提供するのを理解するであろう。他のすべての物質は対象《オブジェ》を硬ばらせてしまう。それゆえ他のところよりも青い大気の領域においては、人は世界がどんな不確定な夢想にも浸透されうるのを感じる。だからこそ夢想が真に深さをもつわけだ。夢によって青空がうがたれる。夢は平面的なイメージから逃げだしてしまう。やがて空の夢は、逆説的に、深い次元をしかもたなくなる。絵画的な夢想、描かれた夢想がたわむれる他の二つの次元は彼らのもつ夢幻的な関心を失ってしまう。世界はそのとき真に裏錫のない鏡のむこう側にある。世界は想像的な彼岸、此岸をもたぬ純粋な彼岸となる。最初は何もない。ついで深い無《リヤン》があり、つづいて青い深さがある。

もし進んで哲学的に、表象からではなく大気の夢想から出発して熟考するなら、主体の側における利得は客体の側における利得に劣らず、大きい。青空、非常に静かな、色のない青の空を前にするとき、エリュアール的な夢想によって浄められた空を前にするとき、人は誕生状態において、誕生状態の不思議な力動性のもとに、主体と客体を——同時に——把握することができるであろう。対象が追い払われた空を前にするとき、追憶が追い払われた想像的な立体がうまれるであろう。それは、ショーペンハウエルによってしばしば述べられた精神と物質の共同体は、人が表象の世界よりは想像力の世界に身を置き、想像的物質と想像する精神を——ひとつにして——研究しようとすれば、はるかによく感じられるという新たなる証拠である。煙の前のひとつの夢、それこそ想像力の形而上学の出発点である。夢想が、この煙が、私の精神のなかに入ってきた、とヴィクトル・ユゴーはどこかでいっている。青い空とその夢想者は恐らく、さらに一層完全な平行性をもっているのであろう。すなわち夢が少なくなれば煙もまた少なくなる……、半ば夢なるものと半ば青いものの統一が想像的なものの涯てにかくして作りだされるのである。

要約すれば、青空——ひたすら青い空——を前にしての夢想は、いわば現象のない現象性を確立する。いいかえれば、瞑想する者はそのとき最小の現象性の前にあり、しかもなお彼はその現象性から色をぬき去り、それを消すことができる。瞑想する者は視覚的解脱《ニルヴァナ》、行為のない力、見ること、ついで一様なるものを見ること、ついで色なきものを、ついで非現実的なものを見ることを素直に喜ぶ静かな力への参加に心を誘われないことがあろうか。もしも懐疑による方法——われわれを表象から殆ど引離しえないあまりに潜在的な方法——のかわりに、消去による方法——夢想の傾向そのものが方法自体にあるがゆえに一層有効な方法――を用いるならば、人は大気の夢想がほんの僅かながら想像する者から、すなわち最小限度において、思考する者から流出しうることに気づくであろう。

物質が解消し姿を消す極端な孤独、疑わしい物質の前でおのが形を失う疑惑。孤独な主体が色をぬき去られた宇宙の前に立つとき、消去の哲学があたえる教えとはかくのごときものであろう。われわれは他の著作においてその問題について私見を語るとしよう。想像力の問題にわれわれの仕事を限定するために、われわれがここでひとつの困難なパラドックスをもてあそんでいることを充分理解していただきたいと思う。そのパラドックスとは、結局、イメージのない想像力≪イメージを消去すること≫によってその楽しみ、その生命を見出す想像力の活動を記述することによって想像力の始源的な性格を証さんとするていのものである。しかし青空のような形の乏しい世界を前にして、最小の条件のもとに、想像的なるものの問題を確立しうるというこの唯一の事実こそ、われわれがいま提起している問題の心理学的に現実的な性格を証明するものだと思われる。

≪透明なる世界≫に他ならぬ青空を前にして、単純化され単純化する偉大な夢想を愛するすべての人は、≪出現するもの≫のもつ空虚を理解するであろう。そういう人たちにとっては、≪透明さ≫は外観のなかでももっとも現実的なものであるだろう。それは彼らに明晰についての秘かな教訓を内的に与えるであろう。もしも世界もまた意志であるとすれば、青空は明晰さへの意志である。青空に他ならぬ≪裏錫のない鏡≫は、独特のナルシシスム、純粋さの、感情の空位の、自由意志のナルシシスムを目ざめさせる。青い空虚な空のなかで、夢見るものは≪直観的な明確さ≫、感情と行為と思想において明確であるという幸福感がもつ《青い感情》の図式を見出す。大気のナルシスは青空のなかにおのが姿を映すのである。

Ⅳ

そのいくつかの局面において、その超越性において、われわれが特徴を示してきた離物質性《デマテリアリザシオン》だけで、もちろん、青空を前にしてうまれる力動的な夢想のすべてが語られるわけではない。強度を常に増さんとする力動性によって、あらゆるイメージに働きかけるたましいがある。そういうたましいは本質的に感動的な強さで、見かけはもっとも静かなイメージを生きる。たとえばクローデルのような人は直接的な、血の気に富んだ粘着力を求めるであろう。そういう人は青空をその根源物質によって捉えるであろう。そのとき何ものも動かぬこの巨大な量塊、すなわち青空を、紺碧でいっぱいになった空を前にして、彼が発する最初の問は《青とは何か》という問であろう。クローデルの讃歌はそれに対して、《青とは可視的なものとなった暗がり l'obscurité devenue visible である》と答えるであろう。このイメージを感じるために、われわれはあえて過去分詞の部分をとりかえたいと思う。というのも想像力の領域においては過去分詞なるものは存在しないからである。われわれはそこで《青とは可視的なものになる暗がり l'obscurité devenant visible》といおう。そしてそれゆえにこそクローデルは次のように書いているのである。《航海するものが、東方の空に、いっきょに星が消え失せるのを見るあの微妙な瞬間が示しているように、昼と夜との間にある蒼空は或る均衡を指し示している。》

この微妙な瞬間——ひそかに移ろい動く讃嘆すべき時間——大気の夢想はそれを蘇らせ、再開し、再建することができる。どんなに堅固につくられた青空を前にしても、空想のなかでももっとも閑暇な大気の夢想は、痲痺と覚醒のリズムをおのれのうちに感じながら、闇と半透明の変質を見出す。青空は久遠の暁である。太陽が金の閃光を放つ前に、夜の宇宙が大気的なものになってゆくこの瞬間を再び見出すためには、眼を半ば閉じて、青空を見守るだけでよい。この暁の尊とさ、この目ざめの尊とさをたえず体験することによって、人は初めて不動の天空の運動を理解するのである。クローデルがいうように、《不動の色彩というものはないのだ。》青空は、目ざめの動きをもっている。

このように夢見られた青は、まさに元素的なものの核心にわれわれを導いてゆく。大地のいかなる実体も青空ほど元素的特質を直接保持しているものはない。青空は語のあらゆる意味において、元素的なイメージである。それは青い色に不滅の光輝《イリユストラシオン》をあたえる。最良の青は常に空の青である。それは言葉に先立つ、とクローデルはいう。《いかなる場合においても青は、根源的で普遍的な、新鮮で純粋な、言葉にさきだつ或るものだ。それは包容し、なべてのものを浸す一切のものにふさわしい……それはピュリシマの衣裳だ。》

青とか金色の一様な色はまるであらゆる色彩を単一の色彩に溶かしこむかとみえるような一体感でしばしば夢想される。青はそのとき非常に強力なので、赤すらをも同化してしまう。『白鳥のいないレダ』のなかで、ダヌンツィオは書いている。《うちまじった太陽の金《きん》と森の花粉は、風の鼓動のなかでは、もはやただひとつの同じ埃にすぎなかった。松はそれぞれの針葉の尖端に、蒼空の滴をつけていた。》震える樹木が青空を滴《したた》らせるのをこれ以上巧みにいうことはできまい。ただ一つのサインで、≪蒼空の一滴で≫、宇宙的感動を共有させること、それこそ詩人の任務である(原註87)。

青空が青くなる働きをするのは、多くの場合、対比《コントラスト》を通じてである。フーゴー・フォン・ホフマンスタールが註を施した次の詩句のなかに、このコントラストの力強い夢想がみられる。≪たましいの年は秋の風景で始まる。秋の空が次のように歌われる。≫

かがやき光る遠い岸べの微笑み、
清らかな雲の思いもかけぬ青が
池や色とりどりの小径を照らす。

Der Schimmer ferner lächelnder Gestade,
Der reinen Wolken unverhoffte Blau
Erhellt die Weiher und die bunten Pfade.*

そして詩人はあの見事な「詩についての対話」のなかで次のように書き加えている。≪それは美しい、それは秋を呼吸している。「清らかな雲の思いもかけぬ青」というのは大胆だ。というのも夏を夢見させるあの青色の湾が開けてくるのは、雲と雲との間であるが、それ以外のところはどこも気むずかしく寸断された秋の空で、湾が見られるのはほんとうに「清らかな雲」の縁《へり》でしかないからだ。ゲーテならこの「清らかな雲」という句を愛したろう。それに「思いもかけぬ青」という句も完璧だ。それは美しい。そうだ、確かに秋だ≫（原註88）。

≪そこには（ほんとうに）秋が、秋以上のものがある≫、なぜなら詩人はもう一つの年の、消え去った夏の輝きの思いもかけぬ思い出を感じさせることができたからだ。このように、文学的なイメージは視覚的イメージよりも次元の数を一つ多くもっている。それは思い出をもっており、また文学的な秋は、秋が夏の完遂であることを感じている。≪われわれの感情や感情の最初のあらわれ、われわれの内奥の存在のもっとも秘かな、もっとも深い状態が風景や季節、大気の性質、一陣の風に、結びついているのはほんとうに不思議なことだ。≫フーゴー・フォン・ホフマンスタールの風景は独特の理念をもっているように思われる。それはアミエルの言葉に従えば、たましいの状態 état d'âme であるばかりではなく、いにしえのたましいの状態である（原註89）。それは青くなる追憶であり、生命がやがてそれを消し去るものである。人はそこで、フォン・ホフマンスタールが、≪たましいの風景、その出現がわれわれのうちにあらゆる意味にまさるひとつの新しい意味をうみだす時空のような無限の風景≫（一七一頁）について語るのを了解するであろう。同じようにO・ド・ミロスは≪私の記憶のなかで純粋な風景が夢見る≫という（『元素』一九一一年、五七頁）。それは優しい移ろいやすい色のなかで追憶のように生きるデッサンのない風景である。

V

とはいうものの、一層実際に存在する夢想はしばしばデッサンに立ちかえるものだ。青空はそのとき、宇宙のホモ・ファベル（工作人）の、すなわち風景を乱暴に切りとる造物主の理論を正当化するひとつの背景となる。このように原初において切りとられたことによって、地は空から別れる。緑の丘がいわば絶対的なプロフィル、何人も愛撫せず、もはや欲望の法則に従わぬプロフィルとして、蒼空の上に描きだされる。

宇宙的な梯尺によって、青空はあらゆる丘に形を与える背景である。その一様さによって、それはまず大地的想像力のなかで生きるあらゆる夢想から離れてゆく。青空はまずもはや想像さるべきものをもたぬ空間である。しかし大気の想像力が活気づくときには、この背景は積極的なものとなる。それは大気の夢想者に対して大地のプロフィルを再編させ、地と空が交信する地帯に対する関心を喚び起こす。すなわち水の鏡が現われ、空の青を一層実体的な青に変改する。青い運動がときに迸りでる。たとえば翡翠《かわせみ》がそうだ。≪それはもっとも速い鳥に分類される鳥である。それは水と光が互いの間で交換しあう青い稲妻だ≫（原註90）。空よりも無気力な大地がついに動きだし、みずからに風を通わせる。大気の夢想者にとって、こんどは大地が背景となり、この背景にむかって引きしぼられた力が、果てしない一面の青のなかで躍動する。かくしてもっとも夢想的な、もっとも移ろいやすい形のもとに、想像力は、くり広げられた宇宙に働きかけるゲシュタルト学説の諸要因（訳註63）を見出す。

VI

青空が、想像力の働きに恐らくは何の口実もあたえないという事実は、ある種の詩人の詩において、それに他の名称が冠せられる所以を説明する。ヘルダーリンにとってはかくして陽の当たった青い漂々たる空はエーテルである。このエーテルは第五の元素に当たるものではなく、単に科学的な名のもとにうたわれた強い明るい大気を表わしている。ジュヌヴィエーヴ・ビアンキー嬢はその点を正しくみている（『詩への序論』一六頁）。すなわち世界のたましいであり、聖なる大気であるエーテルは≪頂上の清らかで自由な大気、季節と時間、雲と雨、光と雷電がわれわれにむかって降りてくる気圏である。純粋さ、高さ、透明さのシンボルである空の青は、ノヴァーリスの夜のように、多元的な意味をもつ神話である……。≫そしてビアンキー嬢は、次のようにヘルダーリンが書いた『ヒューペリオン』の一節を引用している。≪その焔でわれわれを力強く生気づける霊の兄弟よ。聖なる大気よ。わが行くところいずこにも、御身が遍満し、不死の姿でわれにつき従うこと、それは何とすばらしいことか。≫エーテルのなかにおけるこのような生活は、父なるものの庇護のもとに帰ることである。父なるエーテルよ、とヘルダーリンの祈願は幸福と力を総合しつつ、くり返していう。光と熱、強壮性と偉大さが互いに交換されあう、いわば多価性《ポリヴァランス》をもたぬエーテルはない。いま一人の詩人が宗教的な感動に高揚した一時期に、ヘルダーリンと同じく、次のように瞑想する。《私は神のなかに呑みこまれた。夏の日の暑さのなかを漂う原子が大気のなかに上がり、溺れ、姿を消し、エーテルのように透明になって、空気そのものと同じくらい大気的に、光自身と同じくらいに輝いてみえるように》(ラマルティーヌ、『告白』一〇八頁)。詩人においてはエーテルは《超越的な》元素ではなく、単に大気と光の総合にすぎないことを証しうる多くの例を集めることは容易であろう。

Ⅶ

われわれは蜃気楼のテーマを青空のテーマと結びつけることができる。蜃気楼は物語作者の天才をまって、かろうじて現実的なものとかかわりをもつ夢想の主題である。蜃気楼の物語をいきいきと描く作家のうちで、蜃気楼を実際に見て心を動かされた人は、千人に一人ぐらいではあるまいか。物語作者は、同じようにそういう経験をもった読者を千人に一人でもみつけうると思いうるだろうか。しかしこの語は非常に美しく、このイメージは非常に偉大であるから、それは決して古びない文学的隠喩である。それは稀なものによって平凡なものを、天空によって大地を説明する。

それゆえそれは殆ど全く文学に所属する現象、やたらと増えまさってはゆくが、実際の光景を前にしておのが力を強固にするよすがをもたぬ文学的現象である。それは殆ど宇宙《コスモス》を欠如した宇宙的なイメージだ。蜃気楼は、ぐっすりと眠りこんだ宇宙の空しい夢のようなものだ。そして文学においては、蜃気楼は、ふたたび思いだされた夢のように現われる。

蜃気楼は陽のきらう青空の文学に属している。たとえば『ユリアンの旅』に出てくるあの町、すべてが、≪雲のなかに消えている≫頂上と≪雲雀のように≫互いに叫びかわしている辰司僧《ミュエザン》とともに暁をうたう長尖塔でできたあの≪蜃気楼の町≫を思い浮かべれば、大気的特徴がそこにみられるのを拒みえないであろう（原註91）。

蜃気楼は現実的なものと想像的なものの連関構造を学ぶのに役立つであろう。実際、蜃気楼においては錯覚現象が一層恒常的な現象的組織のもとに形づくられ、逆に地上の現象がそこでその理念性を明らかに表わすと思われる。青空の上に実に多くの空しいイメージが押しよせてくるということ、それこそすでにその本質のうちに色彩を宿しているこの空間に一種の現実性を与えるものである。ゲーテが空の青にかんして根源現象 Urphänomen について次のように語ったわけが理解される。≪空の蒼《あお》はわれわれに色彩学の根本法則を明かしてくれる。人は現象の背後に何ものも求めてはならない。現象はそれ自体が教えないのだ。≫≪私が結局のところ根源現象《ウルフェノーメン》に頼ろうとするのは恐らくただ諦観によるためであろう。≫≪しかしもし私が人間性の限界に、または限られた私の個性の範囲内に甘んじるならば、依然として偉大な差異が存在する。≫ショーペンハウエルが正当に引用しているゲーテのこの思想は（原註92）、青空を、それを眺める個人ともっとも関係の少ないイメージとして特性づけているように思われる。このイメージは大気の想像力を要約するものだ。それは極限の昇華を、一種の絶対的な、分解不能な単純なイメージの承認を決定するものだ。青空を前にするとき、人はショーペンハウエルの≪世界は私の表象である≫という思想を、次のようにいいかえて単純化してもよいわけだ。すなわち世界は、青い、大気的な、遙かな、私の表象である、と。青空は私の蜃気楼だ。あらゆる法式は最小限度の形而上学をはらみ、その形而上学のなかで根源的生命にかえった想像力が、想像力をして夢想させる原初の力をふたたび発見するといってもよいであろう。

第七章　星座

おお、何という牡牛座、大犬座、大熊座よ。巨大な勝利の何という数々の獲物よ。ほどこす術もない時間の中に、たましいが入り込むとき、たましいは形せ のない空間に畏怖の念を抱かせる。

（ポール・ヴァレリー『魅惑』「秘密のオード」）

I

青みがかった夜のあの広大な板の上に、数学者的夢想が幾何学的図式を書きあげた。それらの図式――これらの星座はすべて根拠のないもの、魅力にみちた誤りなのだ。星座は全く関係のない星々を結びつけて、同じ一つの像を描きだす。星座を描きだす夢想は、現実の点の間に、単玉のダイヤモンドのように孤立した星々の間に、想像的な線を引く。極度に簡略化された点描画に、この夢想という抽象絵画の巨匠は、黄道帯《ゾディアック》のあらゆる動物を認めるのである。道具を作る人間《ホモ・ファベル》――怠惰な車大工――は車輪のない荷車を天空に投げあげ、収穫を夢見る農夫は、たった一本の黄金色の麦穂を天空にかかげる。だからイメージを投影する想像作用《イマジナシオン》のこれほどの豊かな力に較べたら、次のような辞書の理詰めの定義はなんと面白いことだろう。≪星座。記憶を容易にするため、恒星の一群を人や動物や植物の姿に見立て、他の同種の星の群から区別するために名称を与えたもの≫（ベシュレル）。≪記憶を容易にする≫ために星に名称を付したとは、夢想の強い表現力を何とはなはだしく見損っていることか。夢想の想像的な投影の原理になんと無知であることか。黄道帯は幼年期の人類のロールシャッハ・テストである。一体どうしてこれが手のこんだ魔法の書にされてしまったのだろうか。なぜ人々は夜の空を書物の空に変えてしまったのであろうか　空には、詩が古い言葉に妨げられて名づけることができなくなった何と多くの夢があることだろう、何と多くの夜の作家たちに次のように呼びかけたくなることだろうか。≪夢想の原理に帰りなさい。星のきらめく空は、知るためではなく、夢想するために、われわれに授けられたものなのです。空は、星座をうみだす夢への、われわれの欲望からうまれた様々の形象の手軽で束の間の構築への誘《いざな》いなのです。「恒《フイックス》」星には何かの夢想を定着させ、何かしら夢想を他人に伝え、何かの夢想を再び見つけだす使命があるのです。このように、夢想家は夢幻状態《オニリスム》が普遍的なものである証拠を握っているのです。若い羊飼いよ、お前の手が夢見ながら愛撫するあの牡羊は、ほらあそこの空にいるじゃないか、広い広い夜をゆっくり回りながら。お前は明日またあの牡羊に会えるだろうか　あの牡羊をお前の女友達に教えておやり。二人で一緒に牡羊を描き、牡羊に感謝し、親しく「お前」と呼びかけておやり。お前たちが二人ともみな同じ幻影《ヴイジヨン》をもち、同じ願いをもっていることを、また夜の夜中に、夜の孤独の中に、同じまぼろしが通りすぎるのが見えることを互いに明かしあってごらん。夢が互いに結ばれあったとき、どれほど人生は偉大になることだろうか。≫

天空にかんする想像作用がどれほど誤っており、書物の知識によって妨げられているかは、作家たちが無力でもあれば貧弱でもある≪知識≫のために、自ら進んで夢への道を踏みはずしたいくつかの文章を読み返すとはっきりするであろう。恐らくその時われわれは、夢想にその安定した連続性を取り戻させる唯一の手段、すなわち作られた夢幻状態のために、意識《ル・コンシアン》を破壊すべき一種の反精神分析を問題にすることが許されるであろう。星座を≪知≫り、書物の中でのようにそれに名称を付し、空に学校の天体図を投影するなどとは、われわれの想像力を虐げるものであり、星のきらめく夢幻状態の効用をわれわれから取り上げてしまうことだ。≪記憶を容易にする≫これらの名前の重《おも》しがなければ——名前を記憶するという、夢想を拒むこの大変な怠け者の記憶がなければ——日々の新たな夜はわれわれにとって新たな夢想、つねに新たにされる宇宙進化《コスモゴニィ》の姿になるであろう。できそこないの意識、できあいの意識は、無定形なあるいは歪んだ意識と同じように夢想する魂にとって有害なものだ。心象は想像されたものと、知られているものとの間に均衡を見つけなければならない。この均衡は、想像しつつある力がふいに任意の図式に結びつけられるというような空しい置換によって自足するものではない。想像力は根源的な力である。それは、想像者の孤独の中でうまれるべきものである。観照することを理解するためには、ここでもまたショーペンハウエルの——星のきらめく夜は私の星座である——という公式から出発しなければならない。この公式は私に私の星座をうみだす力を自覚せしめる。この公式は詩人がいうように、重みのないあの萼《がく》を、あの宇宙の花を私の指の間においてくれる……(原註93)。

II

われわれは想像的なものの純化のためのこのような反精神分析の機会を、心情のきわめて偉大な夢想家ではあったが、視覚の点ではきわめて貧弱な夢想家であったある作家に見出すであろう。ジョルジュ・サンド――素朴な心のやさしさにみちた想像力に対するうまれながらの稟質の故にわれわれが愛読しているこの作家――は抑圧された夜のロマンチスムの好例を、粗雑な知識のメッキで芽のうちに硬直させられた夢幻性の好例を示しているように思われる。

事実、ジョルジュ・サンドの作品の多くの頁では星のきらめく天空を前にした夢想が、その衒学《げんがく》趣味のために思わず吹きだしてしまうような天文学の講義に堕してしまっている。アンドレが優しく繊細なジュヌヴィエーヴを愛し始めたとき、彼は彼女にまず植物学を、つまり花の学名を≪教える。≫次に彼は夜の空の神秘を教え込む（原註94）。≪アンドレは、生まれて初めて他人にものを教えることがうれしくかつ得意になり、証明の方は彼の弟子の知能に合せるために一切簡略にしようと心を配りながら、宇宙の仕組みを彼女に教え始めた。彼女はすぐに理解した。有頂天になったアンドレが、彼女に並はずれた能力がひそんでいることを確信するときがたびたびあった。≫一人になったジュヌヴィエーヴは（一〇三頁）、≪夜がくると、さんざしの植わった丘に腰を下ろし、アンドレがその運行を説明してくれた星が空に昇るのを眺めた……彼女にはもうたましいが地上の牢獄から出て、純粋な天界の層へと飛びたってゆくあの観想の効果が感じられた。≫ このように互いに対蹠地点で生きる想像活動と知的活動がここでは混同されているのである。彼女が喚起するたましいのこの解放、星のきらめく夢がわれわれにもたらすたましいのこの拡張の心理学をこの作家はわれわれに示そうとしながら、観念を示してしまったのだ。しかもジョルジュ・サンドがその書簡で次のように平然と書いているのを思うとき、それはまた何たる観念であったろうか。≪あなたは天文学をおやりにならなければいけません。それなら一週間でおできになるでしょう。≫ この女流作家の作品には終始≪遠い太陽≫のようにろくろく瞑想もされないあの≪理知化された星≫の影響を見取ることができよう。

かくも安易に科学的な観照のもとでは、天空に星座の名前が冠せられようとも、それは殆ど単なる名称以上のものではない。美しいプレアデス星、カペラ星、さそり座の星々が夜の景観に響きをひびかすであろう。しかし名前はそれだけでは天文学にすぎない。ジョルジュ・サンドはしばしば金星とシリウス星をとり違える。シリウス星は彼女のお気に入りの星である。この星は彼女が送る幾夜かの劇的な瞬間に必ず輝くことになっている。いうまでもなく、星の名称をもちだす癖はジョルジュ・サンドに限ったことではない。多くの詩人たちにも同じことを摘発しうるであろう。

かくて、エレミール・ブールジュの『舟』の中でも（訳註64）星のきらめく空にかんするこの種の感傷的表現の無数の例が見出されるであろう。現代のこの作家は、古代の天空を語りながら、夜の空に≪互いに引きあっている巨大な天体≫を識別することを躊躇しないであろう（二五四頁）。≪星辰とたましいと精神の実体をなすウラニアンを至高の神として敬え。見よ！ わが光線のただ一条の中にも数千の世界がめぐっているのだ。大地がウラニアンの鎖に吊り下げられているこの卑しい世界の彼方に、なんじの眼はいたるところに、河の波より、森の木の葉よりも数多い天体を、多彩な火を発見する。そしてこれらの巨大な天体もまた他の天体に引きつけられて飛びかい、さらに他の天体が燐の火焔につつまれて激しい台風の中をめまぐるしく飛びながら、それを永遠の歓喜の果てない踊りのなかにまきこんでゆく。》

ジャンルを混交し、古代の夢とニュートン的知識を寄せ集めた彼自身の創世記のどの時点においても、ブールジュは、夜の生命に、夜と夜の光の緩慢な宇宙進化に、みずからが加わることができずまた、読者を参加せしめることができない。力動的に夢想された「夜」は緩慢な力なのだ。「夜」はブールジュの作品を一貫しているあの騒々しさ、あの回転運動を受容しない。

したがってわれわれには、真の詩、天来の詩とは自然の偉大な形を無名性《アノニマ》に返すものだと思われる。ベテルジューズ星が空に輝いているとき、その名をつぶやいたところで喚起力がいささかも増すわけではない。どうしてその星がベテルジューズという名前をもっていることが解るのか、と子供はたずねる。詩は伝承されたものではない。それは原初の夢であり、根源的なイメージの覚醒である。

そのうえわれわれの批評は何ら絶対的な規準をもっていない。喚起的な名称を誤用している場合でも、われわれは現代の想像力の中に、根源的なイメージの働きをなお認めることができる。そのとき星座は、いかなるデッサンからも離れ、言葉の一種の魔法によって純粋な文学的イメージ、つまり文学においてしか通用しないイメージとしてたち現われる。ジョルジュ・サンドが『レリヤ』の中で（カルマン・レヴィ版第二巻七三頁）《さそり座の光の薄らいだ星々が一つまた一つと海に沈んでいった……崇高なニンフ、永遠に結ばれた姉妹たち、彼女らは互いに腕を絡ませて、沐浴の清純な快楽へと誘いあい、連れだってゆくように見えた》と書くとき、読者がここに喚起されている光景を認知することができるかどうかを考える必要はない。読者はさそり座が四個の星からなっていること、ただそれだけでも知っているだろうか。しかし、星々が共通の一つの運動のなかに静かに引きこまれてゆくイメージ——文学においてしか価値のないイメージ——によって、レリヤの観照は力動的な価値をおびてくる。真の詩人は数行の詩句によって、一篇の詩に運動を与えるものである。

大いなる星のうねりが、
震え、蒼ざめる夜の中で目ざめる。

と、シャルル・ファン・レルベルグ（原註95）はうたう。レリヤが暗示した漸進的運動を追ってゆくと、星が次々に海の中に消えてゆくのが手にとるように見える。夢想家は星に統一運動を付与し、こうして動きを与えられた星座は星のきらめく天空全体を回転させる。恐らく、先を急ぐ作家なら、星々は一つまた一つと海に消え去った、と書くであろう。そして読者の方は常に書物の図式的傾向に先きまわりをして、やがて来る暁のことしかもはや考えないであろう。読者は描写をとばしてしまう。というのも、彼は《文学的想像力》を楽しむことを教えられていないからである。

このように、われわれの見るところでは、文学的イメージの主たる機能の一つは、われわれの想像力の力動性を追跡し、それを表現することである。孤立した星よりも星々の群を力動的に寝かせてゆく方が一層自然である。想像力には時間の引き伸しが、スローモーションが必要だ。そして特に何ものにもまして夜の物質の想像力には緩慢さが必要だ。すべてを急《せ》きたて、われわれにイメージを読む暇を与えないあの文学、あれほど誤ったものはない。そういう文学は、あらゆる読書が必ずひき起こす夢想の正常な連続状態のなかへイメージを引き伸す余裕を特に与えてくれないのである。

III

星座の示す想像的な力動性が教えてくれるものを正確に思い直してみると、星座が緩慢さにかんして一種の絶対的なものを教えていることに気がつく。星座について、ベルグソン主義者ならいいそうだが、次のようにいうことができる。星座がめぐってしまったことに人は気がつく、しかしそれが、現にめぐっているのを見ることは決してない、と。星空は、自然の動体《モビール》のなかでも最も緩慢なものである。緩慢さの点では、それはすべてを淩ぐモビールである。この緩慢さが快よい穏やかな性格を授ける。それは独特の感じ、大気のもつ完全な軽さの感じを与え得る無意識の愛着の対象である。緩慢さのイメージが生のもつ重厚さのイメージと合体する。ルネ・ベルトロ（原註96）が指摘しているように、≪宗教の典礼における動きの荘重厳粛な緩慢さは天体の運行の緩慢さにたえず比較され続けてきた。≫

モーリス・ド・ゲラン（訳註65）の散文詩（原註97）『バッカスの巫女《ラ・バッカント》』の不思議な魅力の大部分は、天空における星座のこの≪不動の旅≫から来ているようにみえる。次のようなすばらしい文章を思いだしてみよう。生命《エートル》が天頂で大気の生活にふれて生気を取り戻す。≪私は神々《イモルテル》の足跡を受け入れる山々のこの高みにまで登って来た。なぜなら神々の中にも、波打つ山の頂を揺ぎない足取りで闊歩しながら、連なる山並みを好んで歩き回るものもあるからだ……。この高みに来て、私は夜の贈物、静けさと眠りを得た……。しかしこの休息は風の友であり、たえずその流れに押し流されてゆく小鳥のそれに似ているのだ……≫ そしてこの夢見る女はその眠りの中にまでも、≪森の木々の梢に不意に吹きかけられたどんな小さな息吹きにもそっと開く≫魂をもって≪風の攻撃≫にうち興じながら、梢の葉の生をむさぼり眠っているように見える。

天の高みで、真実の、大気の眠りを眠るこの生命が、ジュピターに愛され、この神の情けによって天空に引き揚げられたカリストー（訳註66）の神話を再び体験するのはこの時である（四五頁）。≪ジュピターは彼女を森から連れさり、星々の仲間に加え、彼女の運命を、そこからついに逃れることのできない休息の中に導いて行った。彼女は暗い空の大奥に住家を与えられた。空は彼女の周囲にその影の最も古いものを並べて、生命の原理のうち、空がなおもっているものを彼女に吸わせる……　永遠の陶酔にひたされたカリストーは、星座全体の隊形が移動して、大洋の方にその流れのむきを下げてゆくのに、自分は、極北にむかって身をかがめたまま動かない。そんなふうに私は夜どおし、山の頂で不動の姿を保ち続けていた……。≫

ここでもまたわれわれの目の前にあるのは、絶対的な文学的イメージである。事実、カリストーの星座は、その形が喚起されているのではない。詩人は用心深く学校で教えられる神話学の講義にわれわれを連れ戻すような伝説について解説を加えることはさし控えている。ただ彼は、カリストーが地上の生活では

≪ジュノンの嫉妬のために野獣の姿に変えられていた≫ことにふれているにすぎない。それ以上のことは黙して語らず、この星座の輝く光を強調することもない。ゲランのこの詩では、イメージの全生命が力動的想像力に属している。したがってこの詩では、星座は閉じた眼にうつったイメージであり、また緩慢な、静かな、天界の運動、運命のいかなる影響にも目的のあらゆる誘惑にも無縁な、生成も停止もない運動の純粋なイメージである。この夢見る存在は観照によって内部から生気づくことを学ぶ。それは規則的な時間、飛躍もなく衝突もない時間を生きてゆくことを学ぶ。それは夜の時間である。夢と動くものは、このイメージによって、われわれにその時間的な一致の証拠を与えてくれる。さまざまの仕事に妨げられる日中の時間、あわただしい動作のために切りきざまれ、台なしにされ、肉体が繰り返し体験した時間はそのすべての空しさを露呈する。明澄な夜のなかで夢見る生は、休息する時間の見事な織物を見出す。

このような夢想のなかで体験された星座はイメージというよりは、むしろ讃歌である。そしてこの讃歌を、ひとり≪文学≫のみがうたうことができる。それは韻律のない讃歌、音量のない声、目標を超越し、緩慢さの真の素材《マチエール》を見出した運動である。隠喩《メタフォール》を充分に、最も多彩な隠喩を積み重ねたとき、つまり想像力が人間の生の導き手としてその生きた役割を取り戻したとき、人は天体の音楽を聞くであろう。

モーリス・ド・ゲランの『バッカスの巫女』を大気の想像力と力動的想像力のテーマの点から読みなおしてみるがよい。そこには古代の詩想《アンスピラシオン》に何ものも負わず、反対に完全に今日的な、生き生きとした作品の例を発見されるであろう。最後の数行において、その形式のゆえに選ばれたものでもなく、求められたものでもないイメージ、その想像力による帰納によってしか作用しないイメージの影響を看取することができるであろう。それは、きわめて正確にいうと、星座の純粋に力動的な帰納である。この帰納によってこそ、夢想家は運動に、星のきらめく天空の運命に参加することができる（五一頁）。≪われわれの前を「夜」のように歩いてゆくこのバッカスの巫女の足跡をたよりに私が登ったとき、彼女は影を呼ぶために頭をそらし、西の方へとむかって行く……。≫

IV

ゲランのイメージの力動的な美しさをもっとよく納得するために、一番よい方法は、おそらくエレミール・ブールジュの『舟』に数多くの例が見出されるような血迷ったイメージと比較してみることであろう（四五頁）。≪私はお前に話しかける、鷲の翼をつけた天馬《オワゾー・シュヴァル》を星空の深淵のまっただなかで手綱もしめずに天翔けさせるお前にお前の叫び声が聞こえてくるのだから、確かに私の声もそこまで届くことだろう。一体お前は何者なのか。戦士か。人間か。神か。その中間の魔神か。答えよ。ウラノスを横切ってお前の飛翔がつくりだす炎の航跡が一体どんな天の仇敵を奈落に突き落すのか。お前は大地と平和に暮しているのか。お前の槍に腰を据えているのは殺戮と恐怖なのか。≫そしてさらにあのあまりにも色彩過剰なベレロフォンがつづく（四七頁）。≪はっはっはっ　雷の灼熱の蛇がとぐろを巻いている。楯がわが肉を骨までも焼きつくす。青銅の兜の頂飾りに点火された閃光を放つ星はわが脳漿にはりつき、脳漿はわきたつ。わが双の眼は眼窩からとびだす。われは喘ぐ…。≫　この≪ウラノスの怪物≫の作りものを、モーリス・ブーシェが深い英知を傾けて詩語の四次元と呼ぶ原理すなわち意味、光暈《うん》、傾きと歳月《アージュ》の原理を適用して批評するなら、エレミール・ブールジュのベレロフォンにはこの四重の深みが欠けていることがわかるであろう。ここでは、ゲランのバッカスの巫女とは逆に、伝承が年代を狂わせているのだ。ほのめかしは書物からきている。激しい運動は夜の傾きにそってはいない。夢幻的な意味と光暈とが、読者のたましいにいかなる夢想をも読者のたましいに生じさせないほど、欠除しているのである。エレミール・ブールジュは、夜の真の夢想家にあれほど特徴的な屈天性《ウラノトロピスム》（訳註67）のいかなる力をも、その想像によって体験したことがなかったようにみえる。

V

星の優しい、輝く光は、またもっとも恒常的な、もっとも規則的な夢想の一つ、眼差《まなざ》しの夢想をひきおこす。われわれはこの夢想のあらゆる姿《アスペ》をただひとつの法則に要約することができる。すなわち、想像力の世界では、光り輝くものはすべて眼差しなのだ。「お前」と親しく呼びかけたいわれわれの要求は強く、見守ることはごく自然に告白することであるから、われわれが悲嘆の中、あるいは欲望の中で、熱情的な眼差しで眺めるものはすべて親しげな眼差し、同情や愛のこもった眼差しをわれわれに送り返す。また匿名の空のなかでわれわれが一つの星に眼をとめると、その星はわれわれの星になり、われわれのためにまばたき、その光はいくらか涙で包まれ、大気の生命がわれわれのなかに降りてきて地上の苦しみを和らげてくれる。そんなときには星がわれわれのところへやってくるように思われる。星は無限の空間に姿を没しているといくら理性がわれわれに説いても無駄である。親密な夢想がその星をわれわれの心に近づけるのだから。夜はわれわれを大地から孤立させるが、大気的な連帯性の夢をわれわれに送り返す。

星の心理学と眼差しの宇宙論は長い換位命題に発展させることができよう。両者は、不思議な想像力の一致となって姿を現わすであろう。この想像力の一致を検討するためには手数《てかず》のこんだ研究が必要であろう。われわれは、あらゆる国とあらゆる時代の詩作品の中から容易に無数の参考資料を集めることができようが、ここでは星の眼差しの夢想が極限の宇宙論的力に達している一文を掲げるにとどめよう。われわれはそれをO・ド・ミロス（原注98）の作品から借用したいと思う。『ストルジュへの書簡詩』のなかで、星の空間を前にして無限の距離に思いを潜めた後で、突然、あの視線の一致の証拠が現われる。《私は、われわれの天文学上の貧寒な天空のなかに、不思議に強く燃えている二つの星を、二人の忠実な、美しい清純な心の友がいることを知っている。そして私はこの二つの星が互いに友人から想像を絶する距離で隔てられているのだと信じていた。ところが、先夜、大きな蛾がランプから私の手の上に落ちてきたので、私は優しい好奇心からその燃えさかる眼にきいてみた……。》

そうだ、双子の星は、われわれにとってすでにわれわれを見つめる顔であり、全く逆にいえば、われわれに視線をなげる二つの眼はそれがいかにわれわれ自身の生に無縁のものであれ、われわれのたましいに星辰の影響をおよぼすのである。一瞬のうちにこれらの眼はわれわれの孤独をうち破る。見えることと見つめることがここでは力動性を交換する。人は受け取り、そして与える。距離はもはや存在しない。無限の一致《コミユニオン》が無限の広大さを消すのだ。星の世界がわれわれの魂にふれる。それは視線の世界である。

第八章　雲

≪雲の戯れ――本質的に詩的な自然の戯れ……≫
（ノヴァーリス『断章』ストック書店版、一三二頁）

I

雲はもっとも夢幻的な≪詩の対象≫のひとつに数えられる。それは白昼の夢幻状態の対象である。それは気楽に束の間の夢想を誘いだす。人はしばし≪雲の中に≫いるが、実際的な連中にやんわりひやかされて地上に帰ってくる。どんな夢想家も雲に空の他の≪徴候≫のように重大な意味づけをするものはない。一言でいうなら、雲の夢想には特殊な心理的性格が認められる。すなわちそれは責任のない夢想である。

この夢想の直接的な相貌、それはしばしばいわれてきたようにそれが形体の自由な戯れであるということである。雲は怠惰な捏《こ》ね手のための想像力の素材だ。人は雲をおのずから加工されてゆく軽やかな綿のように夢見る。夢想は――子供がよくやるように――変化してゆく現象にすでに実行された、すでに実行されつつある命令を与え、それを指揮するのである。「大きな象さんお前の鼻をのばしなさい」と、長くのびてゆく雲にむかって子供はいう。すると雲はそれに従う（原註99）。

インドの宗教的主題における雲の重要性を説明するためにベルゲーニュ（原註100）は次のようにきわめて適切に書いている。≪これらの水を含んでいる雲、怒号し、流れるばかりでなく、さらに移ろいやすい雲は、自ら動物変態《ゾーモルフィスム》の戯れに身を呈しているように見える。≫夜の動物変態が星座の中に固定しているとすれば、白昼の動物変態は雲によって絶えざる変容にさらされている。夢想家は常に変容される雲を抱いている。雲は、われわれが変容を夢想するのを助ける。

創造力のなかでも最も無動機な創造力を与えられている夢想のこの有無をいわさぬ特徴には、いかに重要性を認めても認めすぎることはないであろう。この夢想は眼を通して作用する。こうした夢想に深く思いをひそめたなら、われわれはそれによって意志と想像力との緊密な関係について明瞭な手がかりをうることができる。視覚の受動性を越えた見んとする意志が、最も単純化された存在を投影するこの変容常なき形体の世界を前にするとき、夢想家は指揮者であり予言者である。彼は瞬間の予言者なのだ。彼は予言者的な調子で現に眼前に起こっていることを告げ知らせる。たとえ空の片隅で素材が意に従わなくとも、すでに他の雲が素描を準備し、想像力＝意志がそれを仕上げてゆく。われわれの想像的欲求は想像的な素材に充満した想像的な形態に結びつく。いかにも、魔術師たる夢想にとっては、あらゆる要素が役に立つので、磁気をおびた眼差しの命令一下、全世界が生気づけられる。しかしそれが雲を相手のときには、この仕事は雄大でもあれば同時にまた容易でもある。この球状の塊にあっては、すべてが望みどおりに流れ、山々が移動し雪崩がくずれ、ついで静まり、怪物が大きくふくれあがって互いにむさぼり食い、宇宙全体が夢想家の意志と想像力のままに動いてゆく。

ときには彫刻家の手が空まで塑像を楽しむ夢想についてゆくことがある。夢が巨大な、造物主の行なうような仕事に≪手をそめる≫のだ。ジュール・シュペルヴィエルは、『泉で飲む』の中で、ウルグァイの空に草原の野獣よりも美しい野獣、≪死ぬことのない野獣たちを追ってゆく。その動物たちが苦痛もなくただ眼前から消えさってゆくのが見える。彼らの姿態は不安定で、常に不安で、全く気違い沙汰かもしれないが、愛撫したいほどにやさしい姿だ、といいたいところだ、雲たちは。≫そしてこの文(原註101)を引用しているクリスチャン・セネシャルは次のように続ける。≪この表現は記憶さるべきであり、また手による世界の占有を扱った多くの例と結びつけねばならない。ジュール・シュペルヴィエルには、手で自分以外の人たちのために眼に見えない輪郭を型どる彫刻家と全く同じように雲を愛撫する天賦の才がある。≫クリスチャン・セネシャルは文学批評に対して正当にも視覚上の想像力と聴覚上の想像力を、よく見られるように区別するだけで満足してはならないという。そのような区別は、想像力の生にかんする多くの深遠な表現法《ノタシオン》から、また多くの直接的な力動的直観から、われわれを遠ざける乱暴なやり方である。手の力動性によって形成された、真に力動的な想像力がなければ、どうしてシュペルヴィエルの詩句が理解できるであろうか。

手は太陽に、美しい一日にその名を与えた
手は、人間の心臓から熱い血管の他端にやってきた
この軽やかなためらいを《戦慄》と呼んだ。

（『盲目の奇蹟』）

あるいはさらに『愛と手』の中で、

そして、わたしの手の中にあなたの囚われの掌を握りしめて
わたしは世界と灰色の雲を作り変えよう。

ここでは、手が必ずしも地上的なものではなく、また必ずしも手で触れうる、身近な、手ごたえのある対象の幾何学に縛られていないという証拠がみられるだけに、このテキストは一層われわれにとって意味深いものである。巨大な手をした雲の塑像家は大気を素材にする専門家のようにみえる。まさにセネシャルの著作はジュール・シュペルヴィェルの中に（四一頁）、《みずからの手で見えない世界を捕えようと一心になっている。一個性、それにもかかわらず最も大気的で微妙繊細な幻想をもち、地上の束縛から最も自由になった夢を見ることのできる「個性」（原註102）を示そうと試みているのだ。》

シュペルヴィェルのイメージが形成されてゆくのは、まさに静かで緩慢な操作によってである。そのイメージは、読者に対して読者が視覚のできあいの所与を受け入れることなく、みずからイメージを形成するようにしむける。たとえば『故郷の町』(原註103)では、

通りでは子供たちが、女たちが、
同じように美しい雲にむかって、おのが
魂を求めて、集まってくるのだった、
そして影から日向へと通りすぎて行くのだった。

この詩句を力動的に理解するものは、自分の手が綿毛を肉付けしているのを感ずるであろう。まず彼は夏のある日、籠の底に置き忘れられていた綿の房をとりだすだろう。夢想によってあまりにも目のつんだ材料を広げ、風通しをよくして、かさばった材料におのが白光の部分を与えるであろう。彼は子羊を、子供を、天の白鳥を夢想するだろう。そうすれば、前の詩節が一層よく理解できるだろう。

棕櫚の木群《こむら》は清らかな楽しみを
揺りうごかせる形を見つけて
遠くから小鳥たちを呼び寄せていた。

同様に雲はすべての軽やかな綿の房を、すべての白い綿毛を、すべてのあどけない翼をさし招く。紡ぎ女の夢は天まで繰りたぐられてゆく。ジョルジュ・サンドのコント『雲の紡ぎ女』をもう一度読んでみるがよい、そうすれば夢見る紡ぎ女の秘密あるいは希望は、空の光を和らげ、空の光を篩《ふるい》にかける雲のように精緻に糸を織ることだということがわかるだろう（原註104）。

ダヌンツィオはこのイメージを発展させた（『詩集ローマ悲歌』、エレル訳二四四頁）。

最後の雲は金の梭《おさ》さながら細い三日月が過ぎてゆく軽やかなこま糸。
空の梭は静かな作品を仕上げする。ときには姿を隠し、ときにはまばらな糸の間でまた輝き、
女は押し黙って考えこんで、もっと遠くを凝視《みつ》める清純な眼で、空中に梭を追う――生よりも遥か遠くを、むなしく。

青空のなかで見えない糸を織る小鳥――多くの場合つばめ――のイメージは翼による運動と雲の綿の総合として立ち現われる。『ゾアナの異教徒』（原註105）のなかには次のように書かれている。≪そして鳥たちの声は……岩だらけの大きな谷間の洞窟の上に綱を編むかのように、見えない無限にすき透った糸を集めていた……。このこま糸が消え去ったり、ひきちぎられたりしたとき、すばやく飛び回る疲れを知らぬ梭のように、再びもと通りになるというのは、何とすばらしいことではないだろうか。小さな翼をつけた織工たちは一体どこにいたのだろうか。≫

大気にかんする想像力のテーマについてみずから訓練しながら、恐らくイメージがややくどすぎるこのような頁を幾頁か読めば、ポール・ヴァレリーの『紡ぎ女』のもつ驚くほど繊細な大気の魅力を味読する用意が一層整うことになるだろう。次の句では空の物質がいささか地上に働きかけているように思われる。

ガラス窓の青色の空の辺りに紡ぎ女が坐り

……………

紺碧の色に酔い、疲れて……

……………

一本《ひともと》の灌木と清らかな大気は湧き水となり

……………

流浪する風がいこう茎は
糸挽車に薔薇の花を華やかに捧げて、
星にきらめく優美の虚しい挨拶を送っている。

各詩節にはそれぞれ純粋な空気、青い空気がいくらかあり、静かな綿の房がある……。

≪雲の夢想≫のなかで活動していると感じられる無定形のこの形体的な能力、この歪形の完全な連続性は、真の力動的な参加によって理解されねばならない。≪鳥を通じれば、雲から人間への道は遠くはない≫と、ポール・エリュアール(原註106)はいう。もっとも鳥の線的飛翔のうえに、さらに転回する飛翔、球状の飛翔、軽い水泡の円みをつけ加えなければならない。力動状態にある連続性が不動の存在のもつ非連続性にとりかわるのである。事物は、それが不動の状態にある時には、互いによりはっきりと区別され、観察する主体にとってより一層よそよそしいものである。事物は動き始めるや、われわれのなかに眠っている欲望や欲求を目ざめさす。≪物質、運動、欲求、欲望は密接不離のものである。生きているという名誉は、人が生命あらしむるよう努力するに充分値するものだ≫とポール・エリュアールは結ぶ。シュペルヴィエルの口吻を借りていうなら、雲のこの緩慢な動きを前にして人はふいに≪不動性の背後で起こりつつあるもの≫を知るのである。運動は存在よりも一層夢幻的均質性をもっている。運動は最も種々雑多な存在を結びつける。力動的な想像は、異質な対象を≪同じ運動≫の中に引き込むので、≪同じ袋の中≫へ入れるのではない。かくしてここに形成し、融合する一つの世界がわれわれの眼下に出現する。エリュアールが、≪私たちはしばしばテーブルの上に雲を見る。またしばしばコップを、手を、パイプを、カードを、果物を、ナイフを、鳥と魚を見る≫と書くとき(前掲書、一〇二頁)、彼は夢幻的な詩想《アンスピラシオン》のなかで、動きのない対象を、動性をそなえた存在によって囲むのである。夢の初めの雲、終りの魚と小鳥は運動を誘導するものである。テーブルの上の雲はみずからは動けない対象を静かに運動のなかに投げいれた後、最後に鳥や魚と一緒に飛びたち泳ぐことであろう。詩人の第一の任務は、われわれのなかに潜む夢想しようと欲する物質の錨をあげて解き放つことである。

大空を前にしたわれわれの果てしない夢想のなかで、雲が石のテーブルに、われわれの掌に降りてくるやいなや、あらゆる対象がいくらか円みをおび、白い薄明がクリスタルを包みこむように思われる。世界はわれわれに親しみやすい規模になり、天は地上に降りたち、われわれの手は天に届く。シュペルヴィエルの手は雲に細工を施そうとする。エリュアールの夢見る手に働きかけにくるのは雲の方だ。文芸批評家たちがわれわれの世代のこれほど多くの詩を理解するにいたらなかったのは、詩が運動の世界、詩的生成であるのに、それを形態の世界と判断したことによるのだ。文芸批評家たちはノヴァーリスの偉大な教訓を忘れている。≪詩は心的力動学《ディナミスム・プシシック》 Gemütserregungskunst の芸術である≫（スパンレ『ノヴァーリス』一九〇三年刊三五六頁）。空疎な形体は措くとしよう。われわれ自身が記述してきた雲の働きをさらに越えて考えよう。緩慢で円やかな運動、白い動き、音もなく転回してゆく動きをする雲は、われわれのうちに柔かい、円やかな、ほのかに光る、静かな、綿のような想像力の生を目ざめさせる……。その力動的な陶酔において、想像力はわれわれの動性を敏感にする霊媒体《エクトプラスム》のように雲を利用するのだ。長い間には、青空の高みを忍耐強く繰り返し通りすぎてゆく雲の旅への誘いに何ものも抵抗しがたくなる。夢想家には雲がすべてのものを、悲嘆や金属や叫喚を運びさってゆくように見える。シュペルヴィエルはたずねる。≪野苺≫の匂いを。

人が一片の雲でしかないとすれば、
どうして破れたポケットで　それを運ぶことができようか。
しかし、このするすると動く殆ど無に近いものにとっては何ものも不思議だと思われない
どんなものでも中に積みこめないほど重いものはない。

シュペルヴィエルの他の詩では、ゴムの人間たちが、重力に疲れて、宇宙全体を船に積み込む。

三本マストの船は、船腹に波をうけて飛びたつだろう。
村々は空に登ってゆくであろう、水飼い場も洗濯女も、
麦畑も、ひなげしのにぎやかな笑いの声とともに。きりんはわれ勝ちにと雲の森にゆき、
一頭の象が空の雲深い頂によじ登るだろう。
天の川にはネズミイルカと鰯が輝き、舟は天使の微笑にまでさかのぼってゆき……

（『引力』二〇二頁）

この条《くだ》りは死者たちの目ざめで終る。彼らは生者の大気の力動によって引きよせられ、青空へたち昇る雲の上昇によって導かれる。そのとき、ノアーユ伯爵夫人がいうように、≪蒼空、波、大地、すべてが飛翔である。≫

雲はまた使者だと考えられる。インドの詩人たちにおいては、とド・ギュベルナティスはわれわれにいう（『植物の神話』第一巻二四〇頁）。≪（ときに）雲は風が運びさる一葉の木の葉として表わされる≫、そし

て彼は注にこうつけ加える、≪シラーが『マリー・スチュアート』で、囚われの女王の願いと無念の情を雲に呼びかけさせたとき、古い民間思想の影響を受けていたことは確実だ。≫

III

想像的生における力動的想像力の役割を否定しようとするものがあったら、重い雲と軽い雲の、われわれの心を重苦しくする雲とわれわれを天の高みへと引きよせる雲との説明をしてほしいと要求すれば充分であろう。われわれはまず直接的な弁証法として、シュペルヴィェルの言葉≪わたしにはすべては雲であり、わたしはそのために死ぬ≫をかかげ、ついで他方ボードレールの散文詩――この詩集を飾る冒頭の詩を書きとめておこう。

――では、一体お前は何が好きなのか。風変わりな異国の人よ。
――わたしは雲が……　あそこを流れてゆく雲が、不可思議な雲が好きなのだ。

なにひとつ描写されずとも、ある雲は直接われわれを引きつけ、或る雲はわれわれをうち倒す。『王女マレーヌ』（原註107）の罪の嵐のように、雲が呪われた館の≪穴倉から屋根裏部屋まで≫を震わせるのに雷は必要でない。一つの世界全体に不幸を重くのしかからせるには一片の黒い雲でこと足りるのだ。

暗雲の垂れこめた空が与える息苦しい感じを説明するには、低さと重さの概念を結びつけるだけでは充分ではない。想像力の関与がより一層親密になれば、重い雲は空の病い、夢想家をうちひしぐ病気、そのために彼が死ぬ病気として感じられる。

この重い低い雲の病の想像的本質を理解するためには、この病気を雲の想像力の真に能動的な機能に帰因せしめなければならない。積極的な想像的な面においては、雲の想像力の機能とは上昇への誘いである。正常な夢想は、最後にはもっとも高い昇華、青空の天頂での解消に終る実体的上昇として雲につき従ってゆく。真の雲、小さな雲は天の高みで消滅する。降下しながら消えてゆく小さな雲を想像することは不可能だ。小さな雲、軽やかな雲はもっとも規則的な、もっとも確かな上昇のテーマである。雲は昇華への常住不断の忠告なのだ。ウィリアム・ブレイクの詩『セル』のなかでは、小さな雲が聖処女にいう。≪わたしが消えさるとき、それは倍加された生命へ、平和と聖なる法悦のなかへ入ってゆくためです≫（原註108）。

形体の想像力はしばしば、ばかばかしいほど唯物論的であるが、それは版画の中で、天へ昇る選ばれた人たちの列が進んでゆくあの長い径が雲中に消えるのを暗示している。しかし形体の想像力によって現実化されたこれらのイメージは、大気的・力動的な想像力のなかにより深い根をもっている。軽やかな雲を前にして夢想するたましいは、心に溢れてくるものの物質的イメージと上昇の力動的なイメージとを同時に受けいれる。青空に雲が消滅してゆくこのような夢想にあっては、夢想するものは全身全霊を打ちこんで完全な昇華に参加する。それは真に絶対的な昇華のイメージである。それは極限の漂泊《ヴォワイヤージュ》である。

Ⅳ

ゲーテの或る文章は、雲の想像力にかんする詳細な分析をのせている。イギリスの気象学者ハワードの著作に対して長い考察をした後で、詩人は詩的霊感によってふたたび自然に戻ろうとしているかにみえる。ストラトゥス、クムルス、キッルスとニンブスは、明白な昇行の心理状態で体験される四つの直接的なイメージをわれわれに与えている。

ストラトゥス（層雲）

河の静かな鏡面から霧がたち昇り、いとも単調な嘆きの声になって広がってゆくとき、ゆらめく波の動きとひとつになった月は、幻をうむ幻のように見える。そのときおお自然よ、わたくしたちは白状するが、みな遊びに夢中になってはしゃぎまわっている子供のようだ。それから霧は次々と層をかさねて山の方に登ってゆき、遙かなる中空をほの暗くし、蒸気となって昇ろうか、雨となって降ろうかと思案顔である。

クムルス（積雲）

そして圧倒するような大きな塊が大気中の高みに呼びよせられたとき、雲は停止して華麗な球体となる。はっきりした姿になった雲は行動の強さを、諸君が怖れているものや感じているものをさえ告げ知らせる。上に凶兆あれば、下には震動あり。

キッルス（房雲）

しかし気高い衝動は雲をさらに上へと上昇させる。自在な聖なる拘束こそその解放である。一群の雲は軽く櫛を当てられた、飛び跳ねる羊群に似た、小片となって分散する。かくしてこの下界でひそかに生を受けたものが、空の高みで父の胸と手のなかへ音もなく流れ込む。

ニンブス（暗雲）

空の高みで積り積ったものが、大地の力に引きよせられて、猛り狂い、嵐となって落下し、軍団のように大きく広がり散開してゆく。大地の能動的でかつ受動的な宿命よ。だが、イメージによってなんじらの眼差しをあげよ。そのとき言葉が降りてくる。なぜなら言葉は描写し精神は永遠の住家へ昇ってゆこうとするからだ。

考察さるべきこと

そして、われわれがひとたび区別したなら、分離された物に生命の贈物を貸し与え、連続的な生を享受しなければならないだろう。

したがって、もし画家、詩人がハワードの分析になれ親しんで朝夕の時間に大気を観照し観察するならば、彼の性格はもとのままであっても、大気の世界は彼がその世界を捉え、感じ、そして表現できるように、甘美な陰影に富む調子を与えるのだ。（原註109）

この文章の抽象的な観念とイメージの混交は読者を迷わせるかもしれない。しかしもっと仔細に考察すると、雲の想像的実体のあの多様さに驚かされる。雲の生命に真の共感を覚えるようになるのは、この多様さを一層おし進めることによってである。このようにして、むらむらと蟠まる積雲《クムルス》と雷鳴をとどろかす積雲との間に夢想はなお遊戯と凶兆の違いを設定することができる(原註110)。上昇と下降の間に浮いている暗雲《ニンブス》のなかでも多くの異なった夢想がととのえられる。いずれにしろ、ゲーテを読むと、雲の夢想は形体の観照によっては決して全面的に分析されないということを認めなければならない。雲の夢想はもっと深い分有なのだ。夢想は雲にやさしさや凶兆の素材を、行動の力強さや消滅と平和の力強さを与えるのである。

　ゲーテはこれらの詩的なイメージの基盤そのものに客観的な知識を与えようと望んだように思われる。

　とりわけ雲の夢想は時にはより一層異質なイメージの累加を許すことがある。レーナウ(訳註68)の詩『荒野の酒場』(Die Heideschenke 一〇—一一詩節)では、嵐の空はその運動、騒音、稲妻とともに短い二つの詩節におさまってしまう。雲は羊の群で、一箇所に集められて全速力で旋回し、手なれた乗り手たる風は、≪稲妻の鞭≫の音を鳴らしながら、雲をせきたててゆく、雲の観照は運動と同じだけ多くの形態があるひとつの世界の前にわれわれをおくといえよう。ここでは運動が形態をうみ、形態が運動し、そして運動は常にその形を歪形する。それは変転常なき形態の世界である。

　どんなに種類の異なった詩的気質でも、ボードレールの表現によれば、≪これらの気象的美しさ≫(原註111)を心から愛することができる。或る風景画家の空を研究してボードレールは書いている。≪幻想的な鮮かな形をしたこれらすべての雲、これらの混沌たる闇、宙吊りになり互いに重なりあったこれらの緑とバラ色の巨大な塊、これら大口をあいた大窯《がま》、しわくちゃにされ、巻きつけられるか、引き裂かれた黒あるいは紫のサテンの大空、喪服を着た、あるいは溶けた金属を滴らすあの地平線、これらすべての華麗なる光景が私の脳髄に悪酔いする飲物のように、あるいは雄弁な阿片のように昇ってきた。≫都会の住人、人間的なものの詩人たるボードレールは突然、宇宙の観照の力強さに捕えられて、こうつけ加える。≪奇妙なことに、これらの液体あるいは空気の魔術を前にしながら、わたしは一度として人間の不在を嘆いたことがなかった。≫

V

より正確にいうなら、雲の力動的想像力は、多くの物語作者たちが東洋の市場のがらくた版画《イマージュ》から、できあいのまま——ほんとうに想像力の法則にのっとらずに——借用した魔法の絨毯や魔法のマントを利用する詩的神話の心理学的説明を提供する唯一の手段であるように思われる。これらの作家たちは、いつも人間的な、あまりにも人間的なことがらを語りかけるのに汲々としている。彼らにとっては、雲は古い人間喜劇の新たな一幕が見られる国へわれわれを導くべき輸送の一手段なのだ。漂泊のもつ夢幻的な力がここでは全て失われているのである。とはいえイメージが強力なのはまさにその発端においてである。人はできればイメージが長々とつづき、多様であってほしいと願うであろう。ところが残念なことに、魔法のマントはでき合いのマントである。心理学者としてはそれにかんする自然な夢の機能を研究するために二、三簡単な注記を記しておくしか仕方がない。夢の飛行と雲中の旅と魔法のマントの連続性を証明するためには二、三の例をあげておくだけで充分であろう。そうすれば力動的想像力の創造的役割が一層よくわかるであろう。

『魔法使メルラン』の中でエドガル・キネは書いている（第二巻二六頁）。≪魔法使いは腰のまわりに巻きつけたマントに身をつつみ、裸足の足の片方で鷲のような速さで自分を運んでゆく雲を踏みつけていた。≫これをみてもわかるように、夢幻性のもつ豊かさが、ここでは恐らく、あまりにも集中されすぎているのだ。想像的なものの分析家は、踵が地面を最初に蹴るところから初めて、夢の飛行の全歴史が記述されることを欲するのだろう。しかし、すでに夢想家は雲の上を歩いているのだ。彼が衝撃を求めるのは雲に対してであり、腰のまわりに巻きつけられたマントとして、やがては翼に鷲の翼になるマントとして、彼を運んでゆくのは雲なのだ。大気のイメージがつき固められ、飛翔する力が束となって一切が一挙に飛翔に参加する。思想よりもイメージを優先させる文学であるならば、われわれにかくも偉大な変身《メタモルフオーズ》を体験するゆとりを与えてくれることであろう。能動的な魔法が存在するのはそこである。しかしこの作家はわれわれには魔法的な光景しか示さない。著者の方は旅の経験そのものをもっているのだが、彼はわれわれに見るための旅しか示さない。

『ファウスト』第二部のヘレーナのヴェールについても同じようなことがいえよう（ポルシャ訳四一三頁）。≪このヴェールは、お前がそれに耐えられるかぎりは、俗界を見おろしながら、速く飛行しつつ、エーテルの野原をわたってお前を運んでゆくだろう。≫思弁を弄し、理知による象徴を操りたいという欲望が、詩人に自分のイメージを夢幻的に体験する余裕を与えないのだ。その欲望が、詩人の夢想の当初の衝撃をわれわれから奪ってしまったのだ。しかし、夢が最も健康なのは、それがわれわれを現実から解き放ってくれる瞬間である。

VI

この著書においては、われわれは意識的な文学の隠喩から特に例を借りてくることにきめたのだから、ヘラクレースとカークスの伝説(訳註69)を雲の空の真の神話として提出しているミッシェル・ブレアル(訳註70)のすばらしい論文を議論の外におかなければならなかった。もちろんブレアルの提出した神話の解釈は本質的に言語学的なものだ。彼にとっては(一〇八頁)、《空の牝牛は言語によって創られたものである。》サンスクリット語で名詞 go(牡牛)を形成している動詞の語根は「行く」、「歩く」を意味する語根に由来する。雲が空をかけるのだ。したがって、雲を gavas すなわち「歩くもの」と呼ぶのは本来隠喩ではない(一〇九頁)。《まだ不安定で、これらの語を選びとることにあまり確信のなかった言語は二つの違った対象を同じ属性によって命名した。そして言語は二つの同音異義語を創った。》さらに、この同一の属性が単に運動をさすにすぎないものであることに注意しよう。ここで作用しているのは力動的な想像力である。したがってわれわれは、力動的同意義語を問題にしてよいわけである。

手にペンをもって(訳註71)ブレアルの論文を読んでゆくと、ゲーリュオーンの伝説の有為転変のすべては雲に蔽われた空の現象にその説明を見出すことができるのがわかるであろう。神話は原始的な気象学である。

第九章　星　雲

夜半十二時十五分、お前が名もない夜を旅してゆくのをどんな船が見ることだろうか、おお、母なる星雲よ……
（ジュール・ラフォルグ『自伝的序曲』全集第二巻六四頁）

I

夢は夕べの宇宙進化論だ。毎夜、夢想家は世界を創りなおす。一日の気苦労をはなれ、自分の夢想に孤独のもつあらゆる力を与えることを知る者はすべて、夢想をその本来の宇宙進化論的機能にひきもどす。彼はO・V・ド・ミロスの言葉（原註112）がどれほど真実を述べているかを感じとる。《肉体的に、宇宙の全体がわれわれのなかを駆けめぐる。》宇宙的な夢は、眠りの薄明のなかで、いわば原初の星雲をもち、そこから無数の形を湧きださせる。そして、夢見る者が眼を開くと、それを用いて果てしなく世界を創りだすことのできる――雲よりもっと扱いやすい――夜のほの白いあの捏粉を天空に見つける。だからこそ、学殖豊かな思想が、原初の星雲から世界が生じたとする現代科学の宇宙進化の仮説をいとも容易に受け入れたというわけである。また通俗書にあっても、星雲が渦巻いているといった単純な空のイメージが何という大きな成功をもたらしていることか。それは、このようなイメージの蔭に、力動的な想像力が作用しているからである。あれほどしばしば黄金の釘にたとえられる星が不変不動の象徴であるのにひきかえ、星雲、天の川は――注意深く観察したならば、これにも星と全く同じ不動性を付与しなければならないだろうが――夜、これを観照する場合、それはたえざる変形のテーマとなる。そのイメージは雲と同時に乳によって混成されている。夜はこの乳色の光の中で活気をおびる。想像的な生がこの空の乳の中で形成される。月の乳は地球をうるおしにやってくるが、銀河の乳は天空にとどまっている。

　ラフカディオ・ハーンは天の川のこの天の流れを体験した。彼はこの≪天の川≫にかんする多くの日本の歌を解説しているが、その天の川では「秋風に吹かれて天の川の水草がしなっている」のが見え、「天の川の水面には夜の小舟の櫂の音」(原註113)が聞こえてくる。そして彼は反合理化とでも呼ぶべき方法に従って、通常の合理化とは逆の方向に体験を導いてゆきながら、次のように結論する。≪わたしはもはや天の川を一億の太陽もその深淵を照らしだすには充分ではないほどの宇宙の怖るべき輪として見ていない。わたしはそれを天にある川として……見ているのだ。わたしには、そのきらきら輝く流れのおののきと、岸辺を漂う雲が見える……。そして落ちて来る露が牛飼の櫂から滴る水の雫であることがわかる。≫かくて、どんな客観的な知識とも無関係に、あらゆるおだやかな検討にも抗して、想像力は再びその権利を回復し、最も動きの少ない、最も不活発なイメージをも運動の中に投げ入れ、それに生気を与えるのである。想像力は空の物質を流れさせる。デカルトが空は流体であるという学問的な宇宙論をうちたてるとき、そこには、忘れ去られた夢想の合理化をみることができるであろう。

他方、物質的、力動的想像力の真の公準として次のような命題を提出することができよう。≪すなわち、拡散しているものは決して不動性においてみることができない。≫≪天の川は長いヴェールのように風にはためいている≫ように見える、とダヌンツィオがいっている(『死せる町』第三幕二場)。数多くの、不定形な堆積はいずれも蟻の群のように見えるものだ。ヴィクトル・ユゴーは天の川を≪天の蟻塚≫と呼ぶ。同じ公準によって、星明かりは、夢想する者にとっては光よりも明るいのだ。なぜなら最初の一瞥が限定するであろう境界よりも遙か遠くまで広がり、拡散してゆくのは、星明かりの想像的な本質なのだから。したがって天の川の観照によって、想像力は宇宙の穏やかな力をはじめて経験するのだ。ギュスターヴ・カーン(訳註72)はわれわれにこのゆっくりと拡大してゆく視覚の一例をもたらしている(原註114)。≪天の川の甘美さはさらに多くの遠い世界、震える銀や未知のものや漠然とした甘美な約束とともに、より広大な空間に広がって衰えていった。≫この全く想像上の震動の揺籃によって、夢想家は静かに揺すぶられる。彼は遠い幼年の頃の信頼をふたたび見出したかにみえる。夜はふくらんだ乳房だ。

ときには天の川の夢想が作品の中できわめて重要な位置を占め、そのためその作品の一面をそっくり説明してくれる場合がある。たとえばジュール・ラフォルグ(訳註73)の作品の場合だが、これは星雲の文学的宇宙として容易に体系化することができよう。おそらくそこにこの作品の起源があるのだ。ちょうどギュスターヴ・カーンに当ててかかれた『ある友への手紙』には次のような文句がある、≪私がディレッタン

トで変わり者《ピエロ》である以前に、私が星の世界《コスミック》に住んでいたことをいいたいのです。》

ジュール・ラフォルグは、自然の中ではぶよぶよふくれた、もの柔い素材を好み、詩的錬金術では、ファウストの息子のように多くの感性的な変換《トランスミュタシオン》を経験した。

もしあなたが知っていたら、自然よ母《ママ》よ
……………
もしあなたが、知っていたら、
どんなにあなたの素材の表を解くことが、
わたしの得手であるかということを。
あなたはわたしを大した会計屋だ、
あきれはてた会計屋だ、と思うでしょう。

(『ファウスト二世の歎願書』)

科学の教えるところによれば、現在の生命は海の中で始まったという。夢見る生命が始まるのは、いわば空の海の中だ。『悲惨の連禱』のなかで彼は喚び起こす、

青い空を旅する太陽を繁殖させるものたちを

白熱の湖が落下し、ついで散乱する。
そこから原初の時代の海が生じ、……ついで森の植物と世界のすべての声が生じる。
そして果てしない夢想がたずねる。

おお、遥か彼方に、彼方に、神秘の夜に、
一体あなたはどこにいるのですか、かくも多くの星辰から、今は……
おお、渾沌の川よ、おお母なる星雲よ、
そこから、われらの力強い父、太陽が生まれたのだ。

(『夏の日曜日の薄暮』第一巻四一頁)

恐らく、ラフォルグの詩のもつ宇宙的意味は、その詩がもっている熱から覚めたような調子のために、或る種の読者にはかくされていてよく解らないかもしれない。その主観的原理からみた場合、ラフォルグの宇宙は多くの点で、生の嫌厭者の宇宙と考えられるであろう。しかしイメージを詳細に分析すると、嫌厭を覚えた夢想家と凝結した光との、むざんにかきまわされ異状な渦巻に巻きこまれた夜との、蒼白いゼラチン状の月との親縁関係を捉えることができよう。精神分析学者なら難なく体系化できそうな多くの数の形容詞がある。われわれがこれらの形容詞を集めたのも、いかに物質が夢想家の空に侵入してくるかを示さんがためにすぎない。ラフォルグにとって、空は真に彼の≪夢を見る所≫なのだ。毎晩、彼は≪星からじかに飲み、おお神秘よ≫（六二頁）、≪星の仕事台を浚渫《しゅんせつ》しながら≫そこへ行く。そして彼が自分の誓の言葉≪再びプラズマになれ≫を繰り返すのは天の川を前にしてなのである（六三頁）。

地上と同様、空においても漠然としていて円みのあるものはすべて、夢想が介入するやたちまち膨張するものだ。過剰な想像力は膨張と湧出に満足しないで、そこに沸騰を見、沸騰を生きるだろう。エレミール・ブールジュの『舟』（序章）のあまりにも色彩の濃厚な、力がりきみすぎた次の部分はこのような例に属するであろう。雲から≪滝の奔流のごとく金色の新たな渦巻が迸しる。そしてぽっかり口をあけたその奈落の底に、神聖な野獣の姿、鷲、雄牛、見るもまばゆい白鳥がおののいている、それらは、燃える泡、沸騰し、怒号する金色の蒸気の合間からわずかに垣間見られた。≫円い物質のこの過度な怒号はもっとも静かな夜の観照のなかで付与されるのである。≪この紅の雪片をまき散らされて、全エーテルが綿をちぎったようになる。≫アンドレ・アルニヴェルドが星雲の生への参加を夢想している文章からも同じ印象を受けるだろう。≪白熱の痙攣する一種の渾沌、輪郭、広がり、密度が際限なく変化する火の雲の捏粉が私の眼にうつっていた。炎の組紐、逆立った髪、たてがみがあらゆる方向にのび、そしてその猛り狂った炎の奔流は、宇宙の寒気に触れて、雲か霧と消えさり、あるいは、燃える雨となって降っていた≫（原註115）。これらの誇張された声のため、われわれは夜の沈黙を聞くことができない。創造の諸々の力は、たとえばミロスの場合、一層よく理解されるであろう（原註116）。≪だから、わたしの額にお前の耳を近づけて、聞きなさい。私の頭は宇宙の四辻と急流の石のようなもの。ほら、「瞑想」の黒いだまりこくった大きな荷車が通り過ぎてゆくじゃないか。それからそれは原初の水をぶちまけたような恐怖となるだろう。そしてそれらすべてが沈黙になるだろう。≫うまれつつある星雲の中で、夜はだまって瞑想し、原初の雲がゆっくり集まってくる。偉大な詩人が失わず保たねばならないのはこの緩慢さであり、この沈黙である。

Ⅱ

想像的なものの力とイメージの血漿《プラズマ》は、このような観照において互いの価値を交換することになる。ここでわれわれは、一般相対性理論における幾何学的定在と幾何学的思惟のように、想像されたものと想像するものとが不可分に結びついているイメージの特徴を表わすため、前章で一般的想像力と名づけたものの新たな適用を見出す。実際のところ、想像する力は、夢想家が天の捏粉を扱うとき、そのイメージと一体をなしている。通常宇宙に働きかけようとする魔法に対し、夢想家の心自体に働きかける魔法がとってかわるのである。外向的魔法と内向的魔法が正確な相反関係において結合する。全き詩、完全な詩とは、とフーゴー・フォン・ホフマンスタールはいう。≪それは、空気のごとく透明で、大気をよぎって魔法の言葉を運んでゆく用心深い使者、妖精《エルフ》の姿である。通りすがりに、妖精は雲の、星の、頂の、風の神秘を奪いとる。彼は、魔法の呪文を正確に伝えるが、しかしその呪文は雲、星、頂、風の神秘的な声にまざりあっているのだ。≫使者はもはやことづて《メサージュ》と完全に一体になっている。詩人の内面世界が宇宙と張りあっているのだ。≪たましいの風景は星空の光景よりもすばらしい。たましいの風景は数多の星でできた天の川をもつばかりではなく、その影の深淵さえも生命であり、過剰な豊かさのゆえにほの暗く息がつまりそうになる無限の生命を宿している。そして生命が自分自身をむさぼり食っているこの深淵を、一瞬が照らしだし、解放し、天の川に変えてしまうのである》(原註117)。

第十章　大気の樹木

《たえず、木は躍動し、数知れぬ翼を、葉をふるわせている》
（アンドレ・シュアレス『影の夢』六二頁）

I

植物との感応によって体験された想像的生命を論ずるには一冊の本が必要であろう。不思議にも弁証法的な性格をもつその一般的テーマは、牧草地と森、草と樹木、草の茂みとやぶ、青葉と茨《いばら》、蔓と株、花と果実であり――ついでそれは存在そのもの、すなわち根と茎と葉であり、――次に花の季節と落葉の季節によって示される生成――最後には潜在的エネルギー、すなわち麦とオリーヴ、バラと樫、――葡萄であろう。これらの基本的なイメージの体系的な研究がなされない限り、文学的想像力の心理学は、理論化されるための基礎を欠くことになるだろう。それはいつまでも視覚的イメージの想像力に依存し、作家の仕事とは画家が描くであろうものを記述することだと信じてしまうであろう。だがしかし、多くの植物を個個の夢想の誘導因として示しうるほど特色のある夢想の一世界が植物的世界に結びついていることを、どうして認めないでおれるだろうか。植物にかんする夢想は最も緩《ゆる》やかな、最も落ち着いた、最も安らぎを与えるものだ。われわれに庭と草地、土手と森が返されたなら、われわれは子供の頃の幸福を再び味わうことであろう。植物は幸福な夢の思い出を忠実に保持しているものである。毎年春になると、植物はその思い出をよみがえらせる。そしてそれと交換に、われわれの夢想が植物に、より大きな生長を、より美しい花を、人間的な花を与えるようにみえる。《森の木々よ、お前たちは自分の植物的神秘の中に閉じこもり、わたしの手の届かないところにいることを知っている。しかしお前たちを育《はぐく》みそだてるのはこのわたしなのだ……》(原註118)。

しかし、夢の植物学は研究されていない。詩には誤ったイメージがあふれている。これらの無気力なイメージは、繰り返し模倣されて文学作品のなかを貫流しているが、それは殆ど花の想像力を満足させない。これらのイメージはイメージに活気を与えると思われる描写を過重に背負いすぎているのである。人は過重負担を、いとも容易に書きうる華麗なる曲、あの『パラドゥ』のなかに、巧みに作りあげられた学者的植物誌のなかに感じるであろう。しかし、ある花を花の名称によって指示することは、夢想をかき乱す越権的なれなれしさだと思われる。あらゆる存在と同様、花はそれを名づける以前に愛さなければならない。見当はずれの名前でもって花を呼ぶ場合は論外である。夢の中で花の名称に気をつかうとしたら、それこそ驚くべきことであろう。

この《密林《マキ》》を整理することはできないが、われわれは以下の数頁において、植物にかんするある種のイメージの深い、いきいきとした統一性を特に明らかにすることだけはしておきたいと思う。われわれは一例として樹木のイメージをとりあげ、物質的想像力と力動的想像力の原理に限定しつつまた特に大気の本質に基づくイメージを強調しながら、それを検討してゆこう。樹木の地上的な存在、すなわちその地下の生命が、大地の想像力によって研究されねばならぬことは、もちろんである。

Ⅱ

ニーチェのエネルギー観に捧げた章で、われわれはすでに、松が想像力にとって力動的な夢想の主軸であることを示した。力動的になった偉大な夢想家は誰でもこの垂直的なイメージ、万象を垂直化するこのイメージの思想を受けいれる。真直ぐ立った樹木は、地上的生命を青空に運んでゆく紛れもない一つの力である。ド・ギュベルナティスはこの垂直性の力を刮目させる或る寓話《コント》を伝えている(原註119)。「コブールの近くのアオルンで、魔女が起こした恐ろしい一陣の風が教会の鐘楼を曲げてしまったことがある。近在の村の者たちは一向それにはかまわなかったが、一人の牧童が、自分の村をかかる恥辱から救おうとして(鐘楼と今でもそれとはっきり示せる一本の松の間に)太い綱をはり、祈禱と魔法の呪文の力で、その鐘楼をもと通りに起こすことに成功した。》松がもつ力動的な教訓を次の句ほどよくさし示しているものはあるまい。《さあ、吾輩のように真直ぐになれ、と樹木がうちしおれた夢想家にいう、汝のからだを真直

に起こせ。》
樹は最も多様な要素を集めて組織する。松は、とクローデル（原註120）はいう、《努力によって高くなるのだ、そして木はその根の集団的な占拠によって大地につながる一方、木がそれによって大気自体と光の中におのが支点を求めてゆく多様で多岐なその肢体は、葉のもつもろく傷つき易い組織にまで細まってゆきながら、おのが身振りのみならず、その本質的な行為とおのが身丈の状態を組織するのである。》樹木の姿勢、その本質的な垂直的行為、その《空気のような、宙にうかんでいる》（一五二頁）性格をこれ以上に簡潔にいい表わすことはできない。木はかくも直立しているので、大気の世界をすら安定させてしまうのである。
『植物における狂気について』という少々ふざけすぎた題で、フランシス・ジャムは樹木の直線性に対する共感を表明している。《わたしは空中における手術をたえず探し求めている樹木のことを思う……。このいちじくの木の生命もそうしたものだ。それは光を求め、立っていることが困難な詩人の生命に似ている。》

自分の平衡を維持するよりも、果実の美しさを選んで折れくだけるリンゴの木がある。そんなリンゴの木は愚かである。（原註121）

他方、火性的なものであれ、水性的なものであれ、大地的なものであれ、大気的なものであれ、この垂直の生命に対する多種多様な想像力はおのおの気に入りのテーマをふたたび体験することが可能であろう。或る想像力は、ショーペンハウエルのように松の地下の生を夢想する。他の想像力は針状葉と風の怒り狂ったざわめきを夢想する。また別な想像力は植物の生の水性の勝利を強く感ずる。そういう人たちには樹液が昇ってゆくのが≪聞こえる≫のだ。この植物に対する共感が誇張されて、ゲルハルト・ハウプトマンの小説（原註122）の主人公は≪栗の木の幹に触れて≫≪木が主人公の身体の中へ滋味豊かな樹液を注いでくれる≫のを感ずる。さらに最後にまた別な想像力はあたかも本能的に木が火の父であることを知っている。彼らは燃え上る幸福が待っているこの暑い樹木を果てしなく夢見ている。月桂樹とぱちぱちはねる柘植《つげ》、炎の中で身をもがく蔓、その香りがすでにやけつく夏の日に燃えていた、火と光の物質たる樹脂を夢見る。

　このように、この世界の同一の対象《もの》が、物質的想像力の≪完全なスペクトル≫を与えることができるのである。種々様々な夢が同一の物質的イメージの上に集められる。高い真直ぐな一本の木を前にして、これら様々な夢想が、すべて或る種の方向づけを受けることを確認するのはそれだけ一層感銘の深いことだ。垂直的な心理がその根源的イメージを押しつけるのである。

　木に対する労働が喚び起こすようなモチーフといえども、生きた木のイメージを消しさることはできない。樹木はその繊維の中にいつまでも垂直的な生命力を保持しており、熟練せずにはこの木の方向、木の繊維に立ちむかうことはできない。したがって、或る種の心象《プシシスム》にとって、木はいわば第五の元素――第五の物質――であり、たとえば、東洋の哲学において、ときに木が根元的元素に列せられているのは、稀でない。しかし、この場合、木を第五の元素だと考える裏には、木に対する労働の観念が暗に含まれている。それは、われわれの考えによれば工作人《ホモ・ファベル》の夢想なのだ。それは細工をする者の心理にさらに或る陰翳《いんえい》を与えるに違いない。われわれはこの著作において夢想と夢の心理学を越えぬことに決めているのであるから、木材が深い夢幻状態にとって殆ど重要な意味をもっていないことを認めなければならない。樹木と森が、われわれの夜の生活であれほど重要な役割を演じているのに、木材自身は殆ど現われてはこない。夢は道具に関係しない。それは手段を用いず、直接目的の国において生きるのである。夢は直接元素を想像し、その元素の根元的な生を生きる。夢の中ではわれわれは舟もなく、筏もなく、骨折って木の幹をくりぬいて小舟をつくったりはせず、ただ水に浮かんでいるのだ。夢の中では、木の幹はいつも中空である。木の幹はいつもわれわれを迎えいれて、力にあふれた、若々しい目ざめを約束する長い眠りのなかで、のびのび眠れるようにしてくれる。

樹木はそれゆえ深い夢が削除できない存在である。

Ⅲ

さて今度はわれわれの夢想をして、ほしいままに樹木のイメージを追わせよう。

まず驚くべきことはこれらのイメージがたちまち形に無関心になってしまうことだ。樹木はまことに様様の形をもっている。それは実に多数の、実に多様な小枝をもっている。それだけに樹木の存在の単一性、すなわち実際においてはその運動の単一性が、その風姿が、とくに目だって見えてくるであろう(原註123)。

このありかたの単一性は恐らく、一見したところ孤立した樹木の幹に由来するものである。しかし想像力はこの孤立の単一性、この形式的外面的単一性に満足しない。想像力が繁茂するにまかせておこう。それが生きてゆくままにまかせよう。そうすればしだいにわれわれは自分のなかに、とりわけ静力学的な存在たる樹木がわれわれの想像力からすばらしい力動的な生命を受けとるのを感じとることであろう。声なき、緩やかな、不屈の推力。木は軽快さを勝ちとり、飛翔するものを、ふるえる大気の木の葉を造りだす。この常に直立している存在。決して横たわらぬこの存在、力動的想像力はどれほどこの存在を崇拝することか。≪自然のなかでは、象徴的なある理由のために、ただ樹木だけが、人間とともに、垂直的である≫(原註124)。樹木は英雄的な廉直さのかわらぬ鑑である。≪これらの松は何とすばらしいエピクテートスの徒であろうか。このやせた奴隷たちはなんと激しい生命に燃えていることか。困苦のなかで、また何と彼らはおのれの運命にみちたりた顔付きをしていることか≫(原註125)。

草と樹木の間に植物的想像力の基本的な弁証法を形成するのはまさにこの垂直的な力動性である。繖形花が、草干しの季節にいかに真直ぐであっても、それは広い牧場の水平の線しか保持していない。繖形花がいかに花にみちていても、それは夏の朝、無気力に波打っている緑の海の泡でしかない。ただ樹木だけが力動的な想像力にとって、不変の垂直性を毅然として守っている。

Ⅳ

しかし、想像的な力の作用を充分に感じとるための最もよい方法は、逆説的にみえるであろうが、その最もおだやかな作用の最中に、最もおとなしい最も純粋に起動的《アンコアティヴ》な働きの最中に、ふいにこれを捉えることである。この観点から、われわれは樹木の力学とともに、最も緩やかな、最も友愛的な誘導作用の一つ、すなわち樹木に静かに背をもたせかけた夢想家の誘導作用を検討してみよう。

次のリルケの文章を読んでいただきたい(原註126)。≪いつもの習慣で、本を一冊手にして、往きつ戻りつしていると、ある瞬間、一木の灌木の枝の分かれ目で、およそ自分の肩の高さに当たるところにたまたま体を支えてくれる場所を見つけた。するとまもなく、彼は自分の体がとても気持よく支えられ、そのままの姿勢で充分安らぐ心地がしたので、そうして本もよまず、自然の中に没入して殆ど無意識の観照のうちに時をすごした。≫このようにして、夢見る視線の下で、正当にも不在《アブサン》と呼ばれる視線の下で、何ものも色づかず、何ものも描きだされず、夢想家と宇宙の力の静かな交換ともいうべき、純粋に力動的な観照が始まるのである。≪あたかも、樹木の内部から殆ど知覚できない震動が彼の内部に伝わってくるかのようであった……。彼には、かつてこれほど甘美な運動にたましいをゆさぶられたことはなかったように思われた。彼の肉体はいわば一個のたましいのように扱われ、肉体的条件の通常の明晰な状態では、実際に感知されなかったであろうほどの影響を、受けいれうる状態におかれた。さらに最初の瞬間に、このように微妙でかつこのように広範囲な伝達がどの感覚を通して自分が受けいれたのか、はっきり決めかねていたことが、この印象を強めていた。そのうえ、このコミュニケーションが彼から引きだした状態が、他のすべての状態と異なり、あまりにも完全かつ持続的だが、かといって、すでに体験した出来事の強化ないし加重によって示すことが不可能なので、この魅惑にもかかわらず、これを快楽と呼ぶことは思いもおよばなかった。それはどうでもよいことだ。この最も軽やかな印象を正しく認識することに専念して、彼はそのとき一体何が自分に起こったのか執拗に自問し、まもなく満足すべき表現を見つけて自分は自然のむこう側へもってゆかれたのだ、と考えた≫（一一〇頁）。これは生命がごく単純な支えで安らぎを覚え、知覚し難い一つの生命によってわずかに誘発されるにすぎず、世界の実体からもはや何も摂取しないで、自分が世界のむこう側に、ゆるやかな時間と調子を合わせて、結節のない繊維の上に身体を真直ぐのばして、ゆるやかな普遍的意志のまじかにいるのを感じている、というすばらしい条《くだ》りである。そのとき夢想家は樹木の垂直的な推力の単なる現象である。彼には、≪あらぬ方を見ているように、（自分の肉体の）なかに立って≫いるという考えしかもはやない。そしてリルケは力動的想像力のあの完全な純粋さに達するのだ。樹木に支えを見出した夢想家の肉体は、≪せいぜいそこに真直ぐに、純粋に、そして慎重に立っていることにしか役立っていない。≫人間は樹木と同様混乱した諸々の力が真直ぐ立っている存在である。力動的想像力は大気の夢を見はじめるのにそれ以上のことを求めない。一切がそれに続いてこの確実な垂直性のなかで整えられるのである。こうした誘導作用を身にうけた覚えがなければ、読者は本当にイメージを結合することができず、さきのリルケの文章は貧しく無気力なままにとどまってしまう。逆に、力動的な想像力の教えるところに従えば、リルケの文章が何よりもまず運動のイメージであり、植物のように生長する運動へのすすめであることが、理解される。

リルケの文章に――詩人を他の詩人によって説明するとしたら――モーリス・ド・ゲランの植物主義《ヴェジェタリスム》の美しいイメージを比較することができる（原註127）。≪もしある種の高さに、自分が登りえた最高の高さにいるのでなければ、自分が安全な場所にいると誰が思えるだろうか。ああ私がそんな高さを手に入れることができるなら。いつになったら私は平安のうちに憩うことができるのだろうか。かつて神々は（ある賢者たちの）回りにある植物《ナチユール・ヴエジエタル》を絡ませたが、その植物は、生長するにつれて、賢者たちの老いた肉体を抱きしめ、高齢のためにすっかりすりへった生命のかわりに、柏の樹皮の下に漲《みなぎ》っている強健な無言の生命を注ぎ込んだ。いまや不動のものと化したこれらの人々は、もはや風に動かされる小枝の先でしかゆれ動かないのであった……。諸元素の中からみずから選んだ樹液によって身を養い、身を包み、人間たちの眼には、樹根によって力強く、森の中で讃嘆されるある種の樹木の大きな根元のように超然と見えること、海のざわめきにも似た生い茂った梢の音のような、うつろな、深い音のみをあてもなく発すること、これこそ私にとっては、努力するに値し、人間や今日の時代の運命に対比されるにふさわしい生命のあり方である≫（原註128）。この天頂における植物主義《ヴエジエタリスム》は、モーリス・ド・ゲランにとって、想像力が高所における生命であることを遺憾なく示している。樹木は詩人が≪高みをかちとり≫頂きをのりこえ、大気の通う大気的生命を生きる手助けをしてくれる。それゆえ植物的夢想をこれほど正確に写しとったこの文章に対して、サント＝ブーヴがくだした次のような批評ほど、人を驚かせるものはない。≪（モーリス・ド・ゲラン）は樹木に変わるという訳の解らない変身を夢想していたのだ。≫それにこれは、細部的な誤りではない。というのもある詩人の元素にかんする想像力を論評する場合、細部的な誤りなどというものはないからである。サント＝ブーヴは、ケイラの隠者（訳註74）の作品のあれほど多くの部分を貫流しているこの力動的想像力には無縁の人であったように思われる。引用した省察の結論でサント＝ブーヴは次のように付け加えるのをためらわない。≪しかし老人のこの宿命、ピレーモンとバウキス(訳註75)にこそふさわしいこの最期は、せいぜいラプラードのような人間の英知にとって好ましいものにすぎない……。≫
もし、モーリス・ド・ゲランの植物主義の暗示の甘美さを、ピレーモンとバウキスの伝説をきわめて月並みでわざとらしく使用した他のものと比べたなら、サント＝ブーヴほどに点が辛くなることはないであろう。たとえば、ナサニエル・ホーソンの物語、『奇跡の水差し』のなかで、二人の老人が忽然と柏と菩提樹に変身するさいには、いかなる夢幻的な力も働かない(原註129)。
D・H・ローレンスの作品には、夢想家が樹木への変身を体験する部分が何度かみられるであろう。たとえば(『無意識の幻想』仏訳五二頁)≪しばらくの間、私は樹木になりたいのだが……　樹木はそこに塔のように目ざめている。そして私は坐って、自分が木に守られているように感じるのだ。私は、樹木が目ざめていて、私の上にのしかかってくるのを感じるのが好きなのだ……。≫ローレンスは好んで≪根方の真中に坐りこみ、力強い幹にもたれてそこに腰をすえ、もはや何ものも心に懸けない……。私はいまカメムシのように木の足指の間にいる。すると木は静かに私の上にのしかかってくる。私は木の血が奔流するのを感ずる……。その血は二つの違った方向にむかっている。異常な勢いで血は下方に迸り、死者が暗黒の、湿った、稠密《ちゅうみつ》な地下にひたっているその地核にまで達し、一方、他の血の流れは空の高みにむかってゆく……。何と豊かに、何と力強く喜びにみちてそれは二つの方向に流れてゆくことか。しかもその間、どんな顔も、どんな考えも現われない。いったい樹木はそのたましいをどこで保持しているのだろうか。われわれはそもそも自分のたましいをどこで保持しているのだろうか≫(原註130)。

V

棲っている perché という語が、なぜちゃかすようなニュアンスをもつ言葉にならねばならないのだろうか。しかしそれなら、雄鶏が鐘楼の頂上でしているのは何だろうか。石の大樹の上で鳥がしていることは何だろうか。鳥は不動の高みにさらに一枚の翼をつけ加えているのではあるまいか。硬直した頂上はかならずしも大気的なものではない。力動的想像力は、高みにおいては一切が揺れ動くことを欲する。棲っている夢想の名のもとに、われわれは、現実的なものから想像的なものへと移行しながら、頂上における想像力から揺れ動く運動の想像力への推移をたどることができる、力動的な夢想のひとつのタイプを示そう。

ジャン゠パウルの『巨人』(原註131)のなかに棲っている夢想の一例がみられるが、それは日常ありふれた明白な体験としてあげられている。≪五月になると彼はたびたび枝が緑の葉の小部屋のようになっているリンゴの大木の梢を避難所にしたものだった。ときにはふんわりと、ときには激しく揺すぶられて、揺籃にいるように感じるのが好きであった。ときどき彼が腰を下している高い梢は旋風に襲われて草原の新鮮な草を撫で、ふたたび力強く身を起こして、雲の中の元の位置を取り戻すのだった。この木は彼にとって永遠の生命をもっているように思われた。その根は地獄の境にまで達し、その誇り高い頭は、天にむかって問いかけているのであった。そして彼、清浄無垢なアルバノは、この空の亭にただひとり、おのが想像力の杖で創られた幻想の世界に住みつき、昼の宮廷の屋根を夜の中に、夜のそれを昼の中へと押しやる嵐にのんきに身をゆだねていた。≫想像的なるものを写実的に描いた文章にふさわしく、このテキストのなかでは万象が拡大されている。木は地獄と天国と、大気と大地を結びつける。木は昼から夜へ、夜から昼へと揺れ動く。その動揺はまた、嵐を強め梢は草原にまでたわむ。ついでたちまち、枝の架空の住人は何と恐ろしい力で、青空に連れ戻されることか。

地上を離れて、くるみの老木の枝の叉《また》で読書し、夢想したことのある者なら、ジャン＝パウルの夢想に思い当たるであろう。そういう人には、運動の激しさも気にならないであろう。なぜなら、根源的な衝動を呼びさますためにのみ誇張がなされているのであるから。彼は、樹木がほんとうに夢の住家、いわば夢の城であることを悟るであろう。彼はピュス・セルヴィアンがその深遠な性格を明らかにしたシャトーブリャンのあの偉大なリズムを、力動的にかつ夢の法則に従って読むようになるであろう。≪風が空から降りてきて、西洋杉の大木をゆさぶるとき、技の上に築かれた空の城がその住家で眠りこんだ鳥や旅人の重みのためにゆらゆら揺れるとき、百千の吐息が動く建物の廊下や円天井からもれるとき……≫（原註132）。このシャトーブリャンの散文においては、大気的存在の運動と詩人の息吹きが、緊密に一体となり、気息のポエジーと力動的ポエジーの好個の例がそこに見られるのではあるまいか。

われわれは棲っている夢想を、高い梢の巣、地上の巣のような生暖かさをもたぬ巣のイメージと比較することができる。ジャック・ロンドンが樹上生活者の無意識の記憶を認めうると信じている次の文章にその一例が見られるであろう（原註133）。≪私がごく幼い頃、最も頻繁に現われた夢は次のようなものだった。

私は非常に小さくて、枝や小枝で作られた巣にうずくまっているように思われた。ときには私は仰向けに寝ていることがあった。私はそんな姿勢で頭上の葉の間でたわむれる太陽の光や葉をゆり動かす風に注意をむけながら、何時間も過ごしていたような気がする。風の強いときには、巣自体がよく、あちらこちらと揺れ動くのだった。

≪しかしこのように巣の中で休息している間にも、私はいつも私の下で恐ろしい空間がぽっかり口をあけているという感覚にとらわれていた。私はそれを一度も見たこともなく、巣の縁から外を見たこともなかった。しかし私は自分の真下にそのように空《うつ》ろな空間が口を開いて存在するのを知っていたし、その空間はまた何か肉に飢えた怪物の口のようにたえず私を脅かすのであった。≫ついでに大口を開いているこの深淵の隠喩についていま一度強調する必要があろうか。このイメージこそ、まったく種類の異なった作家にも繰り返し現われるものである。

≪この夢では≫とジャック・ロンドンはつづけている、≪私は受身の状態で、行為というよりむしろ状態にすぎなかったのであるが、その夢をごく幼い頃を通じて非常に頻繁に見たのである。≫ジャック・ロンドンは後に先史時代の小説を書いたが、それはこのような夢幻状態が基礎となっている。そこに現われる神話は、まもなくあまりにも人間くさくなってしまうが、夢の要素は原初の形を保持している。夢想が巣のイメージをそのすべての特権にいたるまで説明するのだ。巣——それはどの国の言葉のなかでも最も高く評価されている語だが——はここでは潜在的な或るドラマを宿している。巣には野獣の穴や洞窟のもつ安全性がない。樹木にあっては、揺れ動くことは、生物が≪枝にすがりつける≫だけの敏捷さ、身軽さ、巧妙さを自覚していぬかぎりは、依然として危険なことである。樹上生活はかくして避難の手段でもあればまた危険な事でもある。人はしばしばそういう生活を夢見る。しかも常に同じように夢見る。それは、偉大な自然の夢想の一つである（原註134）。それは個々の人の孤独であると同時に、明らかに力動的な大気の生活への加入でもある。

また力動的な想像力がなければ、どうして男性的で父性的な柏に力を認めることができるだろうか。ストリンベルクの『スワネヴィト』においては、公爵が義母の手から娘を守るとき、すなわち、最初のドラマチックな第一景のさなかに、何の準備もなく、力動的なイメージが現われる（仏訳二三三頁）。≪スワネヴィトは公爵の腕の中に駈けよる。父上！　あなたは王者の柏、私の腕はそのあなたを抱きかかえることはできません。しかし、私は嵐をさけてあなたの葉蔭に身をおこうと思います（彼女は胸をおおい腰の帯までたれ下がっている主人公のひげの下に頭をかくす）。そして私は、あなたの枝の上で小鳥のように身をゆらゆらさせることでしょう。頂きまで登れるように、私を抱きあげてください（公爵は枝のように腕をのばす）。

≪スワネヴィトはその腕によじ登り、肩の上に坐る。

≪いま私は下には大地を、上には大気をもっている。私は薔薇の庭を、白砂の岸辺を、紺碧の海と七つの王国を見おろしているのです。≫

このようなイメージは、形体が支配するところでは意味をもたない。そういう世界では、植物の静かな夢幻性《オニリスム》もイメージに正確な力強さを与えない。ただ力動的想像力のみが樹木を誇張のテーマとしてとりあげることが可能なのである。力動的想像力は形体的にきわめて貧弱なイメージ、嵐から身を守る髭といった滑稽なイメージを影のなかに押しやってしまう。想像力を行使する運動によって、力動的夢想が荘厳な柏の木を眼前にして汲みとる上昇力によって、すべてのものがとり払われてしまう。数頁さきの箇所で、柏の老木たる老公爵はスワネヴィトを腕に抱きあげ、空中へ投げ上げて、それを再び腕でだきとめていう（スワネヴィトは子供ではなく、若い娘である）。≪小さな鳥よ、飛べ、塵埃の上を越えて滑翔せよ、そして飛翔を続けよ。≫大木のなかで、茂った葉蔭で生きるとは、想像力にとって、常に鳥であることである。樹木は飛翔の貯蔵庫である。ローレンスはいう（『無意識の幻想』仏訳一八四頁）。≪鳥は空の高みで胸をときめかせてはいるが他のすべての葉と同様、幹にしっかり結びついた、木の一番高い葉にすぎない。≫事実、鳥はいつも結局は巣に戻ってこざるをえないではないか？ 木は風に揺れ動く巨大な巣である。われわれは暖かい静かな生活を懐しむように木を懐しく思うのではない。われわれの記憶には木の高さと孤独の思い出が残っている。梢の巣は強さへの夢である。それがわれわれを青春の倨傲にかえすとき、われわれは自分が≪七つの王国≫を眼下に見おろして生きてゆくように定められているのだと信じる。

もちろん、詩人が草叢のなかで過ごした時間の思い出を、積極的な現実としてわれわれに打ち明けるときは、それは多くの場合想像的に《ア・リマジネール》読まれなければならない。ポプラの木に登るなどという田舎の子供はきわめて少ないのだから、モーリス・ド・ゲランの次のような打ち明け話は、思うに想像的なものに属すると考えなければならない（原註135）。≪私は木々の頂きに登る。ポプラの梢は鳥の巣の上で私をゆらゆら揺り動かす。≫ただ強力な夢想に身をゆだねた存在だけが、樹々の中でも最も高い木の先端で、超鳥sur-oiseauのように、ゆらゆら揺られてみたいと望むことができるのだ。

さらに、梢の揺籃運動は、宇宙的な調性をおびて、モーリス・ド・ゲランの『日記』の或る個所(九六頁)で見事に表現されている。五月のことである。木々の花はしぼみ、枝々の先端では精気を吸いこみながら果実が実っている。すると≪無数の新芽《ジェネラシオン》がいますべての木々の枝にたれ下がっている……、その数といい、多様さといい数限りのないこれらのすべての芽ばえは、天と地の間に、揺籃の中で吊りさがりこれらの被造物を揺さぶる役目をもった風に身をまかせている。未来の森が現在の森に気づかれないで揺動しているのだ。自然全体がその広大な母性にはぐくまれているのだ。≫この文章で、母性があまねく遍在するという古代の言葉がここで新しいニュアンスを与えられていることに注目していただきたい。すなわち、母性が梢の上の揺動する生命の中でいきいきと目ざめるのである。森は揺籃にほかならぬ。どの揺籃も空《から》ではない。現実の森は未来の森を揺さぶっている。したがって、枝に、鳥に、夢想家に幸福をもたらすのは同じ運動、揺籃による原初的運動であることを理解しなければならない。そうすれば、モーリス・ド・ゲランのいまひとつの次の文章(八七頁)が完全につながったものとして読みうるわけである。≪花をつけた枝、うたうため、または巣を作るためにその技に棲りにくる鳥、その枝と鳥を眺める人間は、完全さの点で様々の程度はあっても、同じ原理によって動かされているのだ。≫そのように唯一の運動、根源的な運動、すなわち揺籃運動を眺めるところから一致が作りだされる。眺めるかわりにもう一歩ふみだし、夢想しよう。そのとき、最も高い梢よりも高く、緑の木を下にみて、歌う鳥よりも敏捷なわれわれは、大気の生命を最高の完璧さで理解するであろう。

VI

このように樹木は垂直的生命の心理学に多様なイメージを提供してくれる。ときに樹木は大気の夢想家を導くべき単なる想起の糸にすぎないことがある。そのように、リルケはその『ヴァレーの四行詩』のなかで、垂直的作図の基本的な線をひいている(原註136)。

伸びさかり、長々と横たわる
丈夫な緩やかな緑草に
垂直線を対比させる
正しい位置を占めたポプラ。

樹木が孤立していればいるほど、樹木の観照の垂直作用がよりよく感じられる。孤立した木はあたかも平野と丘のただひとつの垂直的な運命であるかのように思われる。

ただそれだけが、
……………………

その巨大な至高の生命を
平野にそびやかす。(原註137)

『果樹園』の中の他の詩のなかで(二九頁参照)、木は風景のなかでは、夢想家が最も順当に地上的なものから大気的なものに移行する軸であることをリルケははっきり感じている。

そこで、われわれにとってなお残っているものが、
重さをもつものと糧となるものが、
無限の優しさの、
明白な通路と出会う。

大気的人間のたましいによって喚起された、円やかな樹木、《あらゆる方向へむいた》樹木である、くるみの木自身が、

……空の全穹窿を
ゆっくり味わっている。(原註138)

静かな晴天に、無数の葉が、無数の棕櫚の葉が揺れ動いている。それは、初《うぶ》な心のなかで無数のそこは

かとなき思いがわきつのるかのようだ。シェリーがそれをこう述べた（ラップ著『シェリー』一八八七年、二九八頁より引用）。≪青空のなかの春の木の葉の動きのなかには、われわれ自身の心とひそかに通いあうものがある。≫この≪ひそかな照応≫をそのすみずみまで体験し得るということは、分析された想像力の強みである。急ぎ足の読者は、そこに、月並みな主題しか見ない。そういう人は、シェリーの流儀にならって、春の木の葉のあの欝勃《うつぼつ》とした幸福な運動に対し、昨日まではまだ堅い芽であり大地から生じた存在にすぎなかった最初の萌葉の感動に対し、共感をいだくことがない。

日常馴れ親しんでいる樹木、顔のない存在が、夕方薄い霞につつまれて、目だたぬ風情ながら偉大な力をもった表現的な特質をおびてゆく。ジョアシャン・ガスケ（原註139・訳註76）はプロヴァンスの太陽が赤々と照りつけた後で、緑と金の燃えさかる戦いの後で、静かな雰囲気にひたって、黄昏を夢想しながら書いている。≪物たちの半透明の肉体がその外観に輪光を与え、その形をかきみだしている。その根の間から、樹木のイデーが蒸発する。さっきの太陽よりは一層貞潔な太陽のように、月が海を照らす。≫

空の美しさの同じような垂直的躍動が、同じような作用が、ポール・ガデンヌ（訳註77）の次のような文章の中に体験されているのがわかる（『シロエ』三六九頁）。≪この木は全力をふりしぼって生きていた。この木は空をとらえ、全自然をおのが熱情の証人として呼びよせる独特の流儀を心得ていた。この木は空間にむかって昇り、空間を捕えるためにいとも容易に一つの運動を描き、またその誇り高い気短かな幹は大気の滋養分を吸収して、それを美に変えるために必要な数々の枝に分かれていた。この木の上方に、天空に応じて円くなったその頭があたかも花束のように開いているのが見られた……。≫

嵐の中でも、木は感度のよいアンテナのように平野の劇的な生活を始める。ガブリエル・ダヌンツィオの『死の勝利』にその考察がみられる（仏訳四〇頁）。《小さな木が、根こそぎにしようとしている手の力から逃れようとするかのように、ほとんど円に近い運動をしながらもがいているのが見られた。しばらくの間、彼らは二人とも、蒼ざめながら、裸身のまま、田園の無気力な鈍麻状態のなかで、意識のある生命の気がたち迷うこの猛烈なもがきを眺めていた。木の苦悩を想像しているうちに、彼らは自分たち自身の苦悩に直面した。》

さらにこの詩人は他の作品の中で、樹木が雲と戦っているのを想像する。

われわれの周囲には、奇妙な木がその巨大な腕で、繊細な雲を捕えようとするかのように、地上からすくすくと伸びていた、

敏捷に雲はこのおそろしい抱擁から逃れていた、その荒々しい襲撃者にすべすべした金色《こんじき》のヴェールをかけながら。（原註140）

このように、苦悩する樹木、もがく樹木、熱狂した樹木は、人間のあらゆる情熱にイメージを提供することができる。実際何と多くの伝説がわれわれに、血を流す木、涙を流す木を教えてくれたことであろう。ときには、木のうめきごえが、野獣の遠吼えよりも一層われわれのたましいに身近に感じられるように思うときさえある。木は野獣よりも声をひそめて哀訴し、その苦悩はわれわれには一層深いものに思われる。哲学者のジューフロワ（訳註78）は、そのことをいとも簡潔にいってのけた。《山上の風にうちひしがれ

た木を見ると、われわれはそれに無感動でいられない。その光景は、われわれに人間を、人間の条件のさまざまの苦悩を、一群の悲しい思いをよびさます。》想像力がかき立てられるのは、まさにこの光景の単純さのせいである。受ける印象は深刻であるが、にもかかわらず嵐にうたれて身をかがめている樹木の表現的価値はとるに足りないものだ。われわれのたましいは、原始的な共感によってその光景に戦慄する。この光景によって、宇宙には苦悩が存在することを、諸元素の間には闘争があることを、各々の存在の意志が相反することを、休息が一時の幸福にすぎないことをわれわれは理解する。苦悩する樹木は宇宙の苦悩にいま一つの苦しみをつけ加えるのである。

VII

樹木がもがき、静まるというこれらすべてのイメージを詩的アニミスムの単なる顕現とみるのは早計である。文芸批評家は、固有のイメージを発見して初めて意味をもつ詩的アニミスムについて、あまりにもしばしばその一般論的な面でしか言及しない。詩人は現実の夢想の源まで、象徴的に表現された生命の根源にまで、行きつくことができねばならない。アニミスムを追求してゆけば、根源的イメージは数多くあるものではないということがわかるであろう。樹木はそれら根源的イメージの一つである。木は、木が幹と枝によって構成されるのが見える一連の夢の雛形である。

たとえば、寒さにおののく十月に、馬鈴薯の乾葉が燃えるとき、野に立って煙の樹木のような形を夢見たことのないものが一体あるだろうか。跳びはねる火の紛のかわりに、乾いた枝から噴きでる焔のぱちぱちと音をたてる花のかわりに、ここにあるのは木の茂みであり、幹であり、最初の枝であり、ついで空の高みに見える棕櫚《しゅろ》の葉と渦巻き模様である。煙はゆっくり広がって、夕方の空へたち昇ってゆく。質料のない、真青な、真灰色の木が軽やかに上にのびてゆく。かすかな死臭があたりの夜にただよった。われわれの眼前で、何かが生き、そして死ぬ。そしてわれわれの夢は果てしがない。煙の樹木は質料のない運動と生きた運動の境界に存在するのである。

あまりにもはっきり描きだされ、あまりにも色づいた外観に従わせられるこの樹木から、偉大な詩人は、大気の感情移入 **Einfühlung** の数々の魅惑が現われてくる、ある宿命のイメージを作り上げるだろう。

私は煙の芳しき未来にむかい、
導かれ、捧げられ、焼き尽されるおのれを、
幸福な雲とかたく、かたく契ったおのれを感じていた
さらになお、私は、
わずかに消え失せた威厳があらゆる延長への
愛に身をまかせるあのおぼろな木と成った。巨大な存在が私に襲いかかる。（原註141）

煙の木は、夢によって延長され、天空をみたす。シャルル・プロワは《ヴェーダの神話においては、大地を包み、暗くする雲の頭巾が巨大な植物になぞらえられている》ことを想起させる。夢想家はこの雲の

頭巾が地上で形づくられてゆくのを見たのだ。それは夕のかまどから立ち昇る煙の柱である。それは砕け、空の穹窿の上に広がり、薄明の木の黒い葉群となる。

VIII

もし、人が自己の内部に偉大なイメージをゆっくりと生かしめ、自然に湧きおこる夢想を追うことに馴れたなら、ある種の神話の親縁性をさらによく理解することができるであろう。このようにして、想像力は、その力動的原理に従って研究されるとき、宇宙論的樹木の一見まことに奇妙なテーマを、一層自然なものと感じさせるであろう。どのようにして一本の「樹木」が世界の形成を説明することができるのであろうか。どのようにして特殊な一物体が宇宙全体をうみだしうるのであろうか。

プラグマチズムが一般に普及した時期には、一切がためらいもなく有用性によって説明されたものだ。植物学者としてメソポタミアの記念建造物の植物群を研究したボナーヴィアは次のように主張した(原註142)。≪アッシリアの聖木は、その有用さに応じて昔この地方で尊ばれていた一群の植物を総合したものに他ならない。棕櫚はその実のために、葡萄の木はその液のために、松ないし西洋杉は建材と薪のために、柘榴はタンニンの生産とシャーベット製造のために。≫このような有用性の合成物は有用なものの概念を明らかにしてくれるであろうが、神話的夢に本来そなわっている力を説明するには、これらの有用性はいかにも不充分である。そこでゴブレ・ダルヴィェラ(訳註79)はボナーヴィアの説を必ずしも完全に退けるわけではないが、聖木のなかに、《強力な神性の植物的象徴……あるいは神話的植物の似姿、すなわち——フェレシド・ド・シロスが伝えているフェニキアの伝承によれば——最高神が大地と星空と大洋をその上に織ったといわれる、翼のある柏のような、神話的植物の似姿》をみたのは一層正当である。

ド・ギュベルナティスは宇宙発生論的な樹木、人類発生論的な樹木、雨または雲の樹木、陽物的樹木の神話について詳細に検討を加えている。これらすべての神話は、われわれが夢想のイメージに対し偉大さと力を付与することに慣熟させる。リグヴェーダ(訳註80)の宇宙発生論的樹木ピッパラに昼と夜の二羽の鳥、すなわち太陽と月が訪れるという話は、合理的、客観的思考を不安にさせるが、夢の次元に背馳《はいち》するものはなにもない。雨の樹木が雨を呼び、雨を生ずること、その木がとどろく雷雲に結びつくこと、それもまたやはり夢の力の効果である。

したがって、われわれには、単に現実の想像力を検討するだけでも、或る種の神話の夢幻的原理を再発見する助けとなるように思われる。シンボルがこのように容易に伝承されてゆくのは、シンボルが夢の領域自体で交差するからである。活動的な生活は、あまりにもしばしばこれらのシンボルを誤ったものだとみなすであろう。夢想は果てしなくそれらのシンボルを養う。原初的なイメージにかんするわれわれの全研究を通じて、われわれは常に基本的イメージが必ず夢の生長そのものによって宇宙的水準に推移してゆくのを見た。したがって樹木は、夢想の整理されたすべてのテーマと同様、いわば当然のこととして、宇宙発生論的力を授けられるであろう。ゴブレ・ダルヴィェラは驚きをかくしかねながらも、この力を予感している。彼は《カルデア人は、梢として天空をもち、根元または幹として大地を持つ木を宇宙のなかに見た民族の一つに数えられねばならぬこと≫を想起させる。彼は、この考え方の想像的飛躍力を見抜くことができぬために、この考え方を≪子供じみた≫考えだとみなしているが、この思想は、より洗練された宇宙発生論的諸体系が起こるにおよんで≪メソポタミヤでは夙《と》くに消滅してしまったらしい≫ことを指摘している。力は山に移る。しかし――きわめて興味深い指摘だが――樹木の隠喩は非常に根源的な力をもっているので、その隠喩は――あらゆる理性に抗して――聖なる山にその想像的な生命力を付与するにいたる。≪おお、蔭なす汝、地上に汝の蔭を広げている主よ、偉大な山……。≫同じようにリグヴェーダ（VII 82・2）には次のような句が読まれる。≪底なしの深淵に、ヴァルーナ王は天上の木の梢をうち立てた。≫木はその根の握力で大地全体を捕え、天空への上昇力が世界を支える力をもっているかにみえる……。さらに他の箇所には≪彼らが空と大地を彫りつけた木とは一体どんなものなのか≫と書かれている。そしてゴブレ・ダルヴィェラは答える（一九五頁）。≪それは、あるときには宝石の実を結ぶ星のきらめく蒼穹の木であり、あるときには長い、細い筋のある雲のあの束――われわれの田舎でみられる俗間の気象学でアブラハムの木と呼ばれている――のように、天の穹窿の上に根か枝を投げかけている雲の蒼穹の木なのだ。≫このように、力強い樹木は天に達し、そこに根をはり果てしなくのびてゆく。木はそれ自身蒼穹となる。それを不思議に思うのは夢が手段よりもむしろその目的を生きるものだということを知らない者だけであろう。植物的夢想が夢想家をとらえると、夢想はボーズが、柏の木が、

その腹から出て、青い空まで行った。

のを見たジュデー（訳註81）のあの夜にまで彼を連れ戻すのだ。

樹木による宇宙発生論は高貴の印象を与える。R・B・アンデルソンはそれをたいへん巧みに述べている（『スカンジナヴィヤの神話』一八八六年仏訳三四頁）。≪とねりこのユグドラジル le frêne Ygdrasil は過去のいかなる宇宙発生論あるいは人間存在論の体系にもみられない最も高貴な考え方の一つである。事実それは、宇宙の全体系をおおう驚くべきほど精緻な偉大な生命の木である。その木は、枝によって人類に身体《コール》を与える。それはあらゆる世界に根をはりめぐらし、天のなかに生命を付与する腕を散りめぐらしている。まさにこの木によって、あらゆる生命が、いや、その根を食い荒し、打ち倒そうとする蛇の生命さえもが養われるのである。≫木の生命を追求すれば、動物が植物から≪派生する≫ことを、木が真に動物の≪系統樹≫であると夢想しうることが理解されるであろう。≪動物たちはその木の中に、その木の回りにうごめいている。どの種類の動物もしかるべき地位を占め、独自の使命をもっている≫（五四頁）。鷲、鷹、リスのみが木の恩恵を蒙るわけではない。四頭の若駒がその新芽で養われているのだ。そしてR・B・アンデルソンは五三頁で次のように結論をくだす。≪ユグドラジルの神話の独特の性格はその表現的な簡潔さにある。大木の眺めは何と美しいことであろう。遠くまで広がるその枝、苔むす幹、深く地中にはった根はわれわれに時間の無限性を想起させる。木は、われわれが生まれぬうちにすでに数世紀が流れてゆくのを見ていたのだ。≫そして五五頁では、≪それを理解するためにはまさに無限のたましいが必要である。いかなる絵筆もそれを描くことはできず、いかなる色もそれを表わすことはできない。何ものも平安ではなく、何ものも静止しない。すべてが活動である。それは全世界全体であり、ただ人間の精神によってしか、詩人のたましいによってしか理解されず、言葉の不断の流出によって象徴されうるものである。それは画家や彫刻家の主題ではなく、詩人の主題である。ユグドラジルは、ゴチック人の詩的体験の木である。≫神話が、単に視覚的なイメージのみによって生きるのではないということを、また神話がわれわれにじかに話しかけてくる想像力を示すものであることを、これ以上うまくどうしていい表わせるだろうか。

ときとして安易な空想を背負いすぎた想像力がそれと知らず、意図せずに、人類発生論的樹木の、人間をうみだす生命の木のいくつかの特徴に出会うことがある。そういう仕方でサンティーヌ(訳註82)は次のような夢を語っている(原註143)。≪数歩離れたところに一本の巨大な木が立っていました。その木は他の木と同じようにきらきら輝いていましたが、ただ、巨大な莢《さや》によって他のすべての木と違っていました。そしてその莢の大部分は地面まで垂れ下がっているのです。私は近づいていき、莢の一つを開いた。すると驚いたことには、莢の黄ばんだ繻子《しゅす》のようなつやのある皮の上に、互いに微かな仕切りでへだてられ、優雅に身をかがめ、莢の中のいんげん豆のように層をなして並んでいる、そう、私は見つけたのです……何を見つけたかって？ それをいい当てるのはちょっと難しいと思うが……それがね、女なんですよ、若いきれいな女なんですよ。面くらい、狼狽した私は、この不思議な発見に殆ど怖れをなして後ずさりすると、地上にたれ下がっていたすべての莢が自然に開いたのです、われわれ植物学者がいう裂開によってね。魔法の木のきれいな果実はその莢から離れて、左右に飛び散り、ほうせん花の莢膜が破裂したときの種子のように、地上に落下して飛びはねました。≫

ド・ギュベルナティスが採録している或る伝説（前掲書一八頁）は、アダムの木がその根は地獄に、枝は天国に達していると語っている（原註144）。しかし、垂直的樹木の夢想家なら、ラ・フォンティーヌが柏の木について物語っているすばらしい詩句の、夢幻的に見ても自然な性格を理解するためには、このような伝説の力をかりる必要はないだろう。

その頭は天に接し、
その足は死者の国に触れていた。

事実この大げさなイメージも、力動的な想像力の支配下では、自然なイメージではないであろうか？　おそらく、この寓話作家のイメージを説明するために、人々は古代的な教養を想起するであろう。しかしそれは、個性的な夢想を過少評価するための理由とはならない。実際、教養は、われわれの夢想の或る種のテーマに似た古代神話の知識をわれわれに与えることによって、夢想する許可をわれわれにもたらすように思われる。だから巨大な木を、世界の木を、大地全体を糧とする木を、あらゆる風に語りかける木を、星をいただく木を夢想しても、私は単なる夢想家、空想家、生きている錯覚ではなかったのだ。私の狂気は古くからの夢である。それゆえ私のなかで、夢見る力が、かつて、遥遠の時代に夢見、そして今宵また、自在な想像力のなかにいきいきと華やぐ力が夢想するのである。物語は汝にかかわりのあるものだ De te fabula narratur. 神話の知識によって、或る種の夢想がいかに奇妙にみえても、客観的であることがはっきりする。概念が諸々の精神を結びつけるように、夢想は、諸々のたましいを結びつける。夢想は思想《イデー》が知性を類別するように想像力を類別する。すべてのものが、観念連合と形体連合によって説明されるわけでない。夢の連合をも研究しなければならぬ。この点で、神話の知識は詩の古典的説明に対する有益な反動となるであろう。そして、われわれの時代の教育に神話にかんする真剣な研究が一切欠除していることは驚くべきことである。

このようにして、宇宙発生論的樹木の神話を読んだ後では、ポール・ガデンヌの『シロエ』の中で樹木の想像力が讃美されている幾頁かは一層の共感をもって読まれなければならないように思われる。たとえば、次に掲げるのは、巨大なくるみの木を前にしたときの瞑想である。≪それは、根をいっぱいに張って、毎年毎年大地を耕し続け、同じ様に空を耕し、また大地と空からあの磐石の実体を織り、鉄も及ばなかったであろうほどのあの結瘤を固めた、広大にして深遠なる存在であった。その勢《エラン》たるやかくのごとく、枝の運動はいと気高く、いと高くを目ざしていたので、われわれ自身その律動を感じとり、思わず眼で梢までその律動を追わねばならないのであった≫(二五〇頁)。そして夢想家は、≪背と背を、胸と胸を、すべてを木にもたせかけていると……この巨木を、この驚異の存在を生気づけているいささかの思惟、いささかの力が、おのが肉体のうちを通り過ぎるのを感じた≫(二五一頁)。

IX

さらに想像的な植物主義は、その奥底まで体験されると、奇妙な転倒を示すことがある。春の太陽によって蘇り、秋風が葉を奪いさる樹木の客観的なイメージをただ無為に生きる代わりに、熱情的な植物主義はそれぞれの季節を原初的な植物的な勢力として想像する。植物主義は、季節をうみ、森全体に新芽をだすように指図をし、自然全体に樹液を与え、微風を呼び、新しい葉が色づくように、もっと早く昇るように、太陽にしいる木の夢、いいかえれば不断に宇宙進化の力を更新してゆく木の夢を見るのである。植物の飛躍力を内的に生きることは、宇宙全体のなかに同じ樹木的勢力を感じることである。それは無限の世界の植物的潜在力の全意志を統合する威圧的な樹木の精の意識をおのれの内部に作りあげることである。事実、決定的に神話的である生命にとっては、下級の神が存在しないことを理解しなければならない。樹木の精として生きるものは、柏の木の内密な意志をもって全宇宙に号令する。彼は植物的宇宙を投影する。したがってこのような夢想にとって、宇宙発生論的樹木は、いくつかの特殊なイメージを総括できるような、多少とも象徴的な表象ではない。それは原初的なイメージ、他のすべてのイメージをうみだす有効なイメージである。

安易な逆説を操って、われわれは徴表と原因とを混同しているのだと説き聞かせる人があるかもしれない。人は植物学者ド・カンドル（訳註83）が花に対する気紛れから、《花時計》を庭に植えて満足していた、というであろう。それぞれの植物は、太陽の規則的な呼びかけに応じて定まった時間に花冠を開いた。それではわれわれは、奴隷が主人であり花壇が光に命令をくだすのだ、と考えようとしているのだろうか。そういって合理主義者は笑うだろう。しかし夢は理性に従うものではない。夢と対立する理性が強ければ強いほど、夢はその作りだすイメージを深めてゆく。夢想が真に全力を傾けて熱愛するイメージに専心すれば、そのイメージこそ、すべてのものを規制する。そのとき、不条理なものが法則をもつ。外から判断する限り、夢には辻褄のあわない不条理しか認められない。そういう不条理は、夢幻的生命のパロディにすぎない作品のなかで簡単に模倣されているものだ。そのさい人々は夢を悪夢によって説明するが、悪夢が夢の病気であり、夢幻的力の破壊と分解であり、夢幻状態の基本的素材の不定形な混合状態であることを理解しないのである。しかし夢は、また夢想《ソンジュ》はわれわれの存在に至福の統一性を付与するものだ。植物的生命は、それがわれわれの内に存在するならば、われわれに緩慢なリズムの静けさを、その偉大な静かなリズムを与える。樹木は偉大なリズムの存在であり、一年の周期《リトム・アニュエル》をもつ真の存在である。植物こそはそのリズムの顕示にあたって、最も鮮明、最も正確、最も確実、最も豊かで、最も充溢しているものである。植物は矛盾を知らない。至《し》の太陽に対立するためには雲が現われる。どんな嵐も時節がくれば樹木が緑になることを妨げない。神草同形観、神木同形観を夢想しつつ詩的に訓練をつんだものは、D・H・ローレンスが述べたような意見(『無意識の幻想』仏訳一一三頁)をその狭義の意味において、理解するであろう。すでに流行遅れとなったあの『金枝篇』の一文≪原始時代のアーリア民族には、太陽は聖なる柏の木の火によって周期的に若返るものと思われていたに違いない。≫を引用した後で、ローレンスはつけ加える。≪確かにそうだ。「生命の木」にひそむ火。つまりいいかえれば、それは生命そのものなのだ。したがってわれわれは次のように読み変えるべきなのだ。「原始時代のアーリア民族には太陽は生命の働きによって周期的に若返るものと思われていたに違いない」と。生命が太陽から引きだされるかわりに、太陽を養っているのは、生命自体、つまりあらゆる植物と生ける被造物からの放射物なのだ。》

同じように、夢想の極限にまで達し、全存在をもって植物的世界の特殊な夢幻的力に身をゆだねるなら、暦の木の伝説がもっとよく理解されるであろう。ここではただその一例をあげるにとどめよう。テリアン・ド・ラ・クープリは《ある不思議な植物についての》中国の伝承(原註145)を引用している。それによれば《莢が最初の半月に毎日一個ずつ生じて、後の半月に毎日一個ずつ落ちてゆくのだった。》その極度の正確さから、このような伝説はかなり明確に日そのものを植物的活動のうちに刻みつけようとする意志を示している。もしほんとうに新芽の力を夢想したならば、毎朝庭か雑木林にそって、新芽を、同じ新芽を見に行ったなら、そして、そこに一日の活動の度合を測り知ることができたなら、その真の意味がわかるであろう。そして、花が開こうとするとき、リンゴの木がその光を、自分自身の白やバラ色の光を与えようとするとき、ただ一本の木が全宇宙であることがよくわかるであろう。

第十一章　風

しかし私は海でも、赤い太陽でもない。
小娘の微笑をたたえた風でもない。
人を強壮にする大風でも、人を鞭打つ風でもなく、
死の恐怖まで自分の肉体を
いつまでも鞭打つ精神でもない。
（ウォルト・ホイットマン『草の葉』「暁の旗の歌」
バザルジェット訳、第二巻一五頁）

I

嵐の宇宙《コスモス》にみられる激しい大気の力動的な極限のイメージをただちに問題にするなら、心理的に非常に鮮明な印象がそこに積み重なっているのがみられる。広大な虚空が突然活動をはじめて、宇宙的憤怒の格別明瞭なイメージとなるように思われる。荒れ狂う風は純粋な怒り、対象のない口実のない怒りの象徴であるということができよう。ジョゼフ・コンラッド（『颱風』『あらし』）のような嵐をえがいた大作家たちはあの面、つまり準備されない嵐、原因のない物理的な悲劇を好んだ。しだいに月並みなものがイメージを磨滅させた。その元素的なエネルギーを体験せずに、人々は元素の激怒について語る。嵐によって驚倒さ

せられた森と海が、ときとして暴風の単純な力動的な偉大なイメージに重なることがある。荒れ狂う大気によって、われわれは元素の激怒、すなわち、一切が運動であり、運動以外の何ものでもない激怒をとらえることができよう。われわれはそこに、意志と想像力が結合しているきわめて重要なイメージを見出すであろう。一方では、無に結びついた強い意志と他方にはいかなる表象ももたない想像力が互いに支えあっているのだ。暴風のイメージを内面的に体験することによって、われわれは、狂暴な、空しい意志とは何であるかを知る。過度にまで激した風は、いたるところにあり、またどこにもない怒り、おのずからまれ、また再生する怒り、方向を変え、逆転する怒りである。風は威嚇し、咆哮するが、塵埃に出あわなければ形をなさない。眼に見えるようになれば、風はみじめっぽいものになってしまう。風は本質的に力動的な関与においてしか、想像力に対する全支配力を発揮できない。形象的なイメージはむしろ風の取るに足らぬ一面を示すにすぎないものであろう。

この本質的に力動的な関与の例はヤコブ・ベーメとウィリアム・ブレイクの作品に数多くみられるであろう。ベーメには、怒りが順次、火のなかに、胆汁のなかに移ってゆく表現と並んで、夢想家が天空の怒りが≪星の怒りっぽい地帯≫(原註146)で形成されるのをみるというイメージが見出される。

他方、宇宙開闢説の偉大な夢想家たちの想像活動を追求してゆくと、怒りに対するほんとうの価値評価が思いがけなくみられることが稀ではない。怒りに火をつけるのは根源の意志である。それが実現さるべき仕事に着手《アタッケー》する。そして、この創造する怒りによって創られた最初の存在が旋風である。怒りによって力動化された工作人《ホモ・ファベル》の最初の対象が渦である。

デカルトのように平静な知識人が想像した旋風に比べ、力動的想像力によって、ブレイクのような詩人の怒りっぽい創造的旋風に参加するのは興味深いことだ。イメージは最初は弱々しい(原註147)。《ユリゼンの息子たちもあちらで働いている。そしてここではセオターモンの風車がウナン・アダンの湖の岸辺に見える。》このセオターモンの風車のイメージにこだわらないことにしよう。ここに風車ができたのは、ものを創造する力を《ぶんぶんうならせる》ためにすぎないのだ。力動的な想像力の教えるところに従えば、形体の世界ではどうもはっきりしないこのイメージの説明が見つかる。なぜなら、詩人はいましがたセオターモンの風車について語り、旋風が天空を捕え、それを引きつれるといったばかりなのだから。想像的なものの世界においては、風車が風を旋回させることも不可能ではない。この転倒を拒む読者は夢《オニリスム》の原理に背馳する。そういう人はたぶん、現実を理解することはできるであろうが、どうして創造を理解できるだろうか？　創造は想像されなければならない。それなら、想像的なるもの《イマジネール》の基本的な法則を無視して、どうして想像することができようか。

したがって想像作用は、風車によって誘発され、宇宙に伝播してゆく。この旋風は、とブレイクはいう。《それは、夜の星のちりばめられた虚空、大地の奥底と洞穴なのだ。》《これらの風車は、手に負えない怒りを爆発させている大洋、雲、波である。ここでこそ星が創られ、すべてのものの種がまかれたのだ。そしてここでこそ太陽と月が定められた任務を受けとるのだ。》宇宙発生論的旋風、ものを創りだす嵐、怒りと創造作用をする風はその幾何学的活動の点からではなく、力の授与者としてとらえられている。なにものもはや旋回運動を止めることはできない。力動的想像力にあっては、すべてのものが躍動しており、なにものも止まらない。運動が存在をうみだし、旋回する大気が星を創造し、咆哮がイメージを授け、咆哮が言葉を、思考を生じさせる。怒りによって、世界はあたかもひとつの挑発の如くに創造されるのだ。怒りが力動的な存在を建設するのだ。怒りは開始の行為だ。行為が如何に慎重なものであっても、いかにぬけ目のない覚悟ができていても、行為はまず怒りという小さな敷居《しきい》をまたがなければならない。怒りは一種の腐蝕剤である。それがなければ、どんな印象もわれわれの存在に跡をとどめることがない。怒りは能動的な印象をひき起こす。

　エレミール・ブールジュの『舟』の或る条りを読むと、怒り狂った風の音がじかに大気の怪物たちをもうみだすようにも思われる。その怪物たちが≪雷の鉄の車輪の下で≫咆哮するのが聞こえてくる。嵐のとき、空の隅々まで恐怖を投影する一種の音の蜃気楼の作用で、ゴルゴン〔ギリシヤ神話にでてくる頭髪が蛇の怪物メドゥーサのこと〕は、大気の中に現われた幻、つまり、彼女たち自身の恐ろしい映像によってその数を増す。北風は大声でわめきながら、空飛ぶ怪物の口の数を増やす。エレミール・ブールジュにとって、メドゥーサは嵐の鳥である。それは≪奇怪な鳥に似た≫単なる飛行する首である。不吉な鳥とは、鳥占の術のあらゆる記憶からはほど遠く、われわれが悲しみの夢想の中で聞きつけるように、風の悲痛な叫び声からうまれるものではないだろうか。耳で聞くのは、眼で見るよりも劇的なものだ。

　嵐の夢想で、イメージをうみだすのは眼ではなく、驚愕した耳である。われわれは激烈な大気のドラマにじかに参加する。おそらく地上の光景もそれに加わって、この音の恐怖を強めるであろう。このようにして、『舟』(前掲書七三頁)にあっては、大気の中に生じた叫びが煙と影を寄せ集める。≪蒸気の山が空の深みに瀰漫《びまん》する。すでに青銅の羽をもった、骨のない灰に似たおぞましい艤装船が使者として現われる。……鉄の翼、たてがみ、輝く眼の旋風が雲をみたし、雲は真赤に燃えたつ。》数頁さき(七五頁)では、エレミール・ブールジュはまた《翼のある雌狼、ジェリュド、ハルピュイアイー、ステュンパーロスの鳥》について語っている。このように、暴風の旋風の中に、奇怪で、不調和な存在が集まってくるのだ。しかし、これらの想像上の存在の生誕を追求してゆこうとすると、やがて、それらを創造した力が怒りの叫びであることが解ってくる。またそれは、動物の喉からでた叫びではなく、嵐の咆哮なのだ。第一にウラニッドは怒った風の号々たる叫びである。宇宙開闢の物語の中でその発生の由来を探ってゆくと、叫び声の宇宙論、つまり、一つの叫び声の周囲に存在を集める宇宙論の形成が目撃される。叫びは最初の言語的現実であると同時に最初の宇宙開闢の現実である。

われわれは、音をめぐって、叫び声をめぐって夢がイメージを形づくる例を見出すことができる。もし人間が《風の鋭い音》のかき立てる不安を知らなかったら、しばしばみられる《翼ある毒蛇《ヴィペール》》のイメージがどうして意味をもち得るであろうか? ヴィクトル・ユゴーは、略辞法により簡潔に次のように書く。《風はまむしのようだ》(『世紀の伝説』「海辺の農夫」)。多くの民話で、風のイメージと蛇のイメージが混交しているのがみられる。アビシニヤでは、とグリオールはいっている(原註148)、夜口笛を吹くことが禁じられている。《なぜなら、そうすれば、蛇や悪魔を呼びだすことになるからだ。》悪魔が蛇と同じ理由で呼びだされるということ自体によって、この禁止が宇宙反的響きをもつものであることをいいそえておかねばならない。このアビシニヤの禁止事項を次の禁止事項と比較すれば、この示唆が受けいれられるであろう。

ヤクート人（原註149）の間では《山の中で口笛を吹き、眠っている風の安眠を妨げ》てはならない。同様に、カナカ人たちは、一年の時節に応じて、すなわち貿易風を呼びよせなければならぬとき、あるいは、敬遠しなければならぬとき口笛を吹いたり、吹かなかったりする。このような伝説によって、われわれは想像活動の核心そのものに迫るのである。われわれは公理の形で、次のような考察を記すことができる。宇宙的次元に移ろうとする傾向が存在する場合は、そこに想像力の活発な働きがある。価値を付加された夢想が形成されるのは、生活の末梢的な事柄のなかではない。未開人は対象よりも世界を怖れるのだ。宇宙的恐怖はその後個々の対象の中に実現されるのだが、まず恐怖はあらゆる指定された対象に先んじて不安の世界に存在している。夢想する人間、耳を傾けている人間を戦慄させるのは風の激しい音である……。日中には、アビシニヤ人は口笛を吹くことができる。太陽の光が夜の恐怖の貯えを追い散らしてしまったからだ。蛇や悪魔はその力を失った。

そんなわけで、もしも想像的なるものの階層《イエラルシイ》を尊重しながら、叫び声の現象学を築こうとすれば、嵐の現象学から出発しなければならないであろう。われわれはついで動物の叫び声の現象学をそれと対比させようと試みるであろう。しかしわれわれは動物の声の無気力さにひどく驚くことであろう。声の想像力は自然の大きな声にしか、まず耳を傾けないものである。そのとき、末梢的な事実の中にさえ、悲鳴をあげる風が叫び声の現象学の前面に存在することが立証されてくるであろう。風はいわば野獣よりも先に叫び、風の群は、犬よりも先に吠え、雷は熊よりも先に唸る。ウィリアム・ブレイクのように目ざめた偉大な夢想家はそれを狂いなく描いている（原註150）。

山羊の鳴き声、犬の吠声、牛の唸り声、猛獣の咆哮は、
空の岸辺を鞭打つ波だ。

同様に、ラフォルグは、《風のすべてのワルキューレたち》(原註151)が《もうもうと鳴く》のを聞きつける。ヴィクトル・ユゴーの鬼神《ジン》たちは《耳を傾ける人間の幻《ヴィジョン》》である。

嵐が根源的な力、根源的な声となっている詩を数多く引用することが可能であろう。嵐の生がなければオシャン(訳註84)はどうなるであろう。オシャンの歌があれほど多くの魂にとって生きているのは、嵐に対する共感のためではなかろうか(原註152)。

たましいの張りつめた嵐に耳を傾けることは、順次に——あるいは同時に——恐怖と憤怒の中で、狂乱した宇宙と霊的に交わることである。モーリス・ド・ゲランにかんする優れた論文で、E・ドカオールは、嵐を前にしたわれわれの想像力が、みずからが怖れているドラマを惹起し《たましいと自然が互いに全身をむきだしにしてむかいあって立つ》あの奇妙な態度に適切にも注目している。この単純な比較によって、モーリス・ド・ゲランのように穏やかな人間が、創造的な憤怒の実感を理解するのである(『選集』前掲書二四七頁)。《焦燥のなかに存在するこの種の安らぎを味わうとき、私は私の思想を(まったくおかしなことだが)二つの世界の間の地平線上で慄える天空の火にしか譬えることができない。》それは地上の何ものをも破壊しないであろうが、あらゆる憤激の理由と無縁に、存在のその最も深い繊維をも戦慄させる非常に大気的な怒りである。

エドガー・ポーが『沈黙』という表題をつけた暗い夢想には、クセルクセスのコンプレックス（訳註85）のように、水に復讐するかわりに、空気に復讐するような怨恨を看取することができる。したがって、空気のクセルクセスを問題にすることができよう（ボードレール訳二七三頁）。≪そのとき私は騒擾《そうじょう》の呪文の諸要素を呪った。すると恐ろしい嵐がいままでそよとの風もなかった空に集まった。そして空は嵐の激しさに鉛色になった……。≫

騒擾の呪文に続いて、ポーの物語では、やがて沈黙の呪いがやってくる。しかしこの弁証法自体が大気の夢想家に、嵐を支配せんとする欲望をつのらせる。彼は風に号令をくだし、風を疾駆させ、また手許にひき戻す。騒擾と沈黙はエドガー・ポーにあっては、力への意志のきわめて特徴的な二つの形体である。

II

風のすべての段階はそれぞれ独自の心理学をもっている。風は興奮し、落胆する。叫び、そして哀訴する。それは狂暴から悲嘆へと移行する。物にぶつかって無用なものとなった風の息の性格そのものが、うちひしがれたメランコリーとは違った不安なメランコリーのイメージをうみだすことがある。このニュアンスはガブリエル・ダヌンツィオの文章にみられるであろう（原註153）。≪そして風はもはやなきものを懐しむ心のようなもの、思い出にみたされ、前兆でふくれ、引きさかれたたましいと無用な翼でできた風は、まだ形をなさぬ被造物の不安のようなものであった。≫

激越な、苦悩にみちた生の同じ印象が、サン＝ポル・ルー（訳註86）が『風の神秘』（原註154）に捧げた唱句《ヴェルセー》のなかにも見出されるであろう。完全に整わぬがゆえに、過度に宇宙的な状態の中で、詩人は「大地」の夢から風を生じさせる。≪未来に対する欲望かまた思い出への愛惜が、「地球」という巨大な頭蓋骨のどこかに目ざめたとき——風が起こる。≫ ついで、あたかも大地の夢が逆の方向への息吹きとなって動きまわらねばならないかのように、詩人は風のあらゆる分離反目を喚起する。≪天空《エスパース》は、待機しているか、あるいはそのさまざまな運動が枝や帆や雲を想起させる物質のなかに、永久に追放された散乱したたましいでできている。≫ このブルターニュの詩人にとっては、各々の大気の息吹きが生気をもつ。それは、かつて生きていた大気の切れはしであり、たましいを包もうとしている空の布地である。いま一人のブルターニュ人は、これらの印象の詩的核心に見事に限定された詩で、次のように書いている（原註155）。

風の中に
誰かがいる。

サン＝ポル・ルーの詩は記憶の夢想と生命の意志の夢想を続ける。≪あるいは生成の、あるいは再生成の理論家であるこれらのたましいは、過去的《パッセ》かまたは現在分詞的《ジェロンディヴ》であり、あるものはこれからうまれるもの、他のものは、地上的な死を死んだもの、昔の、または未来の生の喜びにむかって彼らの可能性をもやしており、捕えうる価値を探している点では非個人的《アンペルソンヌ》である。そのとき、彼らの野心の背骨と皮膚が引きさかれ、折れてしまう衝撃の中を、勇気をふるい起こしながら、山を登り、存在の眩惑する焦燥の中へ谷々をたっぷりひたしながら、騎馬行進が押し寄せる。
それは通りすぎる風だ。》

III

サン＝ポル・ルーの文章はたぶん象徴主義の欠点であるイメージの過重性によって損われている。しかしそれは風の激しいアニミスム、分裂し、圧しつぶされ、ふみつけにされ、嵐の中で一群の存在を創造するアニミスムの方向で真摯に夢想されたものである。詩人はまるで無意識的にしたかのように、おのが詩節のなかに数多くの伝説の夢幻的核心を再び見出した。事実彼の唯一の運動を通して、地獄の狩猟の、眼にみえぬ、激しい、やむことを知らぬ苛責なき騎馬行進のテーマをどうしてそこに認めないでおれようか。準備もなくいきなりこんなテーマが現われうるのは、地獄の狩猟が伝承というよりももっと自然な夢想であるからである。自然の物語 conte naturel という概念を作るためなら、われわれは進んでこのテーマを例としてとりあげるであろう。地獄の狩猟は咆哮する風の、千の声の、哀訴する声の、そして攻撃的な声の風の自然の物語なのだ。色彩と形体がいかなる法則もなしにつけ加えられるであろう。地獄の狩猟の物語は、眼に見えるものの物語ではない。それは風の物語である。メネシェ（原註156）はウェールズの伝説について語っているが、それは《ときには天の犬とも呼ばれている地獄の犬たちなのだが……、その犬たちがしばしば空中を獲物を追って狩っているのが聞こえてくる……。ある人たちによれば、この動物は白く、赤い耳をもっているという。他の人たちは、逆に、彼らは真黒だと主張している。彼らはおそらくカメレオンの性質に似ていて、同じように空気で身を養っているのだ。》

コラン・ド・プランシィは、さらに馬の創造についてのアラブの伝説を思い起こしている（前掲書『馬』の項）。《神が馬を創ろうと決心したとき、神は南の風を呼んで、いった。「汝の胸から新しい生物を引きだそうと思う。汝は、その流れ動く性を捨てて、凝り固まるがよい。」神の言葉に風が従った。そこで神は風の元素を一握りつまみ、その上に息を吹きかけると、馬が現われた》（原註157）。これほど描写的ではないが、よく考えると一層厳密な意味で夢幻的な創造の多くの他の物語のなかに、風から創造された馬が見られる。創造的であるのは、形体的性格ではなくむしろ力動的性格であることが理解されるであろう。そんなわけでシュヴァルツが雲の狩猟 **Wolkenjagd** の光景について語ると、それは雲の模様が霊感を与えるような形をしているからだと思う人があるかもしれない。しかし、シュヴァルツによって集められた資料をよく読めば、夢想家に霊感を与えるのは嵐の力学であることがわかる。中心になるのは暴風の狩猟（**Gewitterjagd**）なのである（原註158）。シュヴァルツは、風が戦っている他の多くのイメージについて詳述している。それは対象がないのに頑強な戦闘を展開する奇妙な戦いである（七八頁）。しかしそれは、自然の基盤に立った神話（原註159）のように、光に対する夜の戦いの挿話とみることができる。このとき、天空に対する雲の戦闘はオリンピアの神々に対する巨人たちの攻撃のように現前する。

ゲルハルト・ハウプトマン（『沈鐘』フェルディナン・エロルド訳、一七四頁）は険悪な雲と風の叫びの合成をも試みた。《絶壁と深淵に荒々しい狩りの用意を整えた黒い妖精たちが集まる。やがて猟犬の群の吠え声がお前の耳朶《みみたぶ》をうつであろう……。霧の巨人たちは澄んだ天空《エスパース》に不吉な塔と恐ろしい壁で暗い雲の城を築き、そしてお前を圧しつぶすためにゆっくりとお前の山に近づいてくるのだ。≫

地獄の狩猟のイメージに、シュヴァルツは≪蛇の髪をもった猟人の女≫のイメージを結びつける。エリニュース（訳註87）の概念の≪想像的《イマジネール》≫な分析はこの比較対照から出発することが可能だ。その分析はイメージが形成されつつあるとき、まだ最小限の輪郭しかもっていないとき——もちろん、伝統の教えるあらゆる教えを離れて——獲物を追う狂女がまだ荒れ狂う風にすぎない時を狙わねばならない。彼女は何を追っているのか？　風は何を狩り立てているのか？　これは激怒の純粋に力動的な想像力にとって無意味な質問である。ある作家はオレストに次のようにいわせる。≪あなたにはそれが見えないのだ……だがこの私には見えるのです。彼女らが私を追いかけてくるのです。≫地獄の狩猟のように、エリニュースは追跡者と逃げる者とを一体化している。そしてこの総合は原初の力動的イメージのなかに実現されて、さらに先へ進む。それは悔恨と復讐を一体化することができるようにみえるが、それほどに風の不幸は大きいのだ。

Ⅳ

優しさと狂暴、清純さと錯乱という風の反対感情の対立を明確に跡づけるためには、破壊的であると同時に活力的なその二重の激しさを、シェリーとともに追体験する以上によい方法はあるまいと思われる（原註160）。

おお、荒々しい西風よ、秋の息吹きそのものよ、
……………………
すべての空をゆく野性の魂よ、
おお、破壊者にして活力の授与者よ、開け、おお聞くがよい！
おお、逆らい難きものよ――せめて、
幼年の頃の私に戻ることができたら、

天上のお前の速さを追い越すことが
よしんば馬鹿げたことだと思われようとも、
宇宙をさまようお前の放浪の友として、決して私はもがいたりしなかったであろう。

悲嘆にくれた時にするように、決してお前に哀訴などしなかったであろう。
おお、私を持ちあげよ、波のように、葉のように、雲のように。
私は生命のいばらの上にくずれる。私は血を出す！
時間の過度な重みがお前にあまりにもよく似た
奔放な、素早い誇り高い存在をしびれさせ、折りまげたのだ。
私をお前の竪琴にしておくれ、森のように私をうたわしておくれ。
そして、たとえお前の葉が落ちるように私の葉が落ちるとしても。

お前の力強い諧調の騒ぎがちょうど彼女から引きだすように、
私から深い、秋の音楽を引きだすだろう。こんなに淋しいけれども甘美な、燃えるたましいよ、
私のたましいとなっておくれ。私自身になっておくれ、おお、凄絶なものよ。

吹き荒ぶ風の同じ活力は、ピエール・ゲガンの（訳註88）詩にもみられる（『宇宙の戯れ』「山上にて」）。

猛々しい巨体の西風は
荒れ狂う指で私にふれた。
彼は私の口にその口を押しつけ
その荒々しいたましいを私のなかに吹きこんだ。

そしてまさしく、『西風のオード』を評釈して、カザミヤン氏は、シェリーの詩法に、≪物理的な巨大な力と人間の生命の間にある深いつながりに対する驚くべき直観≫がみられることを強調している。シュヴリョン氏もいっている。≪運動しているたましい、それこそまさにシェリーがあらゆるところに透見されるのを見ているものだ≫（前掲書一二頁）。しかし、あらゆるところで、詩人の霊感によって更新された世界のたましいは深い個別性をもっている。突風は野蛮で清純である。それは死に、そして蘇る。そして詩人は宇宙の息吹きの生そのものを追い求める。西風の中で、詩人は大洋の魂を、いかなる地上の傷をも

もたない純潔なたましいを呼吸する。かくて生命はあまりにも偉大であるから、秋すらもがひとつの未来をもつ。

想像力にとって、風の起源がその目的よりも重要であることを注意する必要があろうか。合理主義者はルネ・ヴィヴィアン(訳註89)の『散文詩集』の中の詩「四方の風」を読んで微笑するだろう。彼は、北風が夢想家に《お前を雪の方へ運ばせてくれ》(原註161)といい、南風が《お前を蒼空へ運ばせてくれ》というのに驚くことであろう。彼は、東方《オリアン》への旅にわれわれに手を貸してくれるのは西風だ、と思うであろう。しかし、夢はこのような科学的な《方位》を軽蔑する。夢は北風に、ピンダロスのいわゆる風の王ボレアースに、北方楽土のあらゆる力を与える。そして同じように、南風は太陽の国のすべての魅惑を、永遠の春の郷愁をもたらす。

風を愛するたましいはさらに天空の四方の風によって活気づく。多くの夢想家にとって、四つの方位はとりわけ、大風の四つの故郷である。われわれには四つの大風は、多くの点で宇宙的なる数、「四」の基盤となるものだと思われる。それらは寒と暑、乾と湿の二つの弁証法を提供する。詩人たちは本能的にこの力動的な方位を、この根源的方位を、再発見するのである。

南、西、東、北は、
その黄金の掌で、
その氷のこぶしで

過ぎゆく風を投げ合っている。（原註162）

ヴェルハーランは、フランドルの野で大気のあらゆる息吹きの力動性《ディナミスム》を真に生きた。

狂おしいまでに私が風を愛し、讃美し、
歌うのは、
とくとくと流れる風の酒を、
酒糟までも私が飲むのは、
風が私の全存在を偉大にし、私の肺腑より毛孔より、
私の肉体が生かされる血にまで、風が、
浸み透る前に、乱暴な力や、
深い優しさで、
広やかに、世界を抱きしめたからだ。

この詩を、それが書かれた当時のエネルギーにみちた雰囲気で読むならば、それが真の呼吸作用であることが直ちに理解される。われわれはこの詩を、次章でやがて扱う呼吸詩の一例としてあげることができよう。われわれはこの詩を、同じくらいに美しいが、聴覚の詩に属する次の詩と比較するとき、その呼吸作用が一層よく感じとられるであろう。われわれは、ヴィエレ゠グリファンの（訳註90）『ヴィーラントの翼

ある伝説』（原註163）から次の詩を借用しよう。

彼は耳を傾ける、風が過ぎゆく。彼は耳を傾ける。
風は過ぎゆき、涙を流し、うち嘆く
はるか彼方で、
あるいはごく近くで
しのび泣き、また消ゆる
角笛のように。
耳元でひゅうひゅうと鳴る一本の矢……

V

詩人たちのイメージの基礎となっている力動的な印象をそのあらゆる細部にまでわたって究めようとするなら、額《ひたい》の心理に充分な注意を払わなければならないであろう。額《ル・フロン》はどんな微かな風にも敏感で、最初の印象で風を識別するのに気づくであろう。ピエール・ヴィレイはこの額を盲人たちの《障害感覚の器官》だとしている。盲人たちは《顔の高さにある対象によって》空中から送られてくる《感覚の位置は普通、額かこめかみにあるとしている……盲人を調べたものは皆この事実をあげている。すでにこれはディドロの『盲人書簡』に記されていることだ≫(原註164)。日常生活では顧みられないこの額の感覚の極度の繊細さを確かめるためには、扇を使ってみれば充分である。

微風や春のそよ風をうたっている詩人たちは、ときとしてその魅惑について語る(原註165)。

　ぼくたちは互いにかけがえのないものだった。そしてあの人とぼくは夢見つつ
　あるいていた、髪の毛と思いを風になびかせて。

いうまでもなく、風が強くなればなるほど額の詩の力動的要素がより明確に現われてくる。シェリーのいうように、風が≪健康と活気、そして若々しい勇気の陽気さ≫を吹きこむとき、額は誇らしげになるように見える。光の暈《かさ》にかわってエネルギーの暈が額をとりまく。困難にたちむかう《アフロンテ》とは、頑固な額《フロン》で、世俗的な仕事と取り組むことではない。流れに逆らってじぐざぐ船を進めることではない。それはまさに風の力に挑戦しながら、真正面から風にむかってゆくことだ。宇宙のあらゆる偉大な力は気力にみちた諸形体を生じさせる。その力はそれ自身の隠喩をひきおこす。

したがって、詩にとって自然な倒置によって、詩が風に顔と額を所属させても、決して不思議ではないであろう。

　風の額は、森の暁のように

現われる。（原註166）

VI

風と息との関係は仔細に研究するに価するだろう。この場合にもまたインド思想できわめて重要なあの大気の生理学がみられるであろう。呼吸の鍛練がそこでは周知のように精神的な価値をおびる。それは人間と宇宙を結びつける真の儀式である。世界にとっては風が、人間にとっては息が、《無限なるものの溢出》を表わす。風と息は内在的なるものを遙かの彼方にまで運び、宇宙のあらゆる力を分有せしめる。チャーンドーグヤ＝ウパニシャッド（訳註91）のなかには次のような言葉がある。《火が出てゆくとき、それは風の中に出てゆく。太陽が出てゆくとき、それは風の中に去ってゆく。月が去るとき、それは風の中に去ってゆく。かくて、風はあらゆる物を吸収する……　人間が眠るとき、その声は息の中に去る。彼の視覚も、聴覚も、思惟も同様である。かくて息はすべてのものを吸収する。》

われわれが呼吸の鍛練の健康的な総合を真に準備するのは、息と風のこの接近を深く体験することによってである。胸郭の拡張を評価することは、内面の深さをもたぬ健康法、無意識の生に対する効能を欠いた健康法のしるしにすぎない。呼吸の宇宙的性格は最も安定した無意識的価値査定作用の基準になる基盤たることである。存在は宇宙的な分有を維持することによって、一切に達しなければならない。

さらに、呼吸心理学の実験《プラティク》と昇行心理学の実験を想像的に総合したものを詳細に追求するのは、恐らく興味深いことであろう。たとえば純粋な大気の中での高さ、光、気息は、想像力によって力動的に結びつけることができる。呼吸を一段と整えながら上昇すること、大気のみならず、光をもじかに吸いこむこと、頂上の戦《そよ》ぎを分有すること、それこそ果てしなく互いに力《ヴァルール》を交換し、互いに支えあっている印象でありイメージである。錬金術師ならば、次のように星の黄金について語るであろう。≪それは火性の物質であり、太陽の微粒子の不断の流出である。それは、太陽と星の運動によってたえず満《み》ち干《ひ》を繰り返しながら全宇宙に瀰漫している。天の広がりにある一切のもの、地上に、その胎内にある万物がそれに浸透されている。われわれは不断にこの星の黄金を呼吸している。この太陽の微粒子はわれわれの肉体に入りこみ、たえずそこから発散している≫(原註167)。このようなイメージの中には芳香のある息吹きが、香り高い風が生きている。これらのイメージは、太陽の光を受けた風を夢想するときに形成される。

息と高所と光の総合《サンテーズ》については、或る青年医師(原註168)の諸著作や学位論文に貴重な考察が見出される。大気の完全な心理学は、これらの著作を詳細に検討しなければならないであろう。われわれはもっぱら大気の想像力のみを論ずべきで、それも大気の文学的隠喩の研究に限りたいと思う。われわれは、これらの隠喩が物質の生命に深く根ざしていることを指摘すれば足りる。空気に、高所に、光に、強く甘美な風に、清浄で強い息に巧みに作られた詩的隠喩が通例結びついている。このような総合が全存在を活気づける。われわれは次章で大気の想像力のこの面について少し詳しく論じよう。

第十二章　声なき朗誦（原註169）

《呼吸はリズムの揺籃である》（リルケにかんするキッペンベルクの書（二一九頁）による引用）

I

いかなる美的な野心からも形而上学からも離れた、単純な、自然な、原初的な形における詩とは、息をする喜び、呼吸することの自明な幸福である。大気の物質的想像力の教えに従おうとするなら、詩の気息《スフル・ポエティク》は隠喩であるより前に、まず詩の生命の中に見出しうる一つの現実である。そしてもしわれわれが詩の豊潤さに、叫ぶこと、つぶやくこと、朗誦することによって、おだやかに、速やかに語る楽しさのあらゆる形式にもっと注意をしたなら、信じ難いほど多くの詩的気息《スフル・ポエティク》を発見するであろう。その優しさのなかにも、その勢いのなかにも、詩的優しさのなかにも、詩的憤怒のなかにも、気息の計画経済が、物いう大気《エール・パルラン》の適切な統治が行なわれているのがわかるであろう。よく呼吸している詩とは、とにかくそのようなものであり、呼吸の美しい力動的な図式である詩とは、とにかくそのようなものである。

発せられるやいなや、囁かれるやいなや、たちまちわれわれのうちなる騒擾を鎮めてしまう言葉がある。詩がそれらの言葉を言葉のもつ大気的真実によって結合しえたとき、詩はときにすばらしい鎮静剤となる。峻厳な英雄的な詩句も気息を貯えておくことができる。それは、中心となる短い音声には震動的な接続を与え、力の過剰に対しては、連続性を与える。強壮的な大気が、勇気に溢れた内容が詩にどっと流れこむ。いかなる詩も——朗誦される詩のみならず、やがてつづいて触れるように、声を出さずに読まれる詩も——この息の原初的な経済に支配されるのである。きわめて多様な想像力のタイプも、それが空気に、水に、火に、大地に属する限り、夢想から詩に移行するなり、いわば道具を必要とするところから、大気の想像力を分有するようになる。人間は《響鳴管》である。人間は《物をいう葦》roseau parlant である。

II

われわれのよき師、シャルル・ノディエは、歴史的知識の埒外で、発声器官に基づいた語源学、つまり発声運動を、われわれの内部で、われわれの口そのものの中で、動きのままに捉えることを可能にするような全く実際的《アクチュエル》な語源学を樹立したい誘惑に幾度か屈した。この現実に行なわれている発音法は、学術書に説かれている系統発生を、固体発生において再現している。そこで彼は『仏語辞典の批判的検討』（一八二八年）において、《堅実であるというよりは独創的な》考え方として、たましい âme という語の架空の語源を述べている。彼はこの語の《擬音法《ミモロジスム》》（原註170）を、すなわち言葉を発するときの顔の骨相的模倣によって、見出される口腔および呼吸器官のすべての状態を探求する。われわれは唯一つの語たましい《アーム》の例について、いかにこの擬音的語源学が音声の身振りの深遠な価値査定作用、大気の価値査定作用をわれわれに明らかにしてくれるかを見よう。

したがって、語 âme《アーム》（たましい）は、多くの点で音声変化の決定論となっているあの無精な調音の決定論に従って、ラテン人の語 anima《アニマ》（たましい）が縮約されたものであると教えることは、学者たちに任せておこう。われわれは、この語を体験しよう、ちょうどわれわれが《全霊をもって》愛するとか、《息の続くかぎり》愛すると誓った時に体験するように、この単語を《呼吸しながら》体験しよう。そうすれば、この語は完全な呼気の擬音語としてわれわれの前に姿を現わすであろう。もしこの âme《アーム》という語を、この語に大気の充溢した状態において想像的生命を確信しつつ、まさに語と息が一致する瞬間に発音するなら、この語が息のおわりのところで初めてその正確な音価をもつにいたる、ということが了解されるであろう。âme《アーム》（たましい）という語を想像力の根底から表現するためには、息は最後の貯えまで出しきらねばならない。この語は、呼気を最後まで出しきるあの稀な語の一つである。純粋に大気的な想像力は、常にこの語が、文の終りにくるように欲するであろう。この息の想像的生にあっては、われわれのたましいとは常にわれわれの最期の息である。それは普遍的なたましいにつながるたましいの一部なのである。

このことをさらによく感じとるために、われわれの全存在を沈黙させてみよう——自分の息しか聞かないことにしよう――われわれの息のように大気的になろう――息以外に軽い息以外に音をたてないでいよう――われわれの息によって形成される語以外に他の語を想像しないことにしよう……。この息のたましいはわれわれのなかから出てゆくとき、自分の名を名のるのが聞こえる。たましい《アーム》がたましいというのが聞こえる。アー â は嘆息する時の母音だ――単語、たましいは、嘆息する時の母音に僅かな響きある実体を、最期の嘆息に実在性《レアリスム》を付与するいささかの流動的質料を付加する……。

しかし、擬音法によってたましいという語に定められたこの呼気の極限という位置は、人が進んで生命《ヴィ》とたましいという二語の奇妙な呼吸の弁証法の体験をつむなら、恐らく一層よく理解されるであろう。さらにわれわれの耳を、われわれの夢見がちな耳を、あの法式化されない内面の声、あのもっぱら大気的な声と諧和させてみよう。すなわち、声帯を震わせればたちまち音が消えてしまい、ものをいうためにはもはや息しか必要でない声と諧和させてみよう。このように大気の想像力に完全に従うと、人は二つの語、生命 vie とたましい âme とが、それを考えるより早く、息そのものに乗って発音されるのを聞くであろう。すなわち、息を吸いこむときに生命を、息を吐くときにたましいを。生命とは息を吸う語であり、たましいとは息を吐く語である。

宇宙的役割をもつまでに表情をこめて発音された大気の想像力に陶酔すれば、人は生命という語とたましいという語のもつ二重の擬音法の中から、呼吸訓練の想像的な主題を見出すことができよう。無名の空気を吸うかわりに、われわれが胸一杯に吸い込むのは、生命という語であり、静かに宇宙に返すのは、たましいという語なのだ。そして呼吸訓練とは、衛生学者によって監督された機械の始動ではなく、実は宇宙的生命の機能なのである。生命《ヴィ》—魂《アーム》、生命《ヴィ》—魂《アーム》、生命《ヴィ》—魂《アーム》という呼吸によってリズムをつけられた一日は、宇宙の一日となるだろう。真に大気的な存在は、健康な宇宙に生きている。宇宙と呼吸者との間には、健康を作るものと健康を作られるものの関係がある。美しい大気的イメージはわれわれに活力を与える。

さて、われわれがためらうことなくそうするように、現実的なものに対する想像的なものの優位を認めるならば、仔細に論じられたシャルル・ノディエの擬音的音声学を理解すべき下地が一層整ったことになるであろう。では âme という語の場合はどうであるか。ノディエは書いている。《この語を形成するとき、息を通すためにわずかに開けられた唇が、再び閉じて力なく互いに合わせられる。》単語、生命《ヴィ》の場合には、全く逆の擬音法となる。すなわちそのとき唇は《静かに離れ空気を吸いこむように見える。》

この解説では、われわれはノディエのパラドックスを一歩前進させるにとどめておいた。この方向に道を進んだならば、このように呼吸された生《ヴィ》—魂《アーム》のリズムで、唇がじっと動かないでいるということもありうることが理解されよう。その時こそ、物をいうのはまさに息であり、息こそ存在の沈黙の最初の現象である。わずかに物をいう、この沈黙の息に耳を傾けていると、それが冷やかにむすばれた唇の、むっつりした沈黙といかに違うものであるかがわかる。大気の想像力が目ざめるや、閉じた沈黙の支配が終る。そのとき呼吸する沈黙が始まるのだ。そのとき《開かれた沈黙の……》無限の支配が始まるのである。

Ⅲ

息の想像力についてのわれわれの考察が一般化されうるとしたなら、それらの考察は詩に対して詩脚分解《スカンシオン》の拘束とは非常に違った空気的《アヌマティク》拘束が問題になるであろうと思われる。もっと正確にいえば、この二種類の拘束が互いに相補うものであることが明らかになるであろう。詩脚分解は数として表明されるであろうし、詩句の心霊性は音量として表明されるであろう。詩句は量《カンティテ》とふくらみとを同時にもつことになろう。詩句は膨張し、弛緩する大気的実在《レアリテ》を糧として生きると同時に、加速し減速する音の運動によって活気づけられる。大気的な物質が言語の形の中に住みつくことになるであろう。詩句の数を結合するには、時間を計測された詩がもつ貧寒な語の行列を矯正するには、大気のもつ軽やかな濃度だけで充分であろう。

この大気的な質料から、この息から離れてしまったなら、詩は不具となる。しかも語のなかで息が加工され、鍛えられ、圧延され、ぶつけられ、押され、修繕され、閉じこめられるという純粋に音声学的な検討をしただけでは、このような大気的な質料の役割が自覚されない。大気的想像力はより原初的な直観を要求する。それは息吹きの真理を、ものをいう大気の生そのものを要求する。欲すると否とにかかわらず、大気的質料はすべての詩句に流れている。それは有形化された時間ではなく、まして生きた持続ではない。それは、われわれが呼吸している空気と同じ具体的な価値をもっている。詩句は空気的《アヌマティク》実在である。詩句は大気的想像力に従わなければならない。それは呼吸する幸福が創りだしたものである。

互いに結ばれた言葉よ、やさしくまた人馴れぬ言葉よ、
……………お前たちの名を呼べば人は一段とくつろいで息がつけよう。（原註171）

そして初めて、次のように書くポール・ヴァレリーの深遠な思考のすべての背景がわかるであろう。≪「一」つの詩篇は、読者よ、その間、私が前もって準備された法則を呼吸している一つの持続である。私は自分の息と発声器官を、あるいは沈黙と両立するその器官の能力だけを提供する≫（原註172）。この能力を見つけるためには、意志のなかに詩の法則をもっていなければならないことを示そう。ヴァレリーの詩は力を、意志的な全能を現わしている。

Ⅳ

事実、想像力が全能である場合には、現実は無用となる。そこで、われわれはこのパラドックスを押し進めて、声なき朗誦における一種の空白の呼吸《レスピラシオン・ブランシュ》を問題にしてみよう。かくして、われわれは言葉の形而上学の軽い素描を仕上げるであろう。

そのためには、すべての音響的印象に先がけて、ヴィジョンの妖術を表現しようとするいかなる欲求にも先がけて――すなわち表象と感受性に由来するあらゆる衝動に先がけて――話そうとする意志を把えな

ければならない。意志が主になるところでは、意志から現象に至る行程は、いかなる場合にももはや短くはない。意志は、それを言語表現行為において捉えるとき、その絶対的な存在として現われる。そこにこそ、詩的固体発生の意味を、意志と想像力という二つの根源的力の連結線を探し求めなければならない。話そうという意志においてこそ意志がイメージを欲するとか、想像力が意志《ヴーロワール》〔なさんとすること〕を想像するとかい い得るのだ。そこには指令を発する語と想像する語の総合がある。言葉によって、想像力は指令し、意志が想像する。

　この形而上的側面については、他の場所で詳述するが、音響に対する肉声の優位について読者がさらに考察をめぐらすなら、それが直ちに明らかになるであろう。それは、結局、話をしつつあるもの、豊かに神経の分布している喉の感じを経験しているものを自覚することである。詩人はわれわれがこの自覚をもつことを助けてくれる。≪われわれは読者に知らせる〔知らせる informer には、古義として形（生気、たましい）を与える意味がある〕≫とポール・クローデル（『位置と命題』I、十一頁）はいう。≪われわれは読者をしてわれわれの創造活動、詩的活動に参加せしめる。読者の精神の秘密の口のなかに、彼の思考も肉体的表現器官にも同時に快いしかじかの対象または感情の明瞭な言葉をおいてやるのだ。≫

　詩によってこのように覚醒された咽喉の中で、無数の発展力が、無数の朗誦の力が働いているのが感じられる。またこれらの力は非常に激しやすく、多様で、再生的で、思いがけないものであるから、人はたえずそれらの力を監視することに忙殺されるほどである。話そうとする意志が、身を隠して仮面をつけ、待つために大変な努力がいる。こうした監視のもとに、古典主義の詩、すなわち一般に教えられているような修辞学は、伝統的な規則によって無数の話さんとする力を打ち砕いてしまう。すでに構成されている言語とは、また声帯に許された反響を硬化した規範の中でたえず維持してゆく神経質な検閲機関である。しかし、理性に抗し、言語に抗して、語らんとする想像力は、それが自由に呼吸をするようにされると、なおかつ新たなる言葉のイメージを提出する。

しかしわれわれは、この音響に対する肉声の優位の、一層根源的な、一層純粋意志に近い形跡を見出すことができる。われわれは、話すことなしに声の喜びを感ずることを心得ている人々、声をださぬ読書に活気づく人々、一篇の美しい詩の言葉の暁を彼らの朝の門出におく人々、そういうすべての人たちの経験に呼びかける。

黙読の時の価値による、声なき朗誦の力強さによってなされた詩の根本的な分類は、声の疲れを何らもたらさない詩、表現されない声の夢を誘う詩を比類のないものにするであろう。そういう詩は声が完璧に成就されたものであって、そこでは、語と語のもつ形式はそれらの語に帰属する大気の物質の正確な量を含んでいる。それらの語は、いわば超リズム化されるであろう。それは直接大気の実体のリズム、息の物質のリズムをおびるという意味で、リズムのシュルレアリスムから恩恵を得ることになろう。それを判断するのは耳によってではなく充分に連合された諸現象を投射する詩的意志によってである。この投射《プロジェクシオン》は、明らかに、聞かれるよりも以前に話されるものであり、また投射の理に応ずるものであるから、それは話される言葉である以前に意欲される言葉である。したがって、純粋詩は感受性の秩序のなかに現われる前に意志の領域で形成されるものである。いわんや、それは再現の芸術からはほど遠いものである。聴覚と視覚から離れ、存在の沈黙と孤独のうちにうまれる詩は、したがってわれわれには、人間の美的意志の最初の現象だと思われる。

再三再四意欲され、その本質的な意志の中でいつくしまれる——詩の肉声的な力とは根源においてはそのようなものである。それは、互いに結合しながら、沈黙せる存在をたちまち活気づける神経の交響を喚び起こす。それは、もっとも敏捷な、もっとも遊戯的な力動的な価値《ヴァルール》である。意志は、筋肉の群を活気づけるために性急にならぬとき、素直な言葉の非合理に身を任せるとき、存在の沈黙と空所において、それらの価値を見出す。そして、このようにして、ロゴスへの意志 la volonté de logos と呼びうるとりわけ人間に限られた意志の美しい現象がまず現われるのは、声帯上においてである。ロゴスへの意志のこの原初的現象は、やがて、理性と言葉の弁証法、思惟するものと表現されるものとの弁証法を付与される。さらに、理性と言葉が同一の言語優先主義《ヴェルバリスム》のなかに、思考と言語の無気力な慣例の中に溶解することによって頽廃しうることを確認するのは、奇妙なことだ。それは、ときに言葉によって頭がかちかちになり、また言葉を雷鳴のように響かすまでに硬化する。この硬化現象とこの頽廃はまた、沈黙の原理にたちかえり、熟慮された沈黙と注意深い沈黙を結合し、話そうとする意志を、それがうまれようとする状態で、その最初の、全く潜在的な、空白な肉声の状態で体験することによって避けられるであろう。無言の理性と声なき朗唱は、人間の生成の最初の要因として現われてくるであろう。いかなる行動にも先だって、人間は、自分が何になろうと意志するのか、その存在の沈黙の中にあって自分自身にいう必要がある。彼は自分自身に、自己の生成を証明し、うたう必要がある。それが詩の意志的な機能である。意志的な詩は、したがって、無言の存在のもつ強靱さと勇気とに関連させられなければならない。

V

純粋詩の論争は、意志された詩、すなわち意志に直接、形を与え、意志の必然的な表現として現われる詩の問題を、起源において、ふたたびとりあげられなければならないように思われる。いいかえると、われわれは純粋詩をその結果ではなく、その躍動《エラン》の状態において、それが詩的意志となる瞬間において判断すべきであると考える。恐らく、優しさとくつろぎの詩が最も多いであろうが、それを意志の空白、意志の放棄と考えることはその特質を見誤ることだ。さらによく観察するならば、人はそこに優しさを欲する意志の声なき活動を見ることができよう。観照と意志が反対になるのは、ただ一般的な外観でうけとられるときのみである。観照への意志が偉大な詩的たましいに現われる。

このようにして、ポール・ヴァレリーの詩作品は考えぬかれた思考の特性をもっているといわれた。それは再三再四意志された思考といった方がより適切だろうと思われる。そして、われわれが提案するように、読者が聴覚的なものに対する肉声的なものの優位を取り戻すならば、その数多くの証拠が得られるであろう。たとえば『海辺の墓地』の最初の二節を読み返してみられよ。

　　鳩の群が歩いているこの静かな屋根は、

松の木《こ》の間、墓石の間で脈をうっている。
真昼はいまし焔で構成する、
絶えず繰り返して打ち寄せる海を、海を。
神々の静寂の上に注がれた長い視線
思索の後の、おお　何という報い！

鋭い光輝の何という純粋な働きが
知覚し得ない泡沫の数々の金剛石を閉じこめていることか！
そして何という平和が身姙まれているように見えることか！
深淵の上に太陽がいこうとき、
永遠の素因の純粋な作品、
時間は閃き、夢は知恵となる。

ここに重なり合ってでてくる硬い音Cは、意志の音韻、より正確には静寂への意志の音韻である。さらにこの音韻は、それを口にするよりも意志する方が遙かに美しい。これらの音韻は再三再四意志されたものである。聴覚的価値のみに甘んずる詩的世界では、それらの音韻は、あまりにも角ばった運動を惹き起こすであろう。本当に始ったばかりの詩的世界では、肉声の世界では、それらは息の美しい原動力、そこで力と静けさが同時に確立される原動力として現われる。適当な間隔をあけて各詩句に配置されたとき、これらの音韻は声なき朗誦を力動化する。それは驚くべき拍子によって、詩的物質の真の音の長さを展開する拍子によって、その音量を定着する。そのとき、詩格分解《スカンシオン》の法則が超克される。そのとき言葉の法則が見出されるのである。われわれはこの二つの詩節を、詩句の音声《ヴオカリテ》の中にかくされた≪静けさの質量《マッス》≫の最も輝かしい例の一つとしてあげうると信ずる。

結語 (一)

文学的イメージ

Heard melodies are sweet, but those unheard
Are sweeter; therefore, ye soft pipes, play on;
Not to the sensual ear, but more endear'd,
Pipe to the spirit ditties of no tone……

耳にきくメロディは妙なれど聞こえざるは
さらによし、されば、やさしき野笛よ、奏でつづけよ、
官能の耳にはあらで、たましいのため、
音なき歌を吹ききかせよ、さらにいとしきその歌を……

（キーツ『ギリシャの壺に捧げるオード』E・ド・クレルモン・トネール訳）

I

不動と沈黙のなかで白紙の上に作曲する音楽家がいる。眼を大きく見開き、虚空へ向けた視線によって、世界の物音を沈黙させるために世界を消去する視線によって、一種の視覚的沈黙を作りだしながら彼らは音楽を書く。彼らの唇は動かず、血液のリズムもその太鼓《タンブール》を涸渇させてしまった。生は期待し、ハーモニ

ーがいまや訪れようとしている。そのとき彼らは、創造する行為のなかで、彼らが創りだすものを聞きつける。彼らはもはやこだまや反響の世界に属していない。彼らは四分音符、二分音符、八分音符が譜表の上に落下し、戦《おのの》き、滑り、はね返るのを聞く。彼らにとっては、譜表はすでに音を発する抽象的な堅琴なのである。そのとき彼らは白紙の上で意識による多声音楽を享受する。現実の演奏会においても、声が消えたり、弱くなったり、詰ったりすることがある。融合がうまくゆかないことがある。しかし、書かれた音楽の創造者は十の耳と一つの手をもつ。ハーモニーの宇宙を統一せんとする万年筆の上で握りしめられる手。聞き入り、身をさしだし、シンフォニーの豊かな流れを規制せんとするための十の耳、十倍の注意、十通りの時間測定法《クロノメトリー》。

また静かで、無口な詩人たちがいる。あまりにも騒々しい世界や雷鳴にも似た一切の喧騒を沈黙させる詩人たちがいる。彼らもまた自分がまさに書きつつあるときに、書かれる言語の緩慢な韻律に従って自分が書いているものを聞いている。彼らは詩を書き写すのではなく、詩を書くのだ。ところが他の多くの人人は、実際、白紙にじかに創造したものを《製作する《エクゼキユテー》》のだ。他の多くの人々は、儀式ばった言葉使いを《朗唱しているのだ。》ところが彼らは、思考が語り、言葉が思考する文学的文章のハーモニーを味わう。彼らは詩脚を調べる前に、耳で聞く前に、書かれたリズムが確かなものであることを、母音重複の前ではペン自体止まってしまうだろうことを、ペンが思考以上に音を繰り返すことを欲せず、無用な頭韻法を拒むだろうことを知っている。このように思慮深い思考のすべての深みを耕しながら書いてゆくのは、何と甘美なことか。突飛な、支離滅裂の、硝石で覆われた時間からどれほど自分が解放されたと感ずることか。

書かれる詩の緩慢さによって、動詞は本来の運動の細部を再発見する。各々の動詞に、もはやその表現の時間ではなく、その行動の正確な時間が与えられる。回転させる動詞と投げる動詞は、もはや各々の運動を混同することはない。そして形容詞がその実質を飾りにくると、書かれた詩、文学的イメージは、開花の時間をゆっくりわれわれに体験させてくれる。そのとき詩は真に沈黙の最初の現象となる。詩はイメージの力によって注意深い沈黙をいきいきとした状態にしておく。詩《ポエジー》は静かな時間の上に、何ものにも悩まされない、何ものにもせき立てられない、何物にも命令されない時間の上に、あらゆる霊性に対して用意の整った時間の上に、われわれの自由の時間の上に詩篇《ポエーム》を構築する。詩篇で創造された持続に較べれば、生きた持続とは何と貧しいものであろう。詩篇、それはおのれ自身の韻律を創りだす美しき時間のオブジェである。ボードレールはこの時間を表わす様式の多元論を夢想した（『散文詩』序文）。《野心に燃えていたころに、われわれのうちで、詩的散文、音楽的でリズムも脚韻もなく、たましいの抒情的な動きに夢想の波に、意識の跳躍に順応できるほど柔軟で、ぎくしゃくとした詩的散文の奇蹟を夢想しなかったものは、一体どんな人間だろうか。》ボードレールが三行で連続と波動と突発的なアクセントをもった韻律的力動性の殆どすべての基本的動きを明示したことを、強調する必要があるだろうか。しかし、書かれた詩がいかなる朗読をも超越するのは、とりわけその多音性《ポリフォニィ》においてである。多音性が結論措定《エピロジスム》のこだまのように目ざめてくるのは、書かれつつあるとき、熟考されつつあるときである。真の詩は常に多くの声域をもっている。思考は、ときにはうたう声の上を、また、ときにはその下を駆ける。この多言性《ポリロジスム》には少なくとも語と象徴と思考の一致を見出すべき三つの面《プラン》が看取される。聞き取りはイメージを深さにおいて夢想することを許さない。私は、つつましやかな読者の方が、詩を朗誦するよりも、書き写すことによってよりよく味わっているといつも考えていた。手にペンをとってするなら、音響性の不当な特権を何とか消しうるし、夢想にそのサインを見出させ、ゆっくりその意味を形成する余裕を与えつつ、最も広範囲な統合、すなわち夢と意味の統合を追体験することが学べるからである。

　実際どうして詩的イメージの意味的活動を忘れることができよう。記号はここでは想起でも、追憶でも、遠い過去の消し難い印でもない。文学的イメージの名に価するには、独創性という取りえが必要だ。文学的イメージとは、生誕状態における意味のことである。語は——使い古された語は——そこで新しい意味を付与される。しかしそれだけでは不充分である。文学的イメージは、新たな夢幻性で豊かにされなければならない。いままでとは違ったものを意味し、違った風に夢想させること、これが文学的イメージの二重の機能である。詩は自己につねに無縁である何ものかを表現するものではない。いわば純粋に詩的である教訓性といえども、詩を表示することはあろうが、詩の真の機能をうみだすことはないであろう。詩的な言葉の行為に先行する詩は存在しない。文学的イメージに先行する現実は存在しない。文学的イメージは、裸のイメージに着物をきせはしないし、音のないイメージに言葉を与えたりするものではない。想像力が、われわれの内部で言葉を話し、夢が言葉を話し、われわれの思考が言葉を話す。あらゆる人間的活動は言葉を話すことを欲する。この言葉が自己を意識するとき、人間的活動は書くことを、すなわち夢と思考を調整することを欲する。想像力は文学的イメージに魅惑される。したがって文学は他のいかなる活動の代用品でもない。それは人間的欲望を成就する。それは想像力の湧出を表わす。

文学的イメージは、わずかに隠喩的様態で、書かれた音響性とも呼ばるべき音響性を公布する。無言の声を捕えるに適した一種の抽象的な耳が、書いてゆくことによって目ざめる。その耳が文学的ジャンルを明確にする規範を守らせる。愛情をこめて書かれた言語によって、いかなる受動性ももたない一種の投射的聞き取りが準備される。聞く自然 Natura audiens が聞き取られた自然 Natura audita に一歩先んずる。ペンがうたうのだ。もしこの聞く自然という概念が受け入れられたなら、ヤコブ・ベーメの夢想の全価値が理解されよう(原註173)。≪それでは一体、君が音を発して動くものを聞きつけるために、聴覚はどうするのか。君は、それが、そのように音を発する外界の事物の音に由来するとでもいうのか。いや、それは音を捕える何物か、音を授ける inqualifier もの、そして楽器の音ないし歌の音《ね》を区別する何物かでなければならない。≫もう一歩進めば、書く者は書かれた「声調《ヴェルブ》」を、人間たちのために作られた「声調」を聞くのだ。

書かれた夢想を知るもの、ペンの流れとともに生きること、十全に生きることを知るものにとって、現実世界は何と遠いものだろう。いわねばならなかったことが、思わず書きたくなるものによってたちまちとってかわられるので、書かれる言語が自分自身の世界を創造することがよくわかる。しばしば多様な法則をもってはいるが想像的なるものの大法則を常に守るイメージの一貫性に従って、文章の世界は、白い頁の上に正しく位置を占める。書かれる世界を変様させる変革が一層生命のある気取りのない世界のために行なわれるが、その世界は想像的世界の機能を決して消し去ることはない。どんな革命的なマニフェストもつねに新たな文学的憲法である。それはわれわれに世界を変えさせるが、それらは常に想像的な世界のなかにわれわれを庇護してくれる。

他方、孤立した文学的イメージにあっても、文学のもつこの宇宙的機能が作用しているのが感じられる。ときにはただ一つの文学的イメージだけで、われわれを一つの世界から他の世界へ運んでゆくことができる。文学的イメージが言語の最も革新的な機能として現われるのはまさにこの点においてである。言語はその意味論的努力によるよりは遥かに多くそのイメージによって進化してゆくものである。錬金術にかんする考察の中で、ヤコブ・ベーメは、実体の爆発が《収斂性の苦悩》を打ち砕いて《暗黒の門をまたいだ》とき、すなわち実体が爆発したあとで《実体の声》を聞く。同様に文学的イメージは爆発物なのである。それはできあいの文を突然爆発させ、時代から時代へと流転してゆく諺をうち砕く。それは実名詞が語根の苦悩を離れ、暗黒の門をまたいだとき、その物質を変換したとき、爆発の後で、われわれに実名詞を声を聞かせる。要するに、文学的イメージは語に運動を与え、それを本来の想像力の機能に引き戻す。

話される言葉《ヴェルブ》に対し、書かれる言葉は、思考と夢が反響しあう抽象的なこだまを喚び起こすという大きな強みをもっている。口で語られる言葉はわれわれからあまりにも多くの力を取りあげ、あまりにも多くの現前を要求し、われわれの緩慢さを完全に支配するゆとりを与えない。われわれを、限定されない静かな反省へと誘いこむ文学的イメージが存在する。そのとき、イメージ自体に深みのある沈黙が合体するのが認められる。もしわれわれがこの沈黙と詩の合体を研究しようとするなら、朗読にそって、休止と爆発の単純な線的弁証法を用いるべきではない。詩における沈黙の原理は、隠れたる思考、隠密の思考であることを理解しなければならない。イメージのもとに身を隠すことの巧みな思考が物影で読者を待伏せるやいなや、喧騒は抑圧され、読書が、緩やかな夢見がちな読書が始まる。表現的な沈澱物の下に隠された思考を求めてゆくうちに、沈黙の地質学が発展してゆく。リルケの作品には、一字一句あの深い沈黙の数多くの例が見出されるが、この沈黙によって、詩人は読者をして耳に達する喧騒から遠く離れ、昔の言葉の古い呟きから遠く離れて思想に耳を傾けしめる。かくして、人が奇妙な表現的な息、告白のもつ生の飛躍《エラン・ヴイタル》を理解するのは、この沈黙がうまれたときである。

否、愛することはたいしたことではない、若者よ、たとえ
お前の声が口を強いるとしても——むしろ
お前の叫びの跳躍を忘れることを学べ、叫びはうつろう。
真にうたうこと、ああ、それはもう一つの息だ。無をめぐる息。神への飛翔。風だ。(原註174)

このように、沈黙に達せよ、という忠告は大気的にならんとする意志、豊かすぎる物質と手を切り、あるいは物質の豊かさに、昇華、解放、動性を付与しようとする意志によって表現される。空気の夢によって、すべてのイメージは気高く、自由で、動的なものになる。

最も美しい文学的イメージが一挙に理解されないこと、それらが、少しずつ、想像力の真の生成において、また意味の豊饒化において姿を現わしてくるということは、文学的イメージをきわめて特殊な心理的機能であると考える結論設定の可能性を証すものである。しかしこの心理的機能については、いささか詳しく論じなければならない。

表現を練りあげようという意志の側からとらえられた文学的イメージは、特殊な浮彫りをもった形而下的な現実である。より正確にいえば、それは心象的な浮彫り、多数の面《プラン》をもった心象である。イメージは彫りこみ、あるいは隆起させる。イメージは深さを再発見し、あるいは高度を暗示する。それは空と大地の間を昇り、あるいは降りる。それは多声的である。なぜならそれは多意義的であるから。意味が余りにも細分されると、それは≪字遊び≫に堕してしまう。それがただひとつの意味に閉じこめられると、それは教訓性に堕してしまう。真の詩人はこの両面の危険をさける。彼は遊戯し、教える。彼にあっては言葉が反射し、逆流する。彼にあっては時間が待ち始める。真の詩は再読したいという抑えがたい欲望をよび覚ます。われわれは、二度目の読書が最初の読書より多くを語りかけるという印象をすぐに抱く。そして二度目の読書は、知的に読まれる読書とはすこぶる異なり、最初の読書より緩慢である。それは瞑想的である。人はその詩を夢想することを決して止めず、それを考えることを決して止めないであろう。そして、人は時として一行の偉大な詩句、読者が――孤独な読者が――この日はもうこれ以上読めないであろう――と呟くような、苦悩あるいは思想にみたされた詩句があらわれる。

その詩的価値の内的な働きによって、文学的イメージは、姉妹語《ドゥーブレ》〔語源を同じくして殆ど意味が違わないが異なった意味をもって共在する語、たとえばPâtre牧者とPasteur牧師、この語はまた対応する賽の目の意味にも使う〕の形成が正常で実り多い言語学的活動であることをわれわれに示している。たとえ巧妙な言葉が現われて新たな意味を閉じこめぬときでさえ、言語学的感受性は、二重の意味が現にあることを示している。≪照応≫において互いに交換されあうのは、これら二重語《ドゥーブレ》、三重語《トリプレ》である。もし、二ないし三ないし四つの想像力の基本元素にかんする物質的想像力の夢想に従って、印象を確認し延長させることができるなら、二重語、三重語、四重語が一層よく成立するであろう。

しかし、詩的三重語が感じられる文学的イメージの例を挙げよう。この例は偶然エドガー・ポーのある中篇小説の主題を離れた横道で見出される。このイメージは、われわれにとってまさに読書を中断するあの機縁の一つで、われわれはそれを夢想することを決してやめないであろう。

エドガ・ポーは、『群集の人』という短篇で、ある大きな都市の騒々しい群集の前にせまる黄昏どきを夢想している。夜がふけるに従って、群集は一層罪深くなってゆく。清廉な紳士たちが家路につく間に、夜は≪その隠家からあらゆる種類の汚辱を引きだす。≫そしてしだいに、瀕死の日の光の悪が、黒ずんでゆきながら、倫理的な悪の調子をおびてくる。不浄の点火剤たるガス燈の光は、≪あらゆるものにきらめく落着かない光≫を投げかける。その後で、何の前ぶれもなく、あの奇妙なイメージの多様な転換が現われる。われわれはこのイメージに対して読者の注意を喚起しよう(原註175)。≪すべては黒かったが、しかしきらきらと輝いていた。ちょうど、私が以前にテルトゥリアンの文体に比較したあの黒檀のように。≫

エドガー・ポーの他の詩において彼が愛した黒檀のイメージを経験した人が、黒檀が彼にとって――重くて黒い――憂欝な水であることを思いだすなら、ついさっきまで大気的であった黄昏が悪しき反射光を発するガス灯のもとで生気をおびた夜の緊密な輝かしい物質となるとき、最初の物質的な転換が行なわれるのを感じるであろう。またこうした最初の夢想が形成されると、たちまちにしてイメージは花のように広がる。夢想家は暗い予言を思いだすように、テルトゥリアンの文体を思いだす。したがってここには三重語があるのだ。すなわち、夜と黒檀と文体である。そして、暗くなってゆく大気の――水の――一層深い深淵のなかで、一層広い拡散のなかで、恐らくはなお金属的な木材が――ついで書かれた声が――堅い声が――不幸と過誤と悔恨の意味が――黒い予言のように強調されながら――塊となって移し換えられる。この二行のなかに、なんと多くの夢想があることか。なんと多くの想像的な物質の交換がみられることか。読者の想像力は、いま開かれたばかりの夢想の世界にゆっくり住んだ後で、読者の想像力は自らがイメージの純粋な運動性であることを示さないであろうか。その時から思いきった短縮法が可能になる。しかしあの夜は執念深い文体のように黒いし、また他のあの夜は不吉なご詠歌のように黒くねばついている。イメージは文体をもっている。宇宙的なイメージは文学的な文体である。文学は価値的な世界である。そのイメージは基本的なものである。それはものいう夢の、夜の不動の熱情のなかに、沈黙と呟きの間に生きている夢のイメージである。想像的生――真の生――は純粋な文学的イメージをめぐって活気をおびる。O・ド・ミロスとともに次のようにいわなければならないのは、文学的イメージに対してである（『ルミュエルの告白』七四頁）。

だが、それは、その名が音でも沈黙でもないものなのだ。

言語の中に、内密な経験の硬化症しかみない批評とは、何と不当なものであるだろう。逆に言語は常に少しわれわれの思考より先を行くものであり、われわれの愛よりも少しよけいに沸きたっているものだ。言語は人間の無思慮の美しい働きであり、意志という器官の機能を昂進する自慢話であるが、そのことが力を誇張する。この試論を通じ、われわれは繰り返し想像的誇張の力動的性格を強調してきた。この誇張がなければ、生は発展してゆくことができない。いかなる場合にも、生は充分に所有するために、余分に摂取するのである。想像力は、思考が充分に所有するために、余分に摂取しなければならない。意志は充分実現するために、余分に想像しなければならないのだ。

結語 (二)

運動学的哲学と力動的哲学

≪一層精緻な眼を授けられたなら、なんじはすべての事物が動いているのを見るであろう≫
（ニーチェ『権力への意志』ビアンキー訳第一巻、二一七頁）

I

ベルグソン哲学は、概念の哲学に対する革命として、変化を直接研究することを正当にも形而上学の急務の一つであると主張した。変化を直接研究することのみが、われわれに具体的存在、生きた存在の進化の原理を明らかにしてくれる。ただそれのみが質の本質をわれわれに教えることができる。変化を運動で、質を振動で説明することは、部分を全体と、結果を原因と取り違えることになる。したがって、もし形而上学が運動を説明しようとするなら、内的変化の真に運動の原因となっている存在を検討しなければならないだろう。ベルグソンは、運動の科学的研究は空間と関連させる方法を優先させることによって、運動が示す生成の力に直接触れることなく、運動のすべての現象を幾何学的に表現することになることを示した。運動は、力学《メカニック》が行なうようにそれを客観的に検討すれば、変化しない対象の空間における運送にすぎなくなる。もし、変化するために移動し、そのものにあっては運動が変化への意志であるような存在を研究しなければならないなら、運動の客観的で視覚的な研究——もっぱら運動学的な研究——は動こうとする意志が運動経験への統合を予想していないということを認めねばならないだろう。そしてベルグソンは、力学——じつをいえば古典力学——がきわめて多様な現象のうち、常にその完成の時に知覚され、細部の発展途上においては決して真に体験されず、決してその生産状態においてはとらえられぬ線の軌跡、無力な線をしか、われわれに示さないことを繰り返し指摘した。

もとより力学によって実現される抽象は、科学的探求が物理的運動を研究する場合、それがかかわる特殊な観点よりみれば、全面的に正当化されるものである。しかし、真に運動をうみだす存在、運動の真に始源的原因である存在を研究しようとするなら、運動学的記述を行なう哲学の代わりに力動的生産の哲学をおきかえる方が有益であることがわかるであろう。

ところでこのとりかえは、力動的想像力と物質的想像力の経験を受けいれるなら、より容易になされるであろうと思われる。L・センヌ氏は、ベルグソンの著作が、心理学から倫理学に移行するにつれ、水のイメージから火のイメージに移って行ったことを指摘している。しかしわれわれには、物質的な面と力動的な面からとりあげられた他のイメージが、ベルグソン哲学にもっと適した説明のモチーフを提供しうるように思われる。われわれが提起するイメージは、ベルグソン的直観——これはしばしば拡大された知識の様態としてしか現われないが——を意志と想像力の実証的経験によって、支持する結果になるであろう。それにしても、これほど大規模な仕事が想像力と意志によって提起される問題に直面しなかったことは驚くべきことではなかろうか。彼がもったイメージの素材《マチエール》そのものに対する熱情的な執着が欠けていたため、ベルグソン哲学が時に多くの面で、運動学にとどまり、この哲学が潜在的に保持している力動性にまで必ずしも達しなかったように、われわれには思われる。したがって、この哲学自身のもつイメージの素材と力動性によってこの哲学を考察しつつ、それがあれほど豊かにもっていたイメージに常に哲学を密着させることができるなら、ベルグソンの哲学を増殖させることができるであろうと思われる。そういう観点をもってすれば、イメージはもはや単なる隠喩ではなくなるであろう。イメージは単に概念的言語の不充分さを補うために現われるものでなくなるであろう。生がもつイメージは、生そのものと一体になるだろう。われわれが生をもっともよく知りうるのは、ただ、生がもつイメージの生産状態においてであろう。そのとき、想像力は、生の瞑想にとって選ばれた領域となろう。しかし、ただ一語で、この逆説の行き過ぎと思われる点を訂正することが可能である。実際、生命のあらゆる瞑想とは、心的生命の瞑想であるといえばこと足りるのである。そのとき万事がたちどころに明白になる。すなわち持続の連続性をもつのは、心象《プシシスム》の推力であるからだ。生命は振動するだけで足りる。生命は欲求と欲求の満足との間を振動する。さてそれではどのようにして心象が持続するかを示さねばならないが、それには、想像する直観を信頼するだけで充分であろう。

直ちに、イメージに基づいた批評、≪想像的な≫批評の一例をあげよう。

Ⅱ

ベルグソン哲学にあっては、過去と現在を連帯させるべき持続の力動的価値を説明するために、推力と渇望ほど頻繁にでてくる力動的イメージはない。しかしこの二つのイメージは本当に連合しているものだろうか。これらのイメージは、論旨の展開に当たって活動的なイメージの役目というよりはむしろイメージ化された概念の役を演じているのではなかろうか。これらのイメージは、分析によって分離されるが、この分析は、よく考えてみると、概念的なものにとどまり、論理的な弁証法に捉われている。想像力はこの安易な弁証法に抵抗しようとする。想像力は悠々と反対物の連結を行なう。われわれはこの反論を、リルケの詩句を引用して法式化しよう（『果樹園』Ⅰ、Ⅱ）。

そのようにわれわれはいとも奇妙な困惑のなかで
遠い弓とあまりに鋭敏な矢の間に生きている。

弓——われわれをおしやる過去——はあまりにも遠く、あまりにも昔のものであり、あまりにも古びている。矢——われわれをひきつける未来——はあまりにも捕え難く、あまりにも孤立し、あまりにも非現《シメリ》実的《ツク》だ。意志は未来においてはより豊かな素描《デッサン》を、過去においてはより厳しい素描を必要とする。ポール・クローデルが好んで弄んだ二重の意味を用いると、意志は構想 dessein であり素描 dessin である。過去と未来は、ベルグソン的持続においては、まさに現在の構想を過小評価したが故に充分に連帯化されていない。過去は構想という形で現在のなかに格づけされている。この構想においては、決定的に古くなってしまった思い出は排除される。そして、構想は未来のなかに、すでに形成され、すでに素描された意志を投影する。したがって持続する存在は、構想の完成が決定されるその現在の瞬間に、真の現存の利益をうるのだ。過去はもはや単に弛緩する弓ではなく、未来は飛翔する単なる矢ではない。なぜなら現在はすぐれた現実性をもっているのだから。現在はこの場合、推力と渇望の和《ソンム》である。そこで、ある大詩人の断言が理解される。≪一瞬のうちに、すべてがある。すなわち忠告と行動が≫(フーゴー・フォン・ホフマンスタール)(原註176)。これは、意志する人間存在がその十全の姿で認められる驚くべき思想だ。それは、自分自身の過去と自己の兄弟である知恵に同時に諮《はか》る存在である。それは、多形態《ポリモルフ》の心象を明敏な眼で選ばれた行動の中へ誘いこみながら、自己の個人的な思考と他人の忠告を蓄積する。

このような複雑さを前にして、われわれには、もし人が固物の取扱いにあまりにも結びついた通常の努力の生活、通常の生活によって暗示される力動的なイメージに甘んじるなら、推力と渇望を連帯化することは不可能であるように思われる。しかし、われわれを全体的に運びさる持続を記述するために、われわれ自身からうまれる運動によって全体的に運び去られることをわれわれが夢想するイメージをなぜもっぱらとりあげないのであろうか。大気的想像力は、われわれに、夢の飛行の実際の体験においてこのようなイメージを提供する。なぜそのイメージに信頼しないのか。なぜそのすべてのテーマ、すべてのヴァリエーションを生きないのか。

人々はたぶん、われわれがきわめて特殊なイメージを重視しすぎるといって反論するであろう。また人人は、イメージについて思考したいというわれわれの欲望は、鳥の飛行で満足しうるものだといって反論するであろう。つまり鳥もまたその飛躍によって全体的に運び去られ、鳥もまたおのが軌道の支配者であるというわけである。しかし、これら青い空の翼の線は果たしてわれわれにとって、あれほどしばしばその抽象性を告発された黒板上の白墨の線以外の何ものかであるだろうか。われわれの特殊な観点よりみて、これらの線は不充分であるという特徴を保っている。つまりそれは眼に見えるもの、描かれたもの、単に描かれたものにすぎず、これらの線は、その意志の中で体験されるものではない。気のすむだけ探すがよい。われわれの全体性において、われわれ自身を動体《モビール》として構成すること、内面から全体にして一なる動性を体験しつつ、自己の単一性を意識する動体としておのれを構成すること、それをわれわれに可能にするのはまず夢の飛行をおいては他にない(原註177)。

Ⅲ

このように、われわれに生きた持続のイメージをもたらすべき瞑想に課せられる本質的な問題は、われわれの意見では、存在を動かされるものであると同時に動くものとして、動くものであると同時に動かすもの、推力であると同時に渇望《アスピラシオン》として構成することである(原註178)。

かくしていまや、われわれは、この試論で終始主張してきたきわめて明確な命題にふたたびたちかえることになる。すなわち、それ自身のうちに生成と存在を総合する動体《モビール》として真に自己を構成するためには、自分自身のうちに軽くなるという直接的な感じを実感しなければならない。ところが、存在を誘いこむ運動のなかで、軽くなるという状態で動くことは、すでに動く存在として変容することである。われわれが、われわれ自身の生成の自律的な創造者 auteur と感じるためには、自身が想像的質量《マッス》でなければならない。そのためには、われわれに想像的質量をとりかえさせ、想像力のなかで、われわれの現在の持続の推移に適応した物質になることを可能にするあの内奥の力を自覚するにまさるものは何もない。一層一般的にいうならば、われわれは自身のうちに、鉛とか軽い空気とかを流し込んでよい。われわれは墜落の動体として、あるいは飛躍の動体として自己を構成することもできる。このようにして、われわれは悲しみの持続と高揚する持続という二つの大きなニュアンスの中で、われわれの持続に実質を付与する。われわれの内密な存在のこの軽減の働きがなければ、飛躍の直観を体験することはわけて不可能である。物質を思考せずに力を思考することは、分析の偶像の犠牲になることだ。われわれのうちなる力の作用とは、必然的に、内奥の変容に対するわれわれのうちなる意識である。

詩人が大気的になった彼の自我をうたうとき、彼は間違ってはいないのだ(原註179)。

――私を、みずからにとってこれほど軽やかなこのいきいきとした肉体を、

………………私の骨の中の秘やかなあるエーテルが
私を小鳥のように軽やかにする。

活動的な瞑想、瞑想された活動は、必然的にわれわれの存在のもつ想像的物質の働きである。一つの力であるという意識は、われわれの存在を坩堝《かんか》に入れて試練にかける。この坩堝の中では、われわれは結晶し、あるいは昇華し、落下し、あるいは上昇し、豊かになり、あるいは軽やかになり、沈潜し、あるいは高揚する実体となる。われわれの瞑想する存在の実体にいささかの注意を払うことによって、われわれはこのようにわれわれの存在が豊かさを求めるか、あるいは自由を求めるかに応じて力動的なコギト（われ考う）の二つの方向を見出すであろう。どんな価値査定作用もこの弁証法を考慮しなければならないであろう。他の存在の価値を評価するためには、まずわれわれは自己の存在に価値を与える必要がある。そして、秤量者のイメージがニーチェの哲学であれほど重要であるのは、まさにこの点においてである。「われ考う、故にわれ量る」je pense, donc je pèseは、理由もなく根深い語源によって結ばれているのではない〔考える penser と計量する、重さがある peser は同一の語源 pensare に由来する〕。重さにかんするコギトが力動的なコギトの最初にくるものである。われわれのすべての力動的な価値は、この重さにかんするコギトに帰せらるべきである。価値の始源的なイメージが見出されるのは、われわれの存在のこの想像された評価の中である。最後に価値とは、本質的に価値査定作用、したがって価値の変化であることを思うならば、あらゆる価値査定作用の起源には力動的価値のイメージが存在することが理解される。

この価値を査定するコギトを研究するためには、一方が何ひとつ失わず、他方がすべてを与えることを夢想する地上的想像力と大気的想像力とが暗示するような、豊饒と解放の両極限の弁証法ほど役立つものはあるまい。後者の行き方は前者よりも稀である。それを記述しようとすると常に、気のぬけた本を書いてしまう危険がある。つまり、レアリスムを地上的な想像力に限定している人々全体を敵に回すことになるからである。地上的な想像力にとっては、与えることは常に放棄することであり、軽快になることは常に実体を失い、重力を失うことのように思われる。しかしすべては観点にかかっている。物質において豊かなものは、しばしば運動において貧弱なものである。石の、塩の、水晶の、粘土の、鉱物の、金属の地上的物質が無限の想像的豊かさの支えであるとしても、それは力動的な観点では夢の最も不活発なものなのである。反対に、力動的な豊富さは空気や火――軽快な元素――のものである。心的生成のレアリスムは大空の教えを必要とする。われわれには、大気的訓育がなければ、軽快さへの年季奉公がなければ、人間の心象は進化しえないようにすら思われる。あるいは、少なくとも大気による進化がなければ人間の心象が知りうるのはただ過去をそのまま履行する進化だけである。未来を築くことは常に飛翔の価値を要求する。われわれがジャン＝パウルの感嘆すべき法式に思いを凝らすのは、この意味においてである。彼は、彼の著作の中でも最も大気的な『ヘスペルス』のなかで、次のように書いている。≪人間は……変容させられるためには持ち上げられねばならない≫（原註180）。

イメージの世界においては、規範的なものと記述的なものとを分離させようとしても無駄であろう。想像力は必然的に価値査定作用である。イメージが美の価値を表わさない限り、さらに力動的な観点からいうなら、美の価値を体験してそれを表わさないかぎり、イメージが唯美的、唯美化的機能をもたないかぎり、イメージが想像する存在を美の世界に組み入れないかぎり、イメージはその力動的役目を果たさない。イメージは、心象《プシシスム》を持ち上げなければ、それを変容させない。かくして、イメージによって自己を表現する哲学は、もしも自分自身のイメージに全面的な信頼をおかなければ、その力の一部を失ってしまう。心象を本質的に表現的な、想像的主体、価値付加的なものだと考える心象の理論は、あらゆる場合にためらいなくイメージと価値を連結させるであろう。イメージを信ずることは心象の力動性の秘密である。しかし、イメージが始源的な心的現実であり、イメージに段階があるとすれば、想像的なものについての理論が努めなければならぬことはこの段階を明らかにすることだ。特に基本的なイメージ、生の想像力がかかわりあっているイメージは基本的物質と基礎的運動に結びついていなければならない。上昇ないし下降すること——大気と大地——は常に生の価値、生の表現、生そのものに結びつけられるであろう。

たとえば、飛躍しようとする生を重苦しくする物質の拘束をはかることが問題であるなら、物質的想像力に真にかかわりあっているイメージ、大気と大地を連結するイメージを見出さなければならないであろう。もしも、物質のなかに、退行する飛躍を、衰弱する運動を認めるような具合に、純粋に力動的なテーマの上に上昇と下降の、進歩と習慣の弁証法を一層精緻に確立するなら、人は力動的な想像力の偉大な衝動を生気づける必要があるであろう。

落下し、水の束の飛躍を止める噴水のイメージは、殆ど概念的な挿画でしかありえない。このイメージは視覚的であり、描かれる運動の範疇に属し、体験される運動の範疇には属さない。このイメージは、われわれの中にいかなる分有をも喚びさまさない。時間の心理学にかんしては、このようなイメージは離れた二つの瞬間を総和する。落下の行為が記録されるのは、噴き上げる行為そのものの中ではない。ここで表象しなければならない飛躍と物質のドラマは、このイメージで実を結ぶことはない。詩人、哲学者はそこに上昇すると同時に下降し、飛躍すると同時にためらい、変化すると同時に硬化する生の大きな矛盾を見出しはしなかった。生の進歩のドラマを体験するために、われわれには他の物質的な夢、他の力動的な夢が必要なのである。さらに、もし生が価値査定作用ならば、全く価値のないイメージがどうして生を表現することができようか。噴水は凍りついた垂直線、最も単調で、殆ど動かない庭園の形象にすぎない。噴水は運命なき運動の象徴である。

生の価値査定作用と物質の非価値化作用を同時に体験することが問題である以上、われわれは身も心も物質的想像力に捧げよう。最も長く夢想し、物質に価値を付与した人々の作品にわれわれのイメージを探し求めに行こう。錬金術師のもとに赴こう。彼らにとって、金属を変えるとは、それを完成することだ。金は最高の程度にまで完成された金属である。鉛、鉄は卑しい金属で、無力である。これらの金属はそれほど不純なものなのだ。これらの金属は粗野な生しかもっていない。それらはまだ大地の中で充分長く成熟しなかった。いうまでもなく、鉛から金に至る完成度の等級はただに金属としての価値ばかりでなく、生命そのものの価値をも伴うものである。仙金《オル・フィロソファル》、仙石《ピュール・フィロソファル》を作りだすものはまた健康と若返りの秘密を、生の秘密を知るであろう。繁殖すること、それがもろもろの価値の本質である。

数行で錬金術的思考の深遠な夢幻性を想起した後で、単に蒸溜することによって鉱物的飛躍が活動するイメージが、どうして形成されてゆくのかを見よう。現代人の頭のなかでは完全に合理化され、したがって、そのすべての夢幻的価値を奪われているこのイメージが錬金術的に体験された場合、どうして妨げられた飛躍のあらゆる夢を提供するのか、それを説明しよう。

事実、錬金術師にとっては、蒸溜とは物質からその不純物を取り除いて、その物質を高める浄化作用である。しかし、噴水のイメージに欠けている上昇と下降の同時性が作用するのは、この点においてである。ノヴァーリスの深遠な法式と軌を一にするが、上昇させることと軽減することが、ただ一つの行為で獲得される。昇行の全過程を通じ、錬金術の表現によれば、≪下降≫が起こるのだ。あらゆる場合においてまたどの唯一の行為においても、何ものかが下降するがゆえに、何ものかが上昇するのだ。何ものかが上昇するゆえに、何ものかが下降する、と想像力がいいうる逆の夢想は、もっと稀である。その夢想は地上的である以上に大気的な錬金術師を示している。しかしいずれにしろ、錬金術的蒸溜は（昇華と同様）大地と大気の二重の物質的想像力に属している。

したがって、蒸溜または昇華によって純粋さを獲得するために、錬金術師は単に大気的力にのみ頼るのではない。彼は、地上的不純物が地上にむかってひきとめられるためには、地上的な力を誘発させることが必要だと考えるであろう。このようにして鞭をあてられた下降は昇行を有利にするであろう。この地上的行為を助けるため、多くの錬金術師は精錬すべき物質に不純物を加える。よりよく洗滌するために汚すのだ(原註181)。地上的な付加物で重くなった精錬すべき物はより規則的な蒸溜を続けるであろう。もし大地が、不純物の塊が精力的に不純物を地上へ引きつけるなら、純粋な実体は大気的な純粋さに引きつけられて、比較的少ない不純物を伴って、より容易に上昇してゆくであろう(原註182)。精神状態といい、夢の状態といい、現代の蒸溜者にとってそれは何と無力なことだろう。蒸溜と昇華の現代的操作は一本の矢印↑の操作であり、他方錬金術師の思考では、その操作はその両方ともに二本の矢印↓↑ 二つの反対方向にむかう作用のように、そっと結合された二本の矢印の操作なのである。

これら二本の矢は結合されてまた分散してゆくが、われわれに夢のみが完全に体験しうる分有の一典型を示す。すなわち二つの相反した性質の活動的な分有である。この唯一の行為における二重の分有は、運動の真のマニ教主義に照応するものである。花とその大気的な香り、種子とその地上的な重さが、反対方向に形成される。どんな進化も二重の運命の印をもっている。怒りの力と鎮静の力が、人間の心と同様に鉱物にも働きかける。ヤコブ・ベーメの全作品は、大気的な力と地上的な力との間で板ばさみになった夢想から成立っている。ヤコブ・ベーメはこのように金属のモラリストである。善と悪のこの金属的レアリスムは、イメージの普遍性の尺度を提供する。それはわれわれに、イメージが心情と思考を支配していることを理解せしめる。

したがって、何代にもわたる錬金術師たちによって体験されたような物質的昇華のイメージが、物質と飛躍が緊密に結ばれながらも反対方向に作用する力動的二元性を説明しうるように、われわれには思われる。進化の行為が浮上するために、また以前に行なわれた飛躍のすでに物質化された結果を拒否することによって、ある物質を沈澱させるのは二本の矢の行為である。このことを充分想像するためには、二重の分有が必要である。ただ物質的想像力のみが、形体のもとに物質を夢見る想像力のみが、地上的イメージと大気的イメージを結合して、生の二つの力動性、すなわち、保存の力動性と変化の力動性が活動する想像的実体を提供することができる。われわれは常に同じ結論に達するだろう。すなわち、運動の想像力は物質の想像力を要求する。運動――たとえそれが隠喩的運動であろうと――の純粋に運動学的記述には、常に運動によって働きかけられた物質の力動的考察をつけ加えなければならない。

V

自由の形而上学は、また同じ錬金術的イメージの上に、その基礎をおくことができる。事実この形而上学は、存在が十字路において自分は左右いずれでも自由に選びうると想像する線的な運命に満足することはできない。選択が行なわれるやいなや、辿ってきた道はすべて単一であったことが明らかになる。このようなイメージをもとに考えることとは、自由の心理学ではなく躊躇の心理学を作りあげることだ。そこでもまず解放の動力学《ディナミク》に達するために、自由な運動の記述的で運動学的な研究を越えなければならない。われわれはわれわれのイメージに思いきって身を任さねばならない。それはまさに昇華の長い操作のなかで、錬金術的夢想を活気づけていた解放の動力学である。錬金術の文献には、不純な物質に阻まれて身動きできない金属的なたましいのイメージが実にたくさんある。純粋な実体とは飛行する存在である。その存在が翼を広げるのを助けなければならない。精錬の技術のあらゆる場合において、大気的なるものが地上的なるものから乖離され、またその逆が行なわれる解放のイメージを付加することができる。解放することと精錬することとは、錬金術にあっては完全に呼応する。それは二つの価値、もっと正確にいえば同一価値の二通りの表現だ。したがってこの二つの価値は、繊細なイメージのなかに作用しているのが感じられる価値の垂直軸の上で、互いに相手に註釈を加えることができる。そして、活動的で連続した昇華の錬金術的イメージは、真に解放の微分を、大気的なものと地上的なものとの緊迫した決闘をわれわれに示す。このイメージにあっては、一挙に、同時に大気的物質が自由な大気となり、地上的物質が不動の大地となる。これら二つの分岐的生成がどんなに緊密に結びついているかを、錬金術におけるほどよく感じとられたことはない。もし一方を照しあわせなければ、他方を記述することができないであろう。しかしここでもまた形象による照合、幾何学的照合では不充分である。パン種と膨張、捏粉と湯気の間の、真に物質的な照合に入りこまなければならない。錬金術師のたましいをもって、われわれが新しい色彩の出現をいまかいまかと待ちうけるとき、性質の生命が何とよく知られ、何と愛されていることか。人は暗黒の物質の上にすでにかすかな白を予測し、推定する。それは暁である。立ち上がる解放である。そのとき、こころもち明るいあらゆる陰影はすべて、希望の一瞬である。それと相関的に、明るさへの期待が活発に暗さを追放する。あらゆるところに、すべてのイメージに、大気と大地の力動的な弁証法が反響する。ボードレールが『赤裸の心』の第一葉に書きつけたように《自我の蒸発と集中。すべてはここにある。》

VI

さらに、われわれは、この二つの結論を結びつけて、解放の問題を文学的イメージと同一の面で提起することが可能であろう。事実、文学の活動的な言語のなかで、心象《プシシスム》はそのあらゆる機能におけると同じように、変化と安全を結合させることを望む。心象は、自分に仕え、自分を幽閉する知識の習慣——概念——を組織する。それこそ安全のため、憐れな安全のために願われることである。しかし、心象は自己のイメージを改新し、またそのイメージによって変化がうみだされる。イメージが概念を変形し、概念からはみでる働きを検討するならば、二本の矢印をもつ進化が働いていることが感じられよう。事実、人が新しく形成した文学的イメージは、もとからある言語に自分を適応させ、言語の土壌の中に、新しい結晶体として登録される。しかしそれ以前に、文学的イメージは形成された瞬間に、膨張、繁殖、表現の要求をみたしている。かくて二つの生成が結合される。なぜなら、いわくいい難いもの、移ろいやすいもの、大気的なものを表現するために、どんな作家も、心に秘かに感じられる豊かさ、秘かに感じられる確信の重さの豊かさを、主題として展開させる必要があると思われるからだ。したがって文学的イメージは、二種の展望の下に現われる。すなわち膨張の展望と内密性の展望である。その粗野な形では、この二種の展望は互いに矛盾する。しかし存在が全霊を傾けて、全精神をうちこんで文学的活動に、語りかける想像力に専念し、かつ言語を発生論的に見るとき、膨張と内密性の二つの展望は、奇妙にも相称変換的《オモグラフイク》であることが明らかになる。イメージは心を表現する場合にも宇宙を表現する場合にも、同じように輝かしく、美しく、活動的である。存在が豊かに自己をあらわすとき、拡張と深さは力動的に結合される。それらは互いに誘導しあう。そのイメージの真摯さの中で体験された存在の豊満は、その深さを示すものである。逆に、内密な存在の深さは、自己自身に対する拡張のように思われる。

言語がそのしかるべき位置に、人間進化の先端そのものにおかれるや、言語はその二重の効力を明らかにする。言語はわれわれのうちに言語のもつ明晳の効力《ヴエルチユウ》と夢の力《フオルス》をうみだす。言葉《ヴエルブ》のイメージ、われわれの思考の下に生きてゆくイメージ、それによってわれわれの思考が生きてゆくイメージを本当に知ることは、われわれの思考に自然な促進を与えるであろう。したがって人間の運命をとりあつかう哲学は、自己のイメージを承認するのみでなく、自己のイメージに適応し、自己のイメージの運動を継続しなければならない。その哲学は本当に生きた言語でなければならない。それは本当に文学的人間を研究しなければならない。なぜなら、文学的人間は瞑想と表現の総和、思考と夢の総和であるから。

一九四三年五月二日　ディジョンにて

原註

(1) ウィリアム・ブレイク『第二の予言書』ベルジェ訳、一四三頁。

(2) バンジャマン・フォンダーヌ『美学の謬論』九〇頁。

(3) ライナー・マリーア・リルケ『マルテ・ラウリッツ・ブリッゲの手記』ベッズ訳、二五頁。

(4) リルケ、前掲書、七四頁。

(5) フェルナン・シャプーティエ『女神に仕えるディオスキュール』の諸所より。

(6) ラウル・ユバック『反空間』『メッサージュ』一九四二年「手帖《カイエ》」第一巻。

(7) この問題に関する完全な資料的説明は、豊富な参考書目一表とともに、オリヴィエ・ルロワの次の書にみられるであろう。『霊媒による空中浮上。超自然の驚異に関する研究への歴史的、批判的寄与』一九二八年。

(8) もちろん精神分析学的実験によって、象徴化を複雑にしている多くのニュアンスがみいだされる。そこで、多くの場合、飛行の夢に非常に近い梯子の夢について、ルネ・アランディ博士は次のように述べている(『夢解釈』一七六頁)。《男は階段を昇るが(能動性)女は階段を降りる(受動性)。》ルネ・アランディはさらに、このきわめて単純な夢を多様化する数多くの倒錯について述べている。

(9) P・サンティーヴ『黄金伝説の余白』パリ、一九三〇年、九三頁。

(10) シャルル・ノディエ『夢想』一六五頁。

(11) 次のミシュレー(『鳥』二六頁)の一節を参照されよ。《人が…地上に繋がれていることを幸いにも忘れられるのは、その最良の年ごろ、青春の夢のなかに…おいてである。そのとき彼は飛び、滑翔する。》

(12) 緩慢な時間の推移からみずからを解放しながら或るシュルレアリストはこう書いている。《すきとおった七里の長靴をはいて、世界の征服にむかって歩もう》(レオ・マレ「吸血鬼の生活とその死後の生活」『カイエ・ド・ポエジー』《今日のシュルレアリアム再建》一九四三年八月号、一七頁)。憲兵の軍靴を思い浮べる古典的批評家は、このすきとおった長靴を嘲笑するであろう。彼らは根源的な力動的想像力をそのさい認めないのである。すなわち、空中をまたぐ一切のものは、力動的かつ実質的に大気的であることを彼らは等閑視している。

(13) サロモン・レーナック『偶像崇拝、神話、宗教』第二巻、五〇頁。

(14) ジャン＝パウル『夢・選集』四〇頁、ベガンによる引用より。

(15) ライナー・マリーア・リルケ『散文断簡』仏訳、一九一頁。

(16) ニーチェ「ワーグナーの場合」(『偶像の黄昏』)仏訳、一四頁。

(17) オールダス・ハックスリー『最善の世界』仏訳、三〇頁。

(18) ルイ・カザミアン『文学的心理学研究』より引用。

(19) リルケ『詩集』ルウ・アルベール＝ラザール訳、第四巻。

(20) シェリー『著作集』ラップ訳、第二巻、一二〇頁。

(21) マッソン＝ウールセル『形而上学的問題』四九頁。

(22) シェリー『著作集』第二巻、「エプサイキディオン」二七四頁。

(23) ピエール・ゲガン『宇宙の戯れ』五七頁参照。

彼らは天の忽忘草のねぐらで
雲の大きな卵から孵ろうとしている。

(24) 恐らくこのように物質化された見方によって、色彩は光と闇の調合物であるとするショーペンハウエル的直観を初めて説明できるであろう。

(25) ルイ・カザミアン『文学的心理学研究』五三頁。

(26) シェリー、前掲書、仏訳、第二巻、二四九頁「アトラスの女魔法使い」Ⅰの Ⅳ。

(27) デカルトの宇宙進化論においては、地球を自転させるのは天空の物質であることを想起する必要があるだろうか。それは明晰な精神の直観が詩人のヴィジョンと必ずしも遠く違わぬことの証左である。

(28) A・N・ホワイトヘッド『科学と近代世界』仏訳、一一六頁。

(29) ポール・ド・ルール『ワーズワースからキーツまで』二一三頁。

(30) 唯美主義 pancalisme という語を用いたことに対し、これまで著者にむけられた反論に答えるために、われわれはこの語をバルドヴァンの語彙から借用したことを思いだしたい。われわれはここで唯美主義的活動が宇宙のあらゆる観照を普遍的な美の確認に変える傾向があるのを表明したいと思う。J・M・バルドヴァン『現実の発生論的理論』「唯美主義」仏訳参照。

(31) バルザック『追放者』オルランドルフ版、パリ、一九〇二年。

(32) メレジュコフスキー『ダンテ』仏訳、四四九頁、≪ダンテの生ける翼、あの内面の翼は、レオナルドやわれわれの時代の人間の機械的な、外面的な翼とは正反対のものである…≫

(33) ジェラール・ド・ネルヴァル『オレリア』コルティ版、八四頁、《その晩、私は気持のよい夢を見た…私は大地と比べると非常に深く空と比べると非常に高い塔のなかにいたので、昇ったり降りたりするのにへとへとになるのではあるまいかと思われた。》

(34) ジョアシャン・ガスケ『ナルシス』一九九頁、二一四頁。

(35) ストリンドベルク『地獄』一一七―一一八頁。

(36) バルザック『セラフィータ』オルランドルフ版、パリ、一九〇二年、二〇九頁。

(37) バルザック『ルイ・ランベール』カルマン・レヴィ版、五頁。

(38) 焔の光に輝くカワセミは例外である。カワセミは川の反射を身にとどめていたのであろうか。

(39) フランシス・ジャム『翼の伝説、マリ・エリザベート』七七頁参照。エリザベートは鶯が歌うのを聞くと、《鳥が飛びたって翼の彼方で愛したいと感じている》のがわかる。翼は感情の吐露をあらわす無数の隠喩の起源になるものである。

(40) マルスリーヌ・デボルド＝ヴァルモール『すみれ』一八三九年、第二巻、二〇三頁。

(41) ジャン・タルディユ『不可視の証人』三〇頁。

(42) D＝V・ドラポルト『ルイ十四世治下におけるフランス文学にみられる驚異』一八九一年刊、一二四頁。

(43) ビュフォンは蝙蝠を好んで《魔物》だと定義した。蝙蝠の《運動は飛行というよりは定めなきはためきであり、しかも蝙蝠はそれを辛苦して不器用にやっているように思われる。》

(44) V・ロザーノフ『現代の黙示録』「コメルス」一九二九年夏号より。

＊ ヴィクトル・ユゴー『笑う男』ヘッツェル版、一八八三年、第二巻、七三頁、《脊柱はその夢想をもっている。》

(45) ビュドロー訳、一二頁。

(46) ペトリュー・ボレル『ピュティファァール夫人』一八七七年、一八四頁参照。

(47) 重苦しい素地から引き離されたイメージの戯れと衝突によって、モーリス・ブランシャールは、数行で、雲雀の全シュルレアリスム的性格を描いている。《鋭い声を発する雲雀が鏡にぶつかってこわれた。それ以来、ハレルヤを歌うのは果物である。彼らの透明な咽喉は椎骨のなかに消えている黒い点となった。ガラス屋の叫びごえが彼らの水晶の羽根を蘇えらせた。》(『カイエ・ド・ポエジー』〈今日のシュルレアリスム再建〉一九四三年八月号、九頁)。雲雀はそのようにガラスの透明さと硬い物質性、叫喚をもっている。雲雀のシュルレアリスム的性格がかくのごとく堅固な物質によって特性づけられている。

(48) アンドレ・シュヴリヨン訳。
(49) ジョージ・メレディス≪雲雀は、まるで暮し向きが結構、結構というように、飛んでいる。≫（リュシアン・ヴォルフ『詩人及び小説家としてのジョージ・メレディス』より引用。
(50) ル・P・ヴィクトル・プーセルはまた書いている。≪あの高みにいる雲雀はもはや蒼空におけるこおどりに他ならない。毎朝、野原を横ぎるときに雲雀を聞くと、幸福なのは私ではないかと思われる≫（『大地の神秘』「肉体のための弁論」七八頁）。
ポール・フォールの『未刊のフランス・バラード集』「レ・ディ・ダン・ドン」には次の句がある。≪天のさなかで雲雀をきくと、われわれの内部で夢中になったわれわれの心臓が脈打つのがきこえる。≫
(51) ダヌンツィオ『死の観想』仏訳、三六頁。
(52) シュペルヴィエル『引力』一九八頁。
(53) ハーバート・リード『グラフィク・ポエット』より引用、『メサージュ』一九三〇年号より。
(54) オットー・ランク（『幸福の意志』）は因果律の観念と罪障の観念の関係を詳しく論証した。
(55) アルヴェード・バリーヌ『神経症患者』アシェット刊、五五頁。
(56) エドガー・ポー『異常な新しい物語』ボードレール訳、一一三頁。
(57) 同年、ルーアンで『自然界の主なる不思議』なる匿名の書が出版されたが、そのなかには≪海の臍≫であるノールウェーの奈落についての詳細な描写がみられる。まさにこの奈落から、海水が四方に流れ出るのである。著者はいう。≪それは人間のあらゆる静脈に血を配給する人間身体の動脈のように作られている。≫この著者もポーのようにキルヒナーの書によっている
(58) エドガー・ポー『大鴉』
(59) ノヴァーリス『未刊断片集』「夜の讃歌」仏訳、ストック版、九八頁。
(60) ノヴァーリスのこの思想を次のミロスの詩の一節と比較対照してみるとよい（『ルミュエルの告白』のなかの「認識の雅歌」六七頁）。≪昇天の至福に溺れ、陽の卵に眼が眩み、傍らの永遠の発狂のなかに転落して、四肢を闇の海藻につながれ、私はいつも同じところ、唯一の場所であるまさにそのところにいるのだ。≫「認識の雅歌」の錬金術的調子と高所と低所の分離が唯一なる行為 uno actu として夢見られていることを非常に明瞭に示している。
(61) ダルトレー刊、一八三八年、パリ。
(62) 近々刊行される或る書のなかで、ロベール・ドズワィユは、実際に精神分析によらず、単に≪昇華の機能≫を回復させる

のみで、治療中の患者が見た覚醒夢の完全な報告を行なっている。

(63) 道徳におけるイメージのはたらきの巨匠たるニーチェはこう書いた(『悦ばしき知』三九六頁)。

失礼だが、ちょっとあなたに手を貸してあげよう――
私は批評家として人足として
海綿と箒を使うすべを心得ているのだ。

(64) 大気的心象の持主なら、飛行の誘導体であるイメージの数が増大するのがわかる。詩人がいっているとおり、私は事物の隠された中心に翼があるのを知っている(ギ・ラヴォー『空の詩学』)。

(65) ピルエット〔片足による爪先旋回によるダンス〕は一種の社会との決裂を示すものである――ワルツにあっては、カップルはすべての人々から遠ざかる。デカルトの時代には、風見がピルエットと呼ばれた。

(66) ジュール・ラフォルグ『或る女友だちへの手紙』一五二頁。

(67) 明澄さのもつこの骨相的構造をシュティルンクの『郷愁』(五〇七頁)による指摘と比較することができるであろう。

(68) マカーリ・ファール『ナラヤーナ』前掲書。

(69) ガブリエル・オーディジオとカミーユ・シュヴェール、『新評論』一九三一年三月号、三四頁。

(70) シュティリンク『郷愁』前掲書。

(71) ニーチェ『偶像の黄昏』アルベール訳、一一五頁。

(72) 『この人を見よ』付『詩集』アルベール訳、二三四頁。

(73) 『この人を見よ』付『詩集』中の「砂漠の娘たちの中で」仏訳、二五八頁。

(74) 『この人を見よ』付『詩集』二六三頁。

(75) 『この人を見よ』付『詩集』アルベール訳、二六二頁。

(76) ヴィリエ゠ド゠リラダン『アクセル』第四部、第四景。

(77) オーディジオ『アンタイオス』に次の句がある。

泥のとばっちりをかける天使のダイヴィングは
泳ぐ鳥と飛ぶ魚の
ぴちぴちとした葉群のなかに
海の笑いをふたたび噴き出させる。

(78) 『詩集』「火のしるし」二七二頁。

(79) 『詩集』「陽は傾く」二七六頁。

(80) 『詩集』「肉食鳥のあいだで」二六七頁。

(81) 『詩集』二〇〇頁。

(82) 本章は雑誌「合流」二五号に発表されたものである。

(83) 『詩集』「夕べの豊満」(なげやりの詩)

(84) ルネ・クルヴェル『わが肉体と私』二五頁。

(85) マラルメ『蒼空』

(86) ノアーユ伯爵夫人(『驚いた顔』九六頁)が、《透明な音》を聞いていると、大気の優しい状態によって鳥が歌うように、花が開くように、ひとりでに鳴りだす鐘の音を思い浮べる…といっていることを参照。

(87) ハウプトマン『ゾアナの異教徒』仏訳、一一一頁参照。

＊ ステファン・ゲオルゲ『たましいの歳月』

(88) フーゴー・フォン・ホフマンスタール『散文集』シャルル・デュ・ボス訳、一五二頁。

(89) アミエルよりも以前に、バイロンがすでにこう書いている。

《私にとっては高い山は心の状態なのだ。》

……and to me
High mountains are a feeling.

(90) フランシス・ジャム『田舎風の詩』二一五頁。

(91) アンドレ・ジィド『ユリアンの旅』（全集）二九四—二九五頁。

(92) ショーペンハウエル『視覚と色彩について』の序文。

(93) ギ・ラヴォー『空の詩学』一九三〇年、三〇頁参照。

(94) ジョルジュ・サンド『アンドレ』カルマン・レヴィ版、八七頁。

(95) シャルル・ヴァン・レルベルグ『瞥見』ブルュッセル、一八九八年、四九頁。

(96) ルネ・ベルトロー『天体生物学とアジアの思想』「形而上学と倫理学雑誌」一九三三年、四七四頁。

(97) モーリス・ド・ゲラン『選集』メルキュール・ド・フランス、三九頁。

(98) O・V・ド・ミロス『アルス・マグナ』一六頁。

(99) ティーク『古の本と青空への旅』一八五三年。第二四巻、九頁《雲はこの上なく愉快な道化者だ。》

(100) ベルゲーニュ『ヴェーダの宗教』第一巻、五頁。

(101) クリスチャン・セネシャール『内面世界の詩人、シュペルヴィエル』一四二頁。

(102) 《雲の塑像家》にはまたゆたかな宇宙的素材をもつという特典がある。彼はオッサの上にペリオンを積み重ねることができる。ルクレティウス、第六巻、一八八頁以下。

Contemplator enium, quum montibus assimilata
Nubila portabunt venti transversa per auras
Aut ubi per magnosmontes cumulata videbis
Insuper esse aliis alia…

（大意——いつの日か風が大気の中を運び去る山並みにも似たあの雲を見よ。あるいは、そびえる山をめぐって、互いに重なりあっているあの雲を見るだろう…）

(103) ジュール・シュペルヴィエル『引力』一五九頁。

(104) F・L・シュヴァルツ『雲と風、稲妻と雷鳴』ベルリン、一八七九年刊、（五頁に）は雲の素材が紡がれる数多くの神話を記されている。自然主義的神話に全面的に信をおいているシュヴァルツは生死を司る三女神（パルカ）が天にいるものとしている。すなわち、三人の紡ぎ女は暁と昼と夜とを表わす。
(105) ゲルハルト・ハウプトマン『ゾアナの異教徒』仏訳、一〇七頁。
(106) ポール・エリュアール『見せること』九七頁。
(107) メーテルリンク『王女マレーヌ』第五幕。
(108) ウィリアム・ブレイク『最初の予言の書』
(109) 『全集』ポルシャ訳、第二七巻、一三一五頁。
(110) たとえば、ジュール・ラフォルグの諧謔的な夢想は、雲が運動であることをよく感じとり、次のような詩句をものする(『全集』第一巻、七三頁)。

積雲(キュミュルュス)、戦ぐ風が或る夕
髪を梳きにくるのんきな横揺れ…

(111) ボードレール『審美渉猟』カルマレ・レヴィ版、三三四頁。
(112) O・V・ド・ミロス『アルス・マグナ』三七頁。
(113) ラフカディオ・ハーン『天の川縁起』五一—六一頁。
(114) ギュスターヴ・カーン『太陽の円形競技場』一一〇頁。
(115) アンドレ・アルニヴェルド『方舟』一九二〇年、三六頁。
(116) O・V・ド・ミロス『アルス・マグナ』三五頁。
(117) フーゴー・フォン・ホフマンスタール『散文集』仏訳、一六九—一七一頁。
(118) パトリス・ド・ラ・トゥール・デュ・パン『詩篇』八七頁。
(119) ド・ギュベルナティス『植物の神話』パリ、一八八二年、第二巻、二九二頁。
(120) ポール・クローデル『東方所観』一四八頁。
(121) フランシス・ジャム『庭の想い』一九〇六年、四四頁。
(122) ゲルハルト・ハウプトマン『ゾアナの異教徒』仏訳、一〇六頁。
(123) 他方では樹木の「形体」は文学には翻訳不可能であることを指摘しなければならない。実際そのような試みは行なわれていない。そして庭師——剪定挟みをもった工作人(ホモ・ファベル)——がイチイの木やコノテガシワに幾何学的形体を与えようと意図しても、夢想はそれを嘲弄と考える。喜劇が生きているものの上に貼りついたメカニックなものであるとすれば、最大の滑稽は植物に幾何学的なものを押しつけることである。ニーチェが《園芸におけるロココ》と名づけているものができあがるのは、このようにしてなのである(『暁』四二七頁)。
(124) ポール・クローデル『東方所観』一四八頁。
(125) ジョアシャン・ガスケ「苦痛のなかに快がある…」二七頁。
(126) リルケ『散文断簡』仏訳、一〇七頁。
(127) モーリス・ド・ゲラン『日記・選集』メルキュール・ド・フランス、一一九頁。
(128) 一七二三年にルーアンで匿名で出版された『自然界の主な

不思議』という題の本には、木の幹が上の方で人間の胴になっている版画が載っている。どんな概念的活動よりも夢幻的活動の方がこの絵の起源をうまく説き明かしてくれる。
(129) ナサニエル・ホーソン『ワンダー・ブックとタングルの木の物語』
(130) ローレンスの他の文章は樹木の地上的夢想の点より検討されねばならないであろう。ローレンスの眼には地中の樹根の生がうつる。彼は短い句で≪樹根の巨大な渇望、淫奔≫と記している(五一頁)。彼は樹木の飛躍はすべて大地のおかげであると考える(九五頁)。≪木が深く根を張っているとき、木は真直ぐに伸びる。≫彼に恐怖心を起こさせるのはこの根深い生なのだ(五一頁)。≪私は古い樹木を怖れた。私はそれらの渇望、渇望の盲目的猛進撃を怖れた≫(四九頁)。≪木の意志は怖ろしいものだ。≫
(131) ジャン＝パウル・リヒター『巨人』シャール訳、第一巻、三五頁。
(132) ピュス・セルヴィアン『抒情性と音の構造・シャトーブリアン作『アタラ』に応用したリズム分析の新しい方法』八一頁。
(133) ジャック・ロンドン『アダム以前』デエスダン訳、三八頁。
(134) ジョルジュ・サンド『物言う柏』五三頁参照。
(135) モーリス・ド・ゲラン『日記・選集』メルキュール・ド・フランス、二二八頁。
(136) ルナンはいみじくもこの垂直性の必要を次のように表現している『パトリス』五二頁。≪風景の魅力が、それを圧する鐘楼によってしか現われないといった一群の風景がある。一般庶民の家の屋根の上高く、鐘楼なり、壮大な塔がそびえていなかったら、われわれの国の町、これほど詩的でない町が果たして我慢のできるものであったであろうか。≫
(137) ヴェルハーラン『多彩なる光輝』八八頁。
(138) リルケ『フランス語の詩篇』一六九頁。
(139) ジョアシャン・ガスケ『苦痛の中に快がある…』七二頁。
(140) ダヌンツィオ『詩』エレル訳、二六五頁。
(141) ポール・ヴァレリー『若きパルク』(詩集)、一九四二年、九九頁。
(142) ゴプレ・ダルヴィエラ『象徴の移動』一八九一年、一六六頁。
(143) X＝B・サンティーヌ『第二の生』一八六四年、精神分析家ならこの無邪気な植物学者の夢を解くのに苦労しないであろう。
(144) ヴェルギリウス『農事詩』第二巻、二九一行参照。
(145) ゴプレ・ダルヴィエラ、前掲書、一九三頁。
(146) ヤコブ・ベーメ『神的本質の三原理について』〃無名哲学者〃による仏訳、一八〇二年、第二巻、一四九頁。

(147) ウィリアム・ブレイク『第二の予言の書』ベルジェ訳、一三三頁。
(148) グリオール『アビシニアの遊戯』二一頁。
(149) アンドレ・シェフネル『楽器の起源』二三三頁。
(150) ウィリアム・ブレイク『第二の予言の書』
(151) ジュール・ラフォルグ『全集』第二巻、一五二頁。
(152) ド・セナンクール『オーベルマン』三二六頁。
(153) ガブリエル・ダヌンツィオ『死の観照』仏訳、一一六頁。
(154) サン・ポル・ルー『道端のばらといばら』一一一頁
(155) ギレヴィク『地球』七一頁。
(156) コラン・ド・プランシィ『地獄の辞典』項目「犬」に引用。
(157) シェクスピアの『ヘンリー五世』(第三幕七場)において、王子は自分の儀仗馬について次のように語る。「予がこの馬に乗ると、予は鷹になった。それは風を切り、大地にふれると、大地は歌うのだ。その蹄はヘルメスの笛にもまさって妙なる音を発するのだ。この馬は純粋な空気と火で成り立っており、重い元素、土と水がその馬に現われるのは馬が静かに主人が自分に乗るのを待っている時だけだ。」このように、想像的なものの支配するところで『馬』を≪説明する≫には四元素が必要なのである。
(158) F・L・W・シュヴァルツ『雲と風、稲妻と雷鳴』ベルリン、一八七九年、一五二―一五三頁参照。
(159) シャルル・プロワ『民話における超自然』一八九一年、四一頁参照。
(160) シェリー『西風に捧げるオード』シュヴリョン訳、『英文学研究』、一九〇一年、一〇八頁。
(161) ルネ・ヴィヴィアン『散文詩集』七頁。
(162) ヴェルハーラン『多彩な光輝』「風の栄光のために」
(163) ヴィエレ・グリファン『ヴィーラントの翼ある伝説』一九〇〇年、七四頁。
(164) ピエール・ヴィレイ『盲人の世界』八四頁。
(165) ヴェルレーヌ『ネヴァモア』
(166) ヴェルハーラン『生の顔』「風」
(167) 『ユードラクスとピロフィルの対話』化学思想家叢書、新版、パリ、一七四一年、第三巻、二三一頁。
(168) フランシス・ルフェブュール『体育・治療・精神療法における律動的呼吸と精神集中』、アルジェ、一九四二年。
(169) この章の最初の部分は『メサージュ』叢書に掲載された。一九四二年『沈黙の訓練』
(170) おそらくシャルル・ノディエは、一世紀前彼の才気と上気嫌によって得ていた権威をもはやもっていない。一八五〇年以来、≪擬音法の理論は、逆説的で韜晦趣味の精神≫の所産と目されてきた(F・ジェナン『言語学的遊び』第一巻、一〇頁参照)。しかし逆説は、詩的想像力を取り扱う心理学者は、これを軽んじてはならない。

(171) ヴェルハーラン『多彩な光輝』「言葉」二一頁。

(172) ポール・ヴァレリー『詩、詩の愛好家』六五頁。

(173) ヤコブ・ベーメ、前掲書、I、三二二頁。

(174) 『詩』ベッツ訳、二二六頁。

(175) エドガー・ポー『新異常物語』ボードレール訳、五八頁。

(176) フーゴー・フォン・ホフマンスタール『影のない女』仏訳、一八九頁。

(177) 詩人が飛行機、スキー、飛翔、跳躍の経験と子供の夢想を総計して生の飛躍の力動的なイメージを作りあげようとするのをみるのは、おそらく興味深いことであろう。フランシス・ジャム（『翼の伝説、マリ・エリザベート』六一頁）は次のような場面を想像している。≪ぶらついていた一人の訪問客が彼女のそばを通りすぎ、家の外で餌をついばんでいる一羽の若鶏を長い間じっと見つめていた。彼女はこの紳士がアンリ・ベルグソンという名で、大抵は親指の処まで両手を上着のポケットに突込んで、物静かに話す人ということ以外、たいして知らなかった。彼女はこの人が父親に飛行機の仕組みについて質問しているのを聞いたことがあった。空の王者と哲学者は、彼女がメドラノですっかり感心した道化師が二段のとんぼ返りをするそのやり方について意見を交わしていた。≪——私は、とベルグソン氏が主張した「私は能力への充分な意志をもってすれば、人間は翼なしに飛べるのではないかと、考えてみるのです。」マリ・エリザベートは心の中で微笑した。なぜなら、彼女には、スキーによって、そして登りながら雪と同じ高さを滑翔する最小限の力について、どうすればよいか知っていたからである。≫

(178) サン＝テグジュペリが、離陸のとき、飛行機と飛行士の統一を実現するのは、この動かされるものと動くものとの総合によってなのだ。以下にかかげるものは、水上機の離水の時のことだ（『人間の土地』六一頁。≪離水する（水上機の）操縦士が接触を始めるのは水となのだ、空となのだ。エンジンがかけられたとき、機がすでに波をかき分け始めたとき、ぶつかる堅い波に対して機体はゴングのように鳴り響く。そして人間は自分の腰が震動するまでこの作用を追ってゆくことができる。彼は水上機が秒を追うごとに、速度を増すにつれ、力をたくわえていくのを感じる。彼はこの十五トンの物質の中に、飛行を可能にするあの機が熟してゆくのを感じる。操縦士は操縦桿の上に手をおき、しだいに掌にこの力が贈物のように伝わってくるのを知覚する。操縦桿の金属の装置はこの贈物が彼に与えられるにつれて、この力の伝達者となる。その力が熟したとき、操縦士は花を摘むよりももっと簡単な動作で飛行機を水から引き離して空中へ浮揚させる。≫飛行の成熟に対する操縦士の分有が、力動的想像力の分有であることを強調する必要があろうか。乗客は殆どこれを享受することはできない。彼は能動的な操縦士にもたれかかった十五トンの物質の中に、力学《ダイナミスム》によって軽快さが具備されてゆくのを見ることができないのだ。飛行の達人は、力動的な陶酔にひたっているとき、機械と一体になるのである。彼は動かされるものと動くものとの総合を実現するのである。運動に関するベルグソン的直観のプログラムをここに充分認めることができる。想像力が彼にイメージの援助をもたらすのである。ダヌンツィオ『どうですかね《フォルセ・ケ・スイ・フォルセ・ケ・ノ》』仏訳、一〇二、一〇三頁参照。

（179） ピエール・ゲガン『宇宙の戯れ』「自己感覚」

（180） ジャン＝パウル・リヒター『ヘスペルス』仏訳、第二巻、七七頁。

（181） 充分に汚された物質は、洗滌作用にそれだけ余計に手がかりを与えるように思われる。洗滌しようという意志は、不潔な物体に対して心を奮いたたせるのである。これこそ、力動的な物質的想像力の原理の一つである。

（182） 『ジュペール全書』化学思想家叢書、パリ、一七四一年、第一巻、一七八頁。

訳註

（1）　想像的なもの imaginaire とは現実にはなく、想像力のなかにのみあるものをいう。現実にないという意味では虚的なものといいかえた方が——ときには、よくわかるかもしれないが、この語にはもちろん形而上学的なニュアンスはまったくない。ただ想像力のなかに存在するものという意味が主であるから、名詞的に用いられたときは、すべて上のように訳しておいた。

（2）　心象 psychisme はバシュラールの基本的用語のひとつで、心的現象の総体をいう。âme（たましい）coeur（こころ）esprit（精神）を包摂し、想像作用、象徴作用、概念作用をいとなむ心的機能をも意味すると考えられる。バシュラールの著『蝋燭の焔』の訳者、渋沢孝輔氏は留保を付したうえで（同書の訳註参照）、この語を心霊と訳された。psychique はもとよりギリシァ語の psyché に由来する語で、かつては交霊術的現象に関して使われたことがあり、今日でもこの語にはそのようなニュアンスが残っているかと思われる。それで訳者は、同氏の訳語をなるたけ踏襲しようと思ったが、どうも心霊の霊という字が日本語では重苦しさをもちすぎ、いくつかの箇所で、文脈を構成する他の訳語と融けあわない。それでこれもまた上々の訳語ではないが、あえて心象と訳すことにした。「訳者あとがき」四二二頁を参照されよ。

（3）　動性 mobilité　動きあるいは動かされて位置、場所を変えうるものの性質。運動の原因である力との関係において運動を考える力動性 dynamisme とは異なる。

（4）　アトランティド Atlantide　ジブラルタル海峡の西方、大西洋上にあったとプラトンの著作にのべられている伝説の楽土。テバイード Thébaide はテーベを首都とする古代エジプトの南部地方。初期キリスト教徒が迫害をさけて同地の砂漠にたてこもり、この無人の祕境において平和な生活を送った故事によるかと思われる。

（5）　バンジャマン・フォンダーヌ Benjamin Fondane（1898—1944）ルーマニア生まれのフランスの詩人。著書『ユリシーズ』他。

（6）　マニ教(manichéisme)　マニ Mani, Manes, Manichaeccs (215—276)によって唱えられた宗教で、古代ペルシャのゾラアスター教を母胎とし、現象の帰一する根源をつねに善悪の二元論によってとく。すなわちこの世界は善なる光（神より来れるもの）と悪なる闇(悪魔より来れるもの)の永久の闘争であり、両者からエマナチオンが放出され、それが世界及び人間の中で混合するという。この説はアウグスティヌスをはじめ教会の著述家たちによってきびしく論難され、異論とせられた。今日では善悪を、対立するが同じ重さをもった二元的原理と考えるあらゆる説明に一般に広く適用される。

(7) 昇華 sublimation　一般に精神分析学的用語としては、無意識的性的エネルギーが芸術的活動・宗教的活動など社会的に価値あるものに置換されることをいう。しかしバシュラールが使っているのは、もっと一般的な意味においてであろうと思われる。すなわち化学においては、或る気体が液体状態を通らずに気体になる推移をいうが、この語はもともと錬金術的な用語として élever（昇らす）exalter（高める）を意味するラテン語 sublimare から由来したものであった。錬金術においては、昇華とは固体が熱せられることによって蒸気にかわる固体の浄化（または醇化）の作用をいう。錬金術を科学としてはしりぞけながらも、そこから想像力の原理を学びとり、その生命を回復しようとするバシュラールは、むしろそのような意味で昇華という語をたびたび使っていると思われる。

(8) 運動学的 cinématique　運動学とは運動を誘起しうる原因力を考慮に入れずに、時間とともに変化するものとして運動を研究する力学 mécanique の一部である。この力学のうち物体の力による平衡を扱うのが静力学であり、力による運動を扱うのが動力学 dynamique である。ただし本書においては形容詞として用いられた dynamique は多くの場合、「力動的」と訳し、まれに日本語化した外来語ダイナミックをそのまま使った。

(9) ラウル・ユバック Raoul Ubac(1910—)　シュルレアリスムをへて、非具象的絵画を描いている現存のフランスの画家。

(12) ジョエ・ブースケ Joé Bousquet (1897—1950)　フランスの詩人。『夕ぐれと認識』他、いくつかのエッセイ、小説を書いた。

(11) 昇行の心理学 psychologie ascensionnelle　一応 montée（上昇）と区別するため ascension をすべて「昇行」と訳した。

(12) ラモン・ゴメス・ド・ラ・セルナ Ramon Gomez de la Serna (1888—)　スペインの詩人で、シュルレアリスムの先駆者の一人。

(13) エドワール・ル・ロワ Édouard Le Roy(1870—1954)　フランスの数学者、哲学者で、ベルグソンの思想を継承し、発展させようとした。アカデミー・フランセーズの会員となる。

(14) 離物質性 dématérialision　物質によってひたされたイメージが物質性を脱せんとする状態を示す用語、二四五頁二行目を参照のこと。

(15) ド・ミロス Oscar Vladislos de Lubicz-Milosz (1877—1939) リチュアニア生まれのフランスの詩人、作家。『詩集』『ルミュエルの告白』他、多くの詩集、小説、戯曲がある。

(16) ブリア＝サヴァラン Brillat-Savarin (1755—1826) フランスの美食家、食通で、『美味礼讃』の著者。

(17) ジョセフ・ド・メーストル Josephe de Maistre (1753—1821) フランスの作家で哲学者。フランス革命を難じ、王権および法王権を擁護し、十八世紀唯物思想を論難した。

(18) シャルル・ノディエ Charles Nodier (1781—1884) フランス・ロマン派の詩人、小説家。主著『追放』『ザルツブルグの画家』『トリルビ』他。

(19) アンタイオス Antaios はギリシァ神話における大地ガリアの息子である。アンタイオスは旅行者をとらえてレスリングをさせ、これを負かしては殺していた。ヘラクレースは彼と組みあうや両手で高々とさし上げ、彼を投げ殺した。この男が大地にふれると、力を増すことを知っていたからである。この上のことから足が大地に着いていないものをアンタイオスに喩えるようになった（呉茂一著『ギリシァ神話』新潮社刊による）。

(20) ヘルメース Hermes オリュンポスの十二柱の一人で青年神。神々の伝令にして飛脚である。その身なりは大体つば広の帽子をかぶり、手には黄金づくりの伝令杖をにぎり、足には概ね羽根の生えた鞋（サンダル）をはいている。ヘルメース（フランス語ではMercure）は敏活で頭の働きにたけていたから、後には商業、交通、また雄弁、音楽、計数の神として崇められた。

(21) 七里の長靴 イギリスのおとぎ話、Hop-o'-my-thumbに出てくる長靴。この靴をはくと一またぎで七里ゆけるという。ただし一里 one league はほぼ三マイル。

(22) サロモン・レーナク Salomon Reinach(1858—1932) フランスの文献学者で考古学者。

(23) アルベール・ベガン Albert Béguin (1901—57) スイスの批評家。バーゼル大学文学部教授。主著に『浪漫的たましいと夢』他がある。

(24) ジャン＝パウル Jean-Paul (Johann Paul Friedrich Richter) (1763—1825) ドイツの作家。

(25) ヴィコ Giambattista Vico (1668—1744) イタリアの社会哲学者、歴史哲学者。

(26) 走性 tactisme とは、刺戟エネルギーの場において、生物が能動的に一定の空間的位置をとる性質をいう。いいかえれば、生物が刺戟に対して自体の方向づけ orientation を行なう性質で、一層包括的な概念としては趨性 tropisme（訳註35参照）という語が用いられる。いわゆる植物の向日性もその一つであるが、この性質は必ずしも植物に限らず、また刺戟は光に限られないので、さまざまな走性が認められる。

(27) ルイ・カザミアン Louis Cazamian (1877—) イギリス文学の研究家として著名なフランスの評論家。

(28) ピアジェ Jean Piaget (1896—) 児童心理学において新生面を開いたスイスの心理学者。

(29) レオン・ブランシュヴィック Léon Brunschvicg (1869—1944) フランスの哲学者。形而上学的哲学を排し、精神の内的発展に重点をおき、発展的唯理論ともいうべき立場を樹立した。

(30) ホワイトヘッド Alfred North Whitehead (1861—1947) イギリスに生まれ、後ハーバート大学の教授となった今世紀最大の哲学者のひとり。ラッセルとともに記号論理学を完成した。

(31) ルイ＝クロード・ド・サン＝マルタン Louis-Claude de Saint Martin (1743—1803) 通称「無名の哲学者」スエーデンボルグの神秘思想の影響をうけたフランスの著作家で哲学者。

(32) 投影の心理学 psychologie de projection 投影または投射とは、フロイド以来の精神分析学においては、一般に自己に属する特質や態度を他者に帰する機制をいう。ユングは≪投影 Projektion とは、主観的過程を外部の客体の中へ移し置くこと≫だと定義している。

(33) エドガル・キネ Edgar Quinet (1803—75) フランスの哲学者、歴史家で、詩人。ドイツ、フランス、イタリアの革命を論じた著作の他、『ナポレオン』を初めとする詩集がある。

(34) オイフォリオン Euphorion ゲーテの『ファウスト』第二部に出てくる少年でファウストとヘレナのあいだに生れた子供である。この詩人のたましいの化身は戦いと自由に憧れて空中に飛び上り、両親の足許に墜落して死ぬ。なお引用の箇所「大地に弾力があればこそ云々…」は第二部「木かげの濃い森」のフォルキアスの台詞、「さあ跳ばせて下さい、さあ跳ねさせて下さい云々…」は同場面のオイフォリンの台詞の一部である。

(35) 趨勢 tropisme については訳註(26)を参照のこと。なお植物と動物の趨性を区別して前者を tropisme (この場合は屈性)、後者をtaxis (走性) ということがある。ouranotropismeは 屈天性をいう。

(36) トゥースネル Alphonse Toussenel (1803—1885) フーリエ派に属する政論家で著述家。また鳥類学者として知られる。

(37) タロー兄弟 les frères Tharaud ; Jérome Tharaud (1874—1953), Jean Tharaud (1877—1952) フランスの作家。兄のジェロームはブダペスト大学の教授。ジャンは後にバレ

スの秘書となり、ゴンクール賞をうけた。

(38) フーリエ主義的な真の調和。フランスの空想的社会主義者シャルル・フーリエ Charles Fourier (1772―1837) は 自由主義経済の誤謬をえぐりだし、商業及び工場労働者の奴隷化に反対したが、同時に文明の第七段階として、ファランジュもしくはファランクスと呼ばれる調和に基づく理想社会を企画し、空想した。

(39) マルスリーヌ・デボルド＝ヴァルモール Marceline Desbordes-Valmore (1786―1859) フランスの女流作家。

(40) ジャン・レスキュール Jean Lescure (1882―1947) フランスの経済学者。

(41) ピエール・エムマニュエル Pierre Emmanuel (1916―) フランスの詩人、革命的であると同時キリスト教的傾向をもつ。著書『怒りの日』他。

(42) ノアーユ伯爵夫人 La Comtesse Mathieu de Noailles(1876―1933) 今世紀初頭の新浪漫派の詩人。ルーマニアの皇女でフランス人マチュウ伯と結婚した。

(43) ジャン・タルディユ Jean Tardieu (1903―) フランス現代の代表的抒情詩人、詩集『見えない証人』他。

(44) ガッサンディ Pierre Gassendi (1562―1655) フランス十七世紀の自由思想家で、数学者にしてまた唯物論哲学者。

(45) 眠れるボーズ Booze endormi ヴィクトル・ユゴーの叙事詩集『諸世紀の伝説』の第一巻の二「イヴからイエスへ」の第四の詩。

(46) ベノッツォ・ゴッツォリ Benozzo Gazzoli (1420―1498) フィレンツェに生まれたイタリアの画家。フラ・アンジェリコの助手としてローマで働き、のちに一家をなす。フィレンツェのメディチ礼拝堂のフレスコ壁画はその代表作の一つである。

(47) ヨゼフ・フォン・アイヒェンドルフ Joseph von Eichendorff (1788―1857) ドイツ・ロマン主義の最後の詩人。やさしい言葉で、楽天的なあこがれと歓び、敬虔な心にみちた詩を書いた。

(48) ミシュレー Jules Michelet (1798―1874) 十九世紀の偉大な歴史家で、また文学史上屈指の大文章家である。『フランス史』『大革命史』の他、多くの歴史、政治に関する著述があるが、晩年は詩的な神秘主義に傾き、『鳥』『虫』他、自然に関する著作を書いた。

(49) ジャック・ロンドン Jack London(1876―1916) アメリカの小説家。多くの冒険小説を書いた。

(50) トーマス・ド・クィンシィ Thomas de Quincey (1785―1859) イギリスの作家。主著『阿片溺飲者の告白』他。

(51) 能産的自然 nature naturante は、万有の始源または生産力としての自然をいい、所産的自然 nature naturantée とは、その結果としての自然をいう。この両語はアヴェロエスに起源をもち、スコラ学者をへて、ブルーノ、スピノーザにおける重要な概念となった。

（52）『ペルシャ人の手紙』Lettres persanes　モンテスキューが一七二一年、匿名で出版した諷刺小説。

（53）体感　cênesthèse　われわれはぼんやりと自分の体の存在を感じているが、この自己存在の感覚を体感とよぶ（リシェ）。「体の調子がよい、悪い」というようなものも体感でありそれは身体的自我の基礎をなしている。

（54）フーゴー・フォン・ホフマンスタール Hugo von Hofmannstahl（1874—1924）オーストリアの詩人。

（55）ロベール・ドズワィユ Robert Desoille　スイスの精神病学者。本文にあげられている著書の他『精神療法における覚醒夢』等がある。バシュラールは『大地と意志の夢』『大地と休息の夢』においても数箇所においてドズワィユにふれている。

（56）情緒性 affectivilé　ユングによれば、スイスの精神病学者E・ブロイラーがはじめて用いた概念で、「本来の激情のみならず、快・不快の軽い感情ないしは情調」をも意味し、かつそれらの総称である。

（57）ヤコブ・ベーメ Jacob Böhme（1575—1624）ドイツの神秘哲学者。永遠の静止であり無である神から神の自己顕現とその間に生じた裂け目による被造世界の生成を説いた。

（58）タルブの恐怖 La Terreur de Tarbes　ジャン・ポーラン Jean Paulhan（1884—）が一九四一年に著わした『タルブの花、あるいは文学における恐怖政治』による。現代にみられる作家、批評家また公衆の、言語に対する不信、言葉の解体、言語使用における精神主義と事実偏重が国家における恐怖時代を思わせることを示し、このテロの危険と矛盾を説き、言葉の禁忌を守りながら、意味作用として言語の尊重を解いたものである（野口忠氏「ジャン・ポーランの『タルブの花』」による）。

（59）スティリング Johann Heinrich Jung Stilling（1740—1817）ゲーテの友人で、ドイツの作家、著書『ハインリヒ・スティリングの青春』他。

（60）クセルクセスのコンプレックス Le complexe de Xerxès バシュラールのあげた多くのコンプレックスのひとつで、水に関する想像力において「カロンのコンプレックス」、「オフェリア・コンプレックス」とともに重要なる働きをなす。クセルクセス（前485—465）はペルシャの王。父の計画に従いギリシァを襲い、アテネを滅ぼしたが、サラミネで敗北した。『水と夢』のなかで、バシュラールがみずから引用しているヘロドトスによれば≪クセルクセスはセストスとアピドスの町の間に橋をかけるように命じたが、その橋が出来上ったとき、恐ろしい嵐が起こり、綱や船をこわしてしまった。その知らせをきいて腹を立てたクセルクセスは、怒ってヘレスポン(ダルダネル)海峡を三百回笞打たせ、二つの足枷を投入させた。一説には彼はこの命令を行なうものとともに熱い火で水にやきを入れるための部下を送ったという…》この話はこれだけではただの話であり、例外的な精神錯乱のように思われるが、実際はクセルクセスの行なったことは、その後もあとをたたず怒り狂う水に対する復讐のコンプレックスとなって、さまざまな伝説、または或る種の作家の夢想のなかに反復して現われる。バシュラールは、このサディスティクなコンプレックスを「クセルクセスのコンプレックス」と名づけ、スィーンバーンのコンプレックス、激流に対するマゾヒスト的コンプレックスに対応させた。

なお渋沢孝輔氏が『蝋燭の焔』の訳註に詳しく述べておられるように、バシュラールにおいては、コンプレックスは、一般に精神分析学でいわれているコンプレックスとはちがい、むしろ文芸作品に統一をあたえ、その詩的真実を無意識のうちに伝えうる積極的意味を形成するものと考えられている。彼はそのために、エンペドクレス・コンプレックス、プロメテウス・コンプレックス、ノヴァーリス・コンプレックス、ロートレアモン・コンプレックス等、多数のコンプレックスをあげている。なお詳しくは『火の精神分析』の第二章を参照のこと。

(61) ルドルフ・カスナー Rudorf Kassner (1873—) ドイツのエッセイスト。リルケの友人で文化哲学や観相学的評論を書いた。

(62) ジルス・マリア　スイス、グリゾン州サン　モーリッツの湖畔に近い山中の寒村。ニーチェが『ツァラツストラ』の第二部を書いたところ。

(63) ゲシュタルト心理学説の諸要素　ゲシュタルト心理学説 Gestalttheorie を簡単に註記することは難しい。ここではそれが従来の要素心理学（水がHとOからできているように、精神も純粋感覚、単一感情といった要素からできていると考える心理学）に反対し、外界の刺戟がタイプライターのキーと文字の関係のように必ずしも1対1の関係にならぬこと、刺戟が或るまとまったものとして知覚されるには「ゲシュタルトの法則」が働くこと、それらのことを附記するにとどめておこう。

(64) エレミール・ブールジュ Elémir Bourges (1852—1925) フランスの作家、主著『神々の黄昏』

(65) モーリス・ド・ゲラン Maurice de Guérin (1810—1839) フランス浪漫主義の作家。古代的散文詩『サントール』を遺す。

(66) ゼウスに愛されたカリストー　この伝説はオウィディウスの『転身賦』他に語られている。女神アルテミスの扈従であったニンフ・カリストーは大神ゼウスに見そめられ、ゼウスはアルテミスの姿に身をかえて、森のなかで、カリストーを抱擁する。やがてカリストーは身籠るが、ゼウスの妃神ヘーラーの怒りにふれて熊に身をかえられてしまう。カリストーの子供アルカスが母とは知らず熊に変じたカリストーを投槍で刺そうとするとき、ゼウスは一陣の疾風とともに二人を天上に拉し去り、両者を夜空に相隣りあってきらめく星座に変えたという。そこから大熊星座と小熊星座がうまれたという。

(67) 屈天性　訳註（35）参照。

(68) N・レーナウ Nikolaus Lenau (1802—1850)　ハンガリー生まれのドイツの抒情詩人。諸国を放浪し、沈痛な浪漫的感情にみちた詩を書いた。

(69) ヘラクレースとカクスの伝説　カクス Cacus はローマ七丘の一つアヴェンティヌス丘にすんでいた神話の怪物。彼は眠っているヘラクレースから四頭の牝牛と子供の牝牛を奪い、牛の足跡がつかないように後ずさりしながらおのが洞窟につれこんだ。しかし牛の啼声によってヘラクレースは、洞窟を発見し、怪物を殺してしまった。この話はヴェルギリウスのなかでも、もっとも美しい部分をなしている。

(70) ミッシェル・ブレアル Michel Bréal (1832—1915)　フランスの言語学者。語の意味変化を扱う「意味論」sémantique の命名者。

(71) 手にペンをもって　バシュラールが好んで用いた語法で、「引き写しながらゆっくりと」といった感じである。読書においてそれがなぜ大切であるかは本書の第十二章以下に書かれている。

(72) ギュスターヴ・カーン Gustave Kahn (1859—1936)　フランスの詩人、小説家。自由詩の創始者ともいわれている。

(73) ジュール・ラフォルグ Jules Laforgue (1860—1887)　フランスの詩人、自由詩の最初の代表者の一人。

(74) ケーラの隠者　モーリス・ド・ゲランを指す。

(75) ピレーモーンとバウキスの伝説　ギリシァ古代の伝説の夫婦。プリュギアに住んでいた二人は旅人に身をやつしたゼウスとヘルメースを鄭重にもてなしたが、まわりのものどもは歓待することを拒んだ。ゼウスが罰としてプリュギア人に課した洪水から二人は逃れ、ピレーモーンとバウキスの小屋は立派な社殿となった。ゼウスが何か望みを叶えてやろうというので、二人はこの宮司となり、別々に死ぬことがないように願った。年たけて彼らは樹に変えられた。オウィディウス『転身賦』の伝える比翼の樹の謂れである。

(76) ジョアシャン・ガスケ Joachim Gasquet　フランス現代の美術評論家。

(77) ポール・ガデンヌ Paul Gadenne (1918—1954) フランスの小説家。『シロエ』は自伝的性格をもつ彼の処女作である。
(78) ジューフロワ Théodore Jouffroy (1796—1842) フランスの哲学者。主著『因果律の美しさおよび崇高性について』
(79) ゴブレ・ダルヴィエラ Goblet d'Alviella (1846—1925) ブラッセル大学宗教史教授。
(80) リグヴェーダ 古代インドのヴェーダ文学の中心をなす本集（サンヒター）で自然神讃美の抒情詩類一千余篇を収める。
(81) ジュデー ジュデー Judée は死海と地中海にはさまれたパレスチナの部分をさすが、またパレスチナ全体をさす。「夢想はボーズが云々」のボーズは旧約聖書のルツの夫ボアズをさすと思われるが、詳細不詳。
(82) サンティーヌ Josephe Xavier Boniface Saintine (1798—1865) フランスの作家。小説『ピシオラ』他。
(83) ド・カンドル Augustin Pyrame de Candolle (1778—1841) たぶん植物学者アルフォン・ルイ・ド・カンドルの息子であろうと思われる。オーギュスタン・ピラム・ド・カンドルもスイスの植物学者で、ラマルクの『植物誌』第三版の編集をひきうけた。後モンペリエの植物園長となった。
(84) オシヤンの歌 オシヤンは三世紀のスコットランドの伝説上の英雄で吟遊詩人。ゲール人の伝説や歌にでてくる。アイルランド遠征中、息子が死に、深い悲しみに陥入る。後にめくらとなり、一家の武勲を歌い流しながらその心を慰めた。一七六〇年、ジェームズ・マクファーソンがその歌集を出版した。
(85) クセルクセスのコンプレックス 訳註（60）参照。
(86) サン＝ポル・ルー Saint-Paul Roux (1861—1940) フランスの詩人。象徴派から出発し、『メルキュール・ド・フランス』誌に多く詩を寄せた。
(87) エリーニュース ギリシャ神話にでてくる復讐の女神。
(88) ピエール・ゲガン Pierre Guéguen (1872—1915) フランスの薬学者でまた菌の研究家（?）
(89) ルネ・ヴィヴィアン Renée Vivien (1877—1909) アメリカ生まれのフランスの女流詩人。
(90) ヴィエレ＝グリファン Viellé-Griffin (1864—1937) フランス象徴派の詩人。
(91) チャーンドーグヤ＝ウパニシャッド ヴェーダ（訳註80参照）の後にあらわれた古代インドの一大文学で、梵我一如の要請を説く、ヴェーダ附属の哲学的文献（奥義書）である。チャーンドーグヤ＝ウパニシャッドは三ヴェーダに所属する十一篇のウパニシャッドのひとつで、散文で書かれ、最古のウパニシャッドとしてもっともすぐれたものである。

訳者あとがき

≪意識的光景である前に、あらゆる風景は夢幻的経験である。まず夢のなかで見た風景でなければ、人は美的情熱をもって眺めないものだ。≫ガストン・バシュラールは、本書の前著『水と夢』のなかでそう書いた（六頁）。人は眺める前にまず夢見る。最初に夢想があり、ついで観照があり、最後に表象がある。それが瞑想的存在の発生過程を示す法式なのである。

彼は同じ思想を本書においても、またその他の著作においても、くりかえし敷衍している。≪功利主義的認識の形而上学は人間を条件反射の集合体として説明する。それは夢見る人間、夢想する人間を考察の外においてしまう≫（本書二五三頁）。彼はまた『火の精神分析』のなかで書いている。≪プティジャンが「想像力」は心理学の――理解されうる精神分析の――諸規定からはみ出るものであり、それは土着的な、自生的な領域をなしていると書いたのは、当然だということがわかるであろう。われわれはこの見方に対して次のように添え書きする。「想像力」は意志以上に生の飛躍以上に心的生産の力そのものである。心的にいって、われわれはわれわれの夢想によって創られるのだ。われわれはわれわれの夢想によって創られ、限定されるが、それというのも、われわれの精神の最果ての境界を表わすのが夢想であるからである≫（一八一頁）。

夢を現実的なものによって解釈するのではなく、現実的なものこそ、夢から、夢によって再建されねばならぬ。それは、夢想を「想像的な旅」にみちびく詩的想像力によって、力動化され、自由にむかってみずからを、人間を超越しなければならぬ。夢想は空語症にみられるような抑圧された象徴的概念によって解かれるべきものではなく、かえってもろもろの観念とイメージがそこから生まれでるたましいの根源的現実であり、想像力とはまさにこのたましいの統一の根源を保持する力、心的存在の最高の統一を保つ力なのである（本書一六〇頁参照）。

これがバシュラールの詩的イメージにかんする全業績をみちびく支配観念《イデー・メートレス》であり、それを支え、証そうとするのが、本書にも詳しく説かれている物質的想像力あるいは力動的想像力の概念である。

夢想の表象にたいする優先、生成の原理たる想像力の他の精神的諸機能にたいする優位、――一層簡潔にいうなら――たましい Seele, âme の精神 Geist, esprit にたいするこの優越の論証は想像力の心理学的、哲学的研究、あるいは夢の研究の歴史の上で、いわばコペルニクス的転回を示すものだ。それは二重の意味においてそうである。繊細の精神《レスプリ・ド・フィネス》と幾何学的精神《レスプリ・ジェオメトリック》を区別し、同じようにたましい âme の精神 esprit に対する優位を説いたパスカルが想像力を欺瞞的能力としたのに対し、ガストン・バシュラールは、想像力を原初的で根源的な力、真に人間的な価値の淵源、人間的尊厳の理由であると考える。それは単に心的生産の原理であるばかりか、自然の生産の原理であり、生成そのものである。のみならずそれはまた人間の価値査定作用 valorisation の根本的要因であり、道徳的意志の形成者、人間の心を強壮にし、心をなだめる治癒の能力である。注意しなければならないのは、パスカルにおけるあの心の三つの秩序が、本質においては、心の機能概念ではなく、超越的に定められた階層概念であり、他方バシュラールのそれは、やがて現象学的に明かされてゆく機能概念であるということである(*)。パスカルの欺瞞的想像力は、パルメニデス的存在論の前で、その空無を暴露してしまう。バシュラールのそれは、アリストテレスの目的論的な生成の形而上学を想起させ、エムペドクレースの四大元素の観照をとおって、ヘラクレイトスに遡ってゆく。≪人は同じ川で二度と泳ぐことはできない≫という句は実際バシュラールにとって気に入りの句であった(**)。このヘラクレイトスの対立と抗争によるロゴスの哲学は、本書のなかでも錬金術的な観念、すなわち蒸溜と昇華における上昇と下降の力の二方向性(↑↓)を示す矢印として、本書の主題である力動的想像力の規範的法則を特徴づけている。それはエムペドクレースに従って世界がどのようにして出来あがっているかではなく、何をもとに成り立っているかを問いつづけたバシュラールの物質観が、「火の精神分析」から始まって、夢想の存在論的分析をとおり、夢想の現象学を経て、最後の著作『蠟燭の焔』(一九六一)において、夢想の詩的実現そのものに達する運命を指し示している。それは彼のたましいの必然的な発展であるが、そのたましいこそ、そもそも、もろもろの物質が混合せる物質そのものである。

* 『空間の詩学』において、バシュラールは≪詩人による詩的イメージの創造のこの領域においては、あえていうなら現象学は微視的現象学である…≫と述べたのち、≪イメージの現象学たりうるものを特色づけるためには、イメージが思想より以前に存在することを特色づけるためには、詩は精神の現象学ではなくたましいの現象学といわねばならないだろう≫と述べている。またそのあとで≪現代フランス語による哲学は——いわんや心理学は——たましい l'âme と精神 l'esprit の両語の二元性をほとんど生かしていない。そのために哲学と心理学は精神 der Geist とたましい die Seele に明瞭な区別があるドイツ哲学の非常に多くのテーマに対して、いずれもいささか鈍感になっ

ている≫といい、詩の哲学のような哲学に対しては、両者を同義に用いることが不可能なことを示している（四頁）。さらに詩的イメージを研究するためには二つの、すなわち精神の現象学とたましいの現象学が不可欠であることを示したのち、ピエール＝ジャン・ジューヴの≪ポエジーは形体を創始するたましいである≫という句を引き、たましいが原初的な潜在力であり、形体を創始し、形体に住みつき、形体においてみずからをみたすことを記している（六頁）。しかし「たましいの現象学」が詩的創造（たとえば詩、小説）以外の言語で可能であるかどうか、それをここでは問わないでおこう。

＊＊ ≪…読者は、水がまた運命の典型であること、単に逃げゆくイメージのむなしい運命であるのみならずたえず…存在の実質を変貌させる本質的運命の典型であることを理解されるであろう。したがってまた、読者はヘラクレイトスの思想の特徴のひとつを一層共感的に、一層苦渋の心をもって理解されるであろう。≫ バシュラールはその少し後で、火に対しては客観的な認識の精神分析によって、純理論的になりえたが、水に対しては、その個人的なかかわりあいから同じ態度をとりえなかったことを告白し、なぜ『火の精神分析』のあとでこの書の表題を『水と夢』にしたかを述べている（『水と夢』八頁—一二頁）。

「心象」psychisme という語にふれて、訳者はやや詳しい訳註（四一〇頁参照）を付したが、それはバシュラールの想像力の研究が実存分析的であるよりは一層機能主義的分析であり、心的現象を包括する概念として、彼がこの語を選びとったこと自体が、そのような特徴を示していることを感じたからである。しかし、このような指摘はバシュラールが精密に明証した詩的イメージの積極的な意味や想像力の開示性に対する彼の独創的な照明をくもらせるものでない。肝心な点は、彼の哲学が通例の論理分析的な機能主義に陥らず、哲学をその本来の姿である瞑想にかえしたことである。

彼は物質的想像力を、火と水と大気と土の四大元素に帰属させて論じた。もとよりこれらの元素は科学的認識の対象ではなく（＊）、まさにエムペドクレースによって夢見られ、瞑想されたとおりの、いわば最初の、哲学的であると同時に詩的な言葉《ヴェルブ》＝物質《マティエール》である。物質という言葉自体がそもそもバシュラールにあっては、単に精神に対立する二元論的な概念ではなく、瞑想的存在として、力学 dynamique のギリシァ語の語源であるディナミス dynamis（可能体）、すなわち質料としての意味合いをもつ。彼のコギトである《われ考う、故にわれ量る》(**)は、もとより論理思弁的な命題でなく、また実存的な決断というよりは、一層、宇宙的で運命的な瞑想の法式である。それは詩ではないが、詩によってみちびかれるロゴス、詩的ロゴスの表現である。

＊　バシュラールは『火の精神分析』の序文で記している。《私がたびたび訊ねたように、科学者はもとより教養ある人々に「火とは何か」と訊ねるなら、漠然とした同語反復的な答えがはねかえってくるが、この答えは、もっとも古いもっともとりとめのない哲学説を無意識にくりかえすていのものである云々》(一一頁)。いうまでもなく、彼の四大元素——火、水、大気、土にかんするそれぞれの著作は、これらの物質にたいし個人的直観といわゆる科学的な経験が混交した客観的には、不純な、しかし主観的または間主観的には、直接的な信念から出発している。

＊＊　本書『空と夢』三八九頁。

バシュラールの想像力にかんする著作がもたらしたコペルニクス的転回の第二の意味は一層具体的であり、一層実質的である。というのも科学的合理的認識のいわば治外法権であったこの夢想の領域、その存在の根拠が明かされないために、すぐれて社会的で政治的であるこの時代に何か気兼ねをしながら、ただみずからの衝迫にうながされ、おのれの呪いに苦しんでいた詩人の運命が、いまや正当な意味を自覚させられ、積極的な発言を行ないだしたからである。この転回の具体的な影響は、まずサルトルの『存在と無』(六九〇頁、七〇二頁以下）にあらわれ、ついで現代のフランス文学に、「新しい批評《ラ・ヌーヴェル・クリティク》」の時代を招来させた。そればかりではない。バシュラールが救いあげた物質的想像力の再認識は、単に文学批評に限らず、その波紋をさまざまな分野、社会学や精神分析学、人類学等にまで及ぼしている。

それは想像力の形式にもっぱら固執していた心理学や古典的精神分析、哲学の方向をその物質性に向けかえる。彼はいう。≪人はなぜいつも個性という観念を形式に結びつけるのか。物質をして、そのどんなに微細な部分にいたるまでつねにひとつの全体たらしめる深さにおける個性があるのではなかろうか。≫彼は想像力を扱う心理学者がしばしば喚起させる形式のイメージ以外に、物質の直接的なイメージがあることを示そうとする。深さへのパースペクティヴにおいて考察するとき、物質はまさに形式から超然とした原質であり、それは自律的な原理をもっている（『水と夢』二—三頁）。≪事実≫と彼はつづいて述べる。≪想像力の領域においては、火、大気、水、大地のいずれに結びつくかに従って、さまざまの物質的想像力を分類する四元素の法則を確立することが可能であると思われる≫（四頁）。もちろん恐らく個々のイメージを構成するためには、多数の要素が介入するかもしれず、また合成されたイメージがあるであろう。しかしイメージの生命はもっと気むずかしい血統の純粋さをもち、或るイメージがつながって現われると、たちまちそれは何らかの基本元素を指し示す。

彼のいうこの物質が、初期ギリシァ哲学的、ないしアリストテレス的な質料を同時に意味することはいうまでもない。実際、彼は『水と夢』の巻頭において、形相因に生気を与える想像力と質料因に生気を与える想像力との二つの想像力が哲学的に区別しうることを述べ、また物質（質料）の観念自体が捏粉の観念ともっとも密接につながっていることを述べている。≪美的な世界にあっては、なし終えられた仕事のあの視覚化はしぜん形式（形相）的想像力の優位に導く。反対に是非なく労働する手は愛すると同時に双向う生き身として、抵抗すると同時に譲歩する物質に働きかけることによって、現実の本質的器官機能の昂進を会得する≫（前掲書、一九頁）。彼が四元素に応じる四部作（実際には、『大地の夢想』は「意志の夢想」と「安息の夢想」に分れているので五部）の他の一巻『大地と意志の夢想』において、抵抗する世界への夢想が、捏粉や料理の例にみられるごとく、自然の夢想を完遂させることを述べたのもそのためである。

労働によって物質の生成に加わり、それによって自らを認知し開示する物質的想像力にたいして、形式的想像力は視覚によって物質とたましいの間に距離をもうけ、宇宙をパノラマ化し、技術を疎隔する。形相的想像力の視覚的形象は運動学的なものであり（訳註8参照）、一方物質的想像力がもつイメージなきイメージ（真に文学的なイメージ）の特質は、その本質からいって力動的なものである。大気的な物質的想像力は大気のもつ離物質性そのものによって、重さの要因を明らかにし、物質的想像力の本性に他ならぬ力動性をあらわにする。≪大気は内容の乏しい物質であるから≫とバシュラールは、本書の主題を明かしながら、書いている。≪物質的想像力の観点からいえば、これはみじかい研究となるが、力動的想像力については、そのかわりに多大の利益を収めるであろう≫（本書一二頁）。

本書の主題であるこの力動的想像力については、ほとんど全巻がその分析と展開に捧げられているので、ここでは著者の序論と結論をさらに要約する必要もないであろう。むしろたえまなく増殖し、発展してゆく彼のさまざまな基礎的観念を、図式化することなく、正しいニュアンスによってとらえ、彼がいうとおり、真に自己を《生成と存在を総合する動体として構成し》みずからを《動かされるものであると同時に動くものとして》自己自身の変容を実現することが大切であろう。

　想像力にかんするこのようなバシュラールのユニークな研究は、従来の哲学、心理学において、いわば現実の曖昧で無用な暈《かさ》であった夢想を、本来の姿につれもどし、夢想においてこそ、とりわけパーソナルなものを通じて、人は宇宙的なものを交信し、真の自由と創造の根源的力をくみだすことを明証している。

　最後に著者のガストン・バシュラールについて、きわめて簡単に付記しておく。

　バシュラールは一八八四年、フランスのバール＝シュル＝オーブに生まれた。郵政省所属の雇員から独学で数学の学士号《リサンス》をとり、大戦後一九三〇年まで、母校のコレッジュ・ド・バール＝シュル＝オーブで物理学および化学の教授となった。その間に彼はまた哲学の学士号（二〇年）、ついで哲学の教授資格をとり、二七年にはソルボンヌ大学で文学博士号を取得する。ついで一九三〇年から四〇年にかけて、ディジョン大学文学部教授となり、四〇年ソルボンヌに招かれて、同大学教授として科学史および科学哲学を講じた。

　一九二七年『近似認識にかんする試論』に始まる彼の著作活動は、科学哲学あるいは科学史にかんするものと一九三八年の『火の精神分析』に始まる想像力あるいは詩的イメージの研究の二系列にわかれる。前者の系列には『新しい科学精神』（一九三四年）『持続の弁証法』（一九三六年）また後年の『純理主義物質主義』(一九五三年)、他十数冊の著作があり、わが国でも科学哲学者としてごく一部の人に知られていた。しかしなんといっても、バシュラールの本領がもっとも生き生きとあらわれ、その盛名を高からしめたのは、前記『火の精神分析』に始まる四部作(あるいは五部作)であり、また現象学的方法によった『空間の詩学』(一九五七年)および『夢想の詩学』(一九六〇年)、さらにその集成であるところの『蠟燭の焰』(一九六一年)である。そのうち四大元素にもとづく想像力研究の四部作は、前期の『火の精神分析』につづいて、一九四二年『水と夢、物質の想像力にかんする試論』が書かれ、『空と夢、運動の想像力にかんする試論』として本書が四三年出版せられた。ついで彼は一九五八年『大地と意志の夢想、力の想像力にかんする試論』と『大地と安息の夢想、内密性のイメージにかんする試論』を書いた。

わが国ではさきに平井照敏氏によって『ロートレアモン』(一九三九年、邦訳名『ロートレアモンの世界』思潮社刊)が訳され、また先年、彼の最後の作品『蠟燭の焰』が渋沢孝輔氏によって邦訳された(現代思潮社刊)。同氏の見事な翻訳もさることながら、『蠟燭の焰』の巻末に附された註と、とくに三〇頁にわたる詳細な解説は、訳者がこのあとがきにおいて、ほとんど触れえなかったバシュラールの思想的発展を精細に跡づけた労作である。バシュラールにさらに関心を覚えられる方は、これらの既訳の二著とともに渋沢孝輔氏の解説をさらに参照されることを望んでおく。

昨春、法政大学教授竹内豊治氏と同大学出版局稲義人氏の勧めにより、訳者は本書の翻訳を手がけたが、すでに約束の期日を数カ月過ぎてしまった。多忙と懈怠を戒めてもすでに遅く、訳者はやむなく畏友神沢栄三氏の援助を懇い、第七章以下の部分を同氏に訳出してもらった。もっとも文体の統一や訳者自身の解釈によって、この部分に筆を加えたので、その訳述の責任はすべて私自身にある。つねに専門分野の研究に余念のない同氏の貴重な時間を奪ったことを、この紙上を借りて深くおわびをする。

また遅くなった原稿を快く印刷に回され、万事に手数を煩わした稲義人氏、厄介な索引まで労を嫌わず引きうけていただいた同出版局の藤田信行氏に心から謝意を表する。なお前記渋沢孝輔氏にはバシュラールの他の書を貸していただいたり、また訳語の相談その他の種々の教示にあずかった。かさねて感謝の意を表したい。

一九六七年十二月

宇佐見英治

人名索引

ア行

カ行

サ行

タ行

ナ行

ハ行

マ行

ヤ行

ラ行

《叢書・ウニベルシタス 2》
空と夢
運動の想像力にかんする試論

1968年 2 月15日　　初版第 1 刷発行
2016年 1 月15日　新装版第 1 刷発行

ガストン・バシュラール
宇佐見英治 訳
発行所　一般財団法人　法政大学出版局
〒102-0071 東京都千代田区富士見 2-17-1
電話03(5214)5540／振替00160-6-95814
整版，印刷：三和印刷　製本：誠製本

Printed in Japan

ISBN 978-4-588-14029-7

著　者

ガストン・バシュラール（Gaston Bachelard）

1884－1962。フランスのバール＝シュル＝オーブに生まれる。故郷の高等中学を卒業後，電報局職員などをしながら独学。ソルボンヌ大学で数学の学士号をとり，1919年から母校の物理・化学の教師となる。22年，哲学教授資格試験に合格。27年，学位論文『近似的認識試論』により文学博士となり，ディジョン大学文学部教授をつとめる。40年，ソルボンヌ大学で科学史・科学哲学の教授となる。物理学，化学，心理学，精神分析，哲学の諸成果を幅ひろく吸収して，科学とポエジーを統一的に捉える独自のエピステモロジーを構築。主著に『科学的精神の形成』（38），『火の精神分析』（38），『ロートレアモン』（40），『否定の哲学』（40），『水と夢』（42），『大地と意志の夢想』（48），『大地と休息の夢想』（48），『空間の詩学』（57），『夢想の詩学』（61）などがある。61年に文学国家大賞受賞。

訳　者

宇佐見英治（うさみ えいじ）

1918年生まれる。東京大学文学部卒業。明治大学名誉教授。2002年死去。
主な著訳書：『ピエールはどこにいる』，『縄文の幻想』，『石を聴く』，『ジャコメッティ』（共編），『見る人――ジャコメッティと矢内原』，『方円漫筆』，『辻まことの思い出』；サン＝テグジュペリ『手帖』，H. リード『イコンとイデア』，ブートゥール『幼児殺しの世界』，T. ド・シャルダン『神のくに・宇宙讃歌』『旅の手紙』（共訳）ほか。